Le Petit Bescherelle

GRAMMAIRE DE LA PHRASE

ORTHOGRAPHE GRAMMATICALE

ORTHOGRAPHE D'USAGE

CONJUGAISON

VOCABULAIRE

Éditions Hurtubise HMH ltée
1815, avenue De Lorimier
Montréal (Québec)
H2K 3W6 Canada
Téléphone : (514) 523-1523
Télécopieur : (514) 523-9969

ISBN 2-89428-262-1
Dépôt légal — 2ᵉ trimestre 1999
Bibliothèque nationale du Québec
Bibliothèque nationale du Canada

AVANT-PROPOS

■ *Un Bescherelle pour l'école primaire*

Dans le *Petit Bescherelle*, les élèves du troisième cycle du primaire trouveront toutes les règles de français qu'ils doivent maîtriser pour bien préparer leur entrée au secondaire ou pour approfondir leurs connaissances. Divisé en cinq grandes parties (Grammaire de la phrase, Orthographe grammaticale et Orthographe d'usage, Conjugaison et Vocabulaire), le *Petit Bescherelle* tient compte de la terminologie du nouveau programme de français du primaire (1995) et signale les règles qui ne sont pas au programme par le symbole ★ .

■ *Un Bescherelle pour maîtriser la langue*

Au primaire, priorité est donnée à l'apprentissage de l'écriture et de la lecture. Pour aider les élèves à maîtriser ces compétences, les auteurs ont structuré cet ouvrage en séquences courtes, qui développent chacune une seule notion. Les règles sont volontairement simples et brèves. Elles sont rédigées dans un langage accessible aux enfants. Tableaux, listes et résumés aident à la mémorisation.

■ *Un Bescherelle pour donner envie de lire*

Afin d'éveiller chez l'enfant le goût de la lecture, le *Petit Bescherelle* illustre les règles, de façon originale, par des exemples amusants puisés dans la littérature de jeunesse.

Le *Petit Bescherelle* « privilégie la lecture sous toutes ses formes ». Les élèves se trouvent ainsi confrontés à deux types de lecture: la « lecture critique » et la « lecture plaisir ». Ils sont encouragés à développer toutes les attitudes de lecture qui leur seront demandées au secondaire.

Enfin, grâce à la grande variété des extraits tirés de la littérature, les élèves se familiarisent avec les différents registres de langue, augmentent leur capital lexical, et améliorent leur compréhension de l'écrit.

■ *Le Petit Bescherelle, le premier outil de référence*

À la fin de l'école primaire, chaque élève doit pouvoir consulter un ouvrage de référence (dictionnaire, encyclopédie…). Par la simplicité de sa structure et de sa présentation, les utilisateurs du *Petit Bescherelle* apprennent à se servir d'un sommaire ou d'un index.

MODE D'EMPLOI

Comment utiliser le Petit Bescherelle ?

À partir du sommaire

Un sommaire figure au début du livre (pages 6 à 10). Le sommaire te donne les titres de tous les chapitres du livre et les **pages** où ces chapitres se trouvent.

Exemple :

On te demande d'apprendre ou de réviser tout ce qu'il faut savoir sur le **CD**. Regarde dans le sommaire. Tu y verras le chapitre : *Reconnaître le complément direct CD.*

Ouvre alors le livre à la page indiquée ; tu peux lire toute la leçon sur le CD, ou seulement les paragraphes qui parlent de ce que tu ne sais pas. Les règles qui ne sont pas au programme de français du primaire du ministère de l'Éducation du Québec sont signalées par le symbole ★.

À partir de l'index

Un index figure à la fin du livre (pages 408 à 416). L'index répertorie tous les mots que tu peux avoir besoin de chercher et qui sont expliqués dans le livre ; les numéros qui suivent chaque mot renvoient aux **numéros des paragraphes** où les mots apparaissent.

L'index est signalé par un bandeau vert, pour que tu puisses le trouver facilement.

Exemples :

• Tu fais tes devoirs. On te demande de souligner le **CI** dans la phrase : *Le chat apporte une souris à son maître.* Tu ne sais plus bien ce qu'est un complément indirect. Regarde dans l'index : tu y trouves, à la lettre C, le mot que tu cherches (complément indirect) et un **numéro** qui te renvoie au **paragraphe** où le CI est défini.

• Tu ne sais plus si *appeler* prend un ou deux **p**. Tu regardes dans l'index, à orthographe, et l'index te renvoie au paragraphe où l'on t'explique quand un mot prend un ou deux **p**.

Comment se compose un chapitre de grammaire de la phrase, d'orthographe grammaticale, de conjugaison ou de vocabulaire?

Une leçon est divisée en plusieurs **paragraphes**. Chaque paragraphe est numéroté et pose une question à laquelle on répond dans la règle.

Les **règles** sont encadrées. Tu les repères tout de suite.

Chaque règle est suivie d'un **exemple** tiré de la littérature.

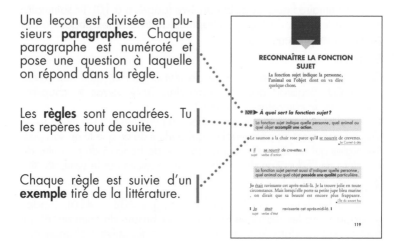

RECONNAÎTRE LA FONCTION SUJET

La fonction sujet indique la personne, l'animal ou l'objet dont on va dire quelque chose.

109 ▶ À quoi sert la fonction sujet?

La fonction sujet indique quelle personne, quel animal ou quel objet **accomplit une action**.

Le saumon a la chair rose parce qu'il se nourrit de crevettes.
Le Castor à dits

Il | se nourrit de crevettes. |
sujet | verbe d'action

La fonction sujet permet aussi d'indiquer quelle personne, quel animal ou quel objet **possède une qualité** particulière.

Jo était ravissante cet après-midi-là. Je la trouve jolie en toute circonstance. Mais lorsqu'elle porte sa petite jupe bleu marine, on dirait que sa beauté est encore plus frappante.
Cflic du savant fou

Jo | était | ravissante cet après-midi-là. |
sujet | verbe d'état

119

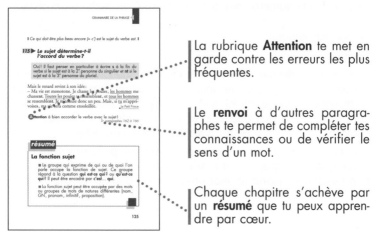

GRAMMAIRE DE LA PHRASE

Ce qui doit être plus beau encore [« c'] est le sujet du verbe est.

115 ▶ Le sujet détermine-t-il l'accord du verbe?

Oui! Il faut penser en particulier à écrire s à la fin du verbe si le sujet est à la 2ᵉ personne du singulier et nt si le sujet est à la 3ᵉ personne du pluriel.

Mais le renard revint à son idée:
– Ma vie est monotone. Je chasse les poules, les hommes me chassent. Toutes les poules se ressemblent, et tous les hommes se ressemblent. Je m'ennuie donc un peu. Mais, si tu m'apprivoises, ma vie sera comme ensoleillée.
Le Petit Prince

Attention à bien accorder le verbe avec le sujet!
Paragraphes 162 à 166

résumé

La fonction sujet

■ Le groupe qui exprime de qui ou de quoi l'on parle occupe la fonction de sujet. Ce groupe répond à la question **qui est-ce qui?** ou **qu'est-ce qui?** Il peut être encadré par **c'est... qui**.

■ La fonction sujet peut être occupée par des mots ou groupes de mots de natures différentes (nom, GN, pronom, infinitif, proposition).

125

La rubrique **Attention** te met en garde contre les erreurs les plus fréquentes.

Le **renvoi** à d'autres paragraphes te permet de compléter tes connaissances ou de vérifier le sens d'un mot.

Chaque chapitre s'achève par un **résumé** que tu peux apprendre par cœur.

Comment se compose un chapitre d'orthographe d'usage?

Chaque chapitre commence par proposer des **listes de mots** qui comprennent la ou les lettres qu'il faut apprendre à écrire.

Le tableau des **graphies** donne la place des lettres. Certaines lettres apparaissent en effet au début d'un mot seulement, ou à la fin...

La rubrique **À la découverte des mots** apparaît à la fin de chaque chapitre de cette partie. Tu y trouveras des **règles** d'orthographe, des remarques en liaison avec le **vocabulaire**, un peu d'histoire de la langue.

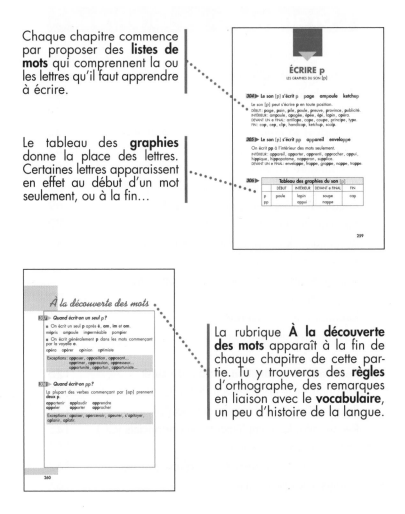

Sommaire

Orthographe grammaticale

Orthographe d'usage

Conjugaison

Vocabulaire

GRAMMAIRE

On appelle grammaire l'ensemble des règles qu'il faut respecter pour parler et écrire correctement le français et formuler clairement ce que l'on souhaite exprimer. À l'école, l'étude de la grammaire comporte cinq parties:

■ la grammaire de la phrase, où l'on apprend à construire des phrases correctement;

■ l'orthographe grammaticale, où l'on apprend à faire l'accord des mots selon la place qu'ils occupent dans la phrase;

■ l'orthographe d'usage, où l'on apprend comment les mots s'écrivent dans le dictionnaire;

■ la conjugaison, où l'on étudie l'ensemble des formes que peut prendre un verbe (personnes, temps, modes);

■ le vocabulaire, où l'on apprend à utiliser les moyens qui permettent de découvrir l'ensemble des mots qui existent dans la langue française.

GRAMMAIRE DE LA PHRASE

On appelle grammaire de la phrase l'ensemble des règles qu'il faut suivre pour analyser et rédiger correctement toutes les sortes de phrases. On apprend à connaître la nature des mots qui composent la phrase (noms, adjectifs, prépositions, etc.) et leurs fonctions: un nom peut être sujet, complément... On apprend aussi à utiliser les règles de ponctuation.

RECONNAÎTRE
LES DIFFÉRENTS TYPES DE PHRASES

Quand on raconte quelque chose, quand on pose une question ou quand on donne un ordre, on utilise des types de phrases différents.

La phrase déclarative

1 ▶ À quoi sert la phrase déclarative?

La phrase déclarative permet de **raconter un événement**.

Quand Clotaire est arrivé à l'école, ce matin, nous avons été drôlement étonnés, parce qu'il avait des lunettes sur la figure. Clotaire, c'est un bon copain, qui est le dernier de la classe, et il paraît que c'est pour ça qu'on lui a mis des lunettes.

Le Petit Nicolas et les Copains

La neige entassée dans mes bottes gèle mes chevilles. Les branches qui se sont accrochées à mon anorak me griffent la figure. J'ai froid aux pieds et aux poignets mais je suis vivant, bel et bien vivant et tout d'une pièce! Une douleur aiguë, brûlante, me barre le front, tandis que j'essaie péniblement de me redresser. Ma tête pèse une tonne et j'ai un goût âcre de sang dans la bouche. J'ai probablement saigné du nez car des glaçons de sang gelé raidissent ma moustache.

La Ligne de trappe

La phrase déclarative permet aussi de **donner une opinion**.

Avec ses deux petites canines de chat, ses cheveux rouge carotte, ses oreilles en pointe, Anatole est tout le portrait de son père, Boris, l'arrière-petit-neveu du célèbre comte Dracula. Par contre, ses yeux gris, couleur de lune, lui viennent de sa mère, Magda.
Bref, Anatole est plutôt beau garçon. Pourtant, il l'ignore. Car, comme tous les vampires, il n'a jamais pu se regarder dans un miroir.

Anatole le vampire

Avant d'arriver au domaine de la méchante sorcière Alice Maléfice, il a fallu que nos deux valeureux compagnons traversent plusieurs contrées dont la froide Zambonie.
Le chevalier de Chambly chantonne pendant que le bouffon bouffi lui raconte des histoires qu'il n'écoute pas.

Le Chevalier de Chambly

2▶ Comment reconnaître une phrase déclarative?

La phrase déclarative se termine par un **point**. Elle comporte **un** ou **plusieurs verbes conjugués**.

Car le mistouflon **était** poète à ses heures ⬚ Bien sûr, il ne **savait** pas écrire, mais dans son cœur, parfois, il **avait** comme de grands frissons et il **se disait** que le monde **était** beau ⬚ Alors, faire un poème, pour le mistouflon, c'**était** simplement fermer les yeux après avoir bien regardé, et écouter ensuite ce que son cœur lui **disait** en secret ⬚ Cette nuit-là, le mistouflon **fit** donc un poème, et il **avait** bien raison ⬚

L'Année du mistouflon

❚ Dans ce texte, les verbes conjugués sont en gras. ❚

La phrase interrogative

3▶ *Comment reconnaître une phrase interrogative directe?*

Une phrase interrogative directe se termine par un **point d'interrogation**.

Mais comment a-t-il fait pour cracher de l'eau par les oreilles⬚?
L'Année du mistouflon

❙ Je pose une question sur la raison de ce comportement. ❙

– Tam, que veux-tu en récompense de ton exploit? de l'or? de l'argent? des pierres précieuses⬚?
Pourquoi les plantes ne se déplacent pas

❙ Le personnage pose une question pour connaître le désir de Tam. ❙

4▶ *Comment se construisent les phrases interrogatives?*

Parfois, on ajoute simplement un **point d'interrogation** à une phrase déclarative, sans changer le sujet de place.

«Ce genre de conférence est plutôt épuisant, marmonna Oscar l'éléphant. Crénom! **Vous savez** de combien j'ai maigri⬚? De deux cents kilos!»
La Conférence des animaux

❙ *Vous savez?* ❙
  sujet verbe

On peut construire une phrase interrogative en plaçant **le sujet après le verbe**.

– Avec cette bourrasque, je me suis trompé de route et je ne sais plus où je suis. On ne voit ni ciel ni terre. **Puis-je** entrer quelques minutes pour me réchauffer⬚?

Le Baiser maléfique

Puis-	*je entrer* ?
verbe *pouvoir*	sujet complément

Toutes les femmes aiment porter de petits souliers pointus, mais une sorcière, dont les pieds sont très larges et carrés, éprouve un véritable calvaire pour se chausser.
– Pourquoi **ne portent-elles pas** de souliers confortables au bout carré?

Sacrées sorcières

Pourquoi	*ne portent-*	*elles*	*pas de souliers*?
mot interrogatif	verbe	sujet	

> Parfois le sujet est repris par **un pronom placé après le verbe**.

Cette musique est-**elle** une forme de langage?

La Forêt de métal

▌Le sujet *cette musique* est repris par le pronom *elle* placé après le verbe *est*. ▌

> On peut enfin commencer la phrase interrogative par «**est-ce que**».

– Quelle drôle de montre! Elle indique le jour du mois et elle n'indique pas l'heure!
– Pourquoi indiquerait-elle l'heure? murmura le Chapelier. **Est-ce que** ta montre à toi t'indique l'année où l'on est?

Alice au pays des merveilles

Attention: N'oublie pas d'accorder le verbe avec son sujet, même lorsque celui-ci se trouve **après le verbe**.

Mais **peut-on** me dire pourquoi
Il ne pousse pas de feuilles sur les jambes de bois?

Innocentines

▌ Le verbe *(peut)* s'accorde à la 3ᵉ personne du singulier avec le sujet *on*. ▌

– Comment t'**appelles-tu**? demande Théo à la poule.

Une poule à l'école

▌ Le verbe *(appelles)* s'accorde à la 2ᵉ personne du singulier avec le sujet *tu*. ▌

– **As-tu** déjà vu la Simili-Tortue?
– Non, je ne sais même pas ce qu'est une Simili-Tortue.
– C'est ce avec quoi on fait la soupe à la Simili-Tortue.

Alice au pays des merveilles

▌ Le verbe *(as)* s'accorde à la 2ᵉ personne du singulier avec *tu*. ▌

Comment ça va,
Madame la vache,
Votre migraine **a-t-elle** un peu cessé?

Pourquoi le concombre ne chante-t-il pas?

▌ Le verbe *(a)* s'accorde à la 3ᵉ personne du singulier avec *elle*. ▌

5▶ *Comment choisir parmi les trois constructions interrogatives?*

L'inversion verbe-sujet est utilisée **à l'écrit** ou, à l'oral, si l'on s'adresse à quelqu'un que l'on ne connaît pas ou peu.

– Pardonnez-moi, si je vous dérange,
Monsieur le Goéland,
Mais ne **seriez-vous** pas un ange ?
Lui demanda l'enfant.

Le Miroir aux alouettes

– Et si nous soupions, propose le chevalier affamé.
– **Que désirez-vous** déguster, Excellence ?

Le Chevalier de Chambly

> Les deux autres constructions sont **plus courantes** à l'oral, lorsqu'on s'adresse à quelqu'un que l'on connaît bien.

Jojo-la-Malice pâlit et frémit de la tête aux pieds.
« **Tu n'as pas** réellement l'intention d'engloutir un enfant, non ? s'effraya-t-il.
– Bien sûr que si, assura le Crocodile. Les vêtements et tout. C'est meilleur avec les vêtements. »

L'Énorme Crocodile

– Pour commencer, **est-ce que** tu m'accordes qu'un chien n'est pas fou ?
– Sans doute.
– Eh bien, vois-tu, un chien gronde lorsqu'il est en colère, et remue la queue lorsqu'il est content. Or, moi, je gronde quand je suis content, et je remue la queue quand je suis en colère. Donc, je suis fou.

Alice au pays des merveilles

– **Qu'est-ce qu'**il y a ? demande Grissol.
– C'est que Quick, la tortue, n'est pas encore arrivée. J'espère qu'elle ne s'est pas trompée de chemin ou qu'il ne lui est pas arrivé malheur.

La Nuit blanche de Mathieu

⭐ 6▶ Qu'appelle-t-on interrogative totale et interrogative partielle?

Certaines phrases interrogatives permettent une réponse par **oui** ou par **non**: on les appelle **interrogatives totales**.
D'autres phrases interrogatives ne permettent pas une réponse par oui ou par non: on les appelle **interrogatives partielles**. Elles commencent par un mot interrogatif.

	Réponse oui ou non	Réponse autre que oui ou non
Êtes-vous déjà allés à l'étranger?	Oui.	
Avez-vous déjà pris l'avion?	Non.	
Quels pays connaissez-vous?		Tous les pays d'Europe.
Quand préférez-vous voyager?		En été.
Où aimeriez-vous aller?		À la montagne.

⭐ 7▶ Sur quoi porte l'interrogation partielle: sujet, CD...?

Dans une phrase interrogative partielle, l'interrogation peut porter sur le groupe occupant la fonction **sujet**, la fonction **CD**, la fonction **CI** ou la fonction **CC**.

Où allez-vous ? Où allez-vous ?

Nous allons pisser **dans les trèfles**
Et cracher **dans les sainfoins.**

Desnos, un poète

I On interroge sur le lieu *(où ?)* et on répond par un CC de lieu *(dans les trèfles, dans les sainfoins).* **I**

– **Pourquoi** le tapis fait-il en tapinois des croche-pieds d'un air benoît ?
– Peut-être **parce qu'il en a assez** qu'on lui marche dessus sans avoir essuyé ses pieds.

Les Coups en dessous

I On interroge sur le motif d'une action *(pourquoi ?)* et on répond par un CC de cause *(parce qu'il en a assez qu'on lui marche dessus).* **I**

Que veut le rhinocéros ?
Il veut **une boule en os.**
Ce n'est pas qu'il soit coquet :
c'est pour jouer au bilboquet.

Enfantasques

I On interroge sur ce que veut le rhinocéros *(que ?)* et on répond par un CD *(une boule en os).* **I**

– **Quand** cela sera-t-il ? s'informa le petit prince.
– Hem ! hem ! lui répondit le roi, qui consulta d'abord un gros calendrier, hem ! hem ! ce sera, vers… vers… ce sera **ce soir vers sept heures quarante** ! Et tu verras comme je suis bien obéi.

Le Petit Prince

I On interroge sur le temps *(quand ?)* et on répond par des CC de temps *(ce soir vers sept heures quarante).* **I**

– Et **à quoi** cela te sert-il de posséder les étoiles?
– Ça me sert **à être riche**.
– Et **à quoi** cela te sert-il d'être riche?
– **À acheter d'autres étoiles**, si quelqu'un en trouve.

Le Petit Prince

❙ On interroge sur un CI *(à quoi?)* et on répond par un CI *(à être riche, à acheter d'autres étoiles)*. ❙

★ **8 ▶ Faut-il toujours un point d'interrogation quand on pose une question?**

Non! **Seules les interrogatives directes** se terminent par un point d'interrogation.

Est-ce que le temps est beau ?
Se demandait l'escargot
Car pour moi s'il faisait beau
C'est qu'il ferait vilain temps.

Chantefables et Chantefleurs

Les propositions subordonnées interrogatives **indirectes ne** se terminent **pas** par un **point d'interrogation**. Elles sont introduites par des conjonctions de subordination *(pourquoi, si, ou...)*, des pronoms *(qui, lequel, laquelle)*, des adjectifs *(quel)*, des adverbes *(comment)*. On les trouve après des verbes comme *se demander, vouloir, savoir, dire...*

– Tu vas voir **si j'ai les mains pleines de gras**, a dit Alceste, et il les a mises sur la figure de Clotaire, et ça, ça m'a étonné, parce que d'habitude Alceste n'aime pas se battre pendant la récré : ça l'empêche de manger.

Les Récrés du petit Nicolas

9▶ Où placer le sujet dans l'interrogative indirecte?

> Le sujet est le plus souvent placé **avant le verbe**.

Ce matin, on ne va pas à l'école, mais ce n'est pas chouette, parce qu'on doit aller au dispensaire se faire examiner, pour voir si **on** n'<u>est</u> pas malades et si **on** n'<u>est</u> pas fous.

■Les Récrés du petit Nicolas

| *Si on n'est pas malades, si on n'est pas fous:* le sujet *on* se trouve avant le verbe *être (est).* **|**

Toutes les sorcières enlevèrent leurs gants. Je guettai les mains de celles du dernier rang. Je voulais vérifier à quoi <u>ressemblaient</u> **leurs doigts**, et si **Grand-mère** <u>avait raison</u>. Mais oui! Des griffes brunes se recourbaient au bout de leurs doigts.

■Sacrées sorcières

| *À quoi ressemblaient leurs doigts:* le sujet *leurs doigts* se trouve ici après le verbe *ressembler (ressemblaient).* **|**

| *Si Grand-mère avait raison:* le sujet *Grand-mère* se trouve avant le verbe *avoir (avait).* **|**

21

La phrase impérative

10 ▶ À quoi sert la phrase impérative?

Les phrases impératives cherchent à faire agir ou réagir. On peut exprimer, grâce à elles, **différentes nuances**: donner un **ordre**, un **conseil**, ou exprimer un **souhait**.

On peut exprimer	Sens
un **souhait**	Faites bon voyage.
une **demande**	Passez-moi le sel, je vous prie.
une **invitation**	Venez dîner jeudi.
un **ordre**	Rendez-moi cela immédiatement.
une **interdiction**	Ne traversez pas la rue.
une **prescription**	Prends deux comprimés le matin.
un **conseil**	Relis attentivement ton énoncé.

11 ▶ Les phrases impératives ont-elles toujours un verbe?

Non, on peut trouver des **impératives sans verbe**. Il s'agit le plus souvent d'affiches, de panneaux ou d'ordres brefs.

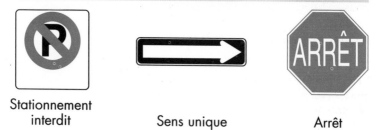

Stationnement
interdit

Sens unique

Arrêt

La phrase exclamative

12 ▶ À quoi sert la phrase exclamative?

> Lorsqu'on veut exprimer la **colère**, la **surprise**, la **joie**, on place à la fin des phrases impératives ou déclaratives un point d'exclamation.

● *Le texte suivant se compose de phrases déclaratives.*

Sans téléphone, ces pompiers étaient aussi sans eau. Incapables de payer leurs factures, ils avaient reçu sept avertissements de la compagnie qui, finalement, leur avait coupé l'eau.

Aux fous les pompiers

▌Pour exprimer la surprise, on pourrait ajouter un point d'exclamation aux phrases déclaratives suivantes :
Sans téléphone, ces pompiers étaient aussi sans eau ! Incapables de payer leurs factures, ils avaient reçu sept avertissements de la compagnie qui, finalement, leur avait coupé l'eau ! ▌

● *Le texte suivant comprend des phrases impératives.*

Tout le monde se bousculait pour mieux voir et mieux entendre.
– Ne poussez pas ! criait le veau ou l'âne ou le mouton ou n'importe qui. Ne poussez pas. Silence. Ne marchez donc pas sur les pieds... les plus grands derrière... Allons, desserrez-vous... Silence, on vous dit... Et si je vous flanquais une correction...
– Chut ! faisait le paon, calmons-nous un peu...

Les Contes rouges du chat perché

▌Pour insister sur la colère ou l'impatience des animaux, on peut ajouter des points d'exclamation aux phrases impératives suivantes :
Ne poussez pas ! Ne marchez donc pas sur les pieds !... Allons, desserrez-vous !... calmons-nous un peu ! ▌

Les différents types de phrases

■ Les phrases **déclaratives** permettent de donner une opinion ou de raconter un événement.

■ Les phrases **interrogatives** servent à poser une question à quelqu'un.

■ Les phrases **impératives** expriment un ordre ou un souhait.

■ Les phrases **exclamatives** indiquent que l'on est en colère, ou au contraire très content, ou bien encore très étonné.

UTILISER LA FORME NÉGATIVE

Tous les types de phrases peuvent être soit à la forme affirmative, soit à la forme négative.

13 ▶ À quoi sert la négation ?

Lorsqu'on veut indiquer qu'un événement **n'a pas lieu**, ou quand on **ne partage pas** l'avis de quelqu'un, on utilise **ne... pas**, qui encadre le verbe de la phrase.

– Maintenant, prends mes cheveux dans ta main et traîne-moi sur le sol brûlé.
– Je **ne** peux **pas** faire cela, protesta Deux Plumes. Je **ne** veux **pas** te faire mal, je t'aime.

Deux Plumes et la solitude disparue

Xavier **ne** le savait **pas** encore, mais ce jour-là allait être un jour spécial.

L'Homme du Cheshire

Les locutions adverbiales **ne... jamais**, **ne... plus**, **ne... rien**, **ne... personne** (ou jamais ne..., personne ne..., rien ne...) servent aussi à donner une **réponse négative**. Devant **personne, jamais, rien**, il ne faut pas utiliser **pas**.

– Ah non! disait le loup. Les parents, c'est trop raisonnable. Ils **ne** comprendraient **jamais** que le loup ait pu devenir bon. Les parents, je les connais.

Les Contes bleus du chat perché

Et en effet, dès le lendemain, le petit diable n'<u>alla</u> **plus** à l'école. Son père l'envoya à la Grande Chaufferie Centrale, et là il fut chargé d'entretenir le feu sous une grande marmite où bouillaient une vingtaine de personnes. ▪ Le Gentil Petit Diable

– Je ne veux pas de piqûre! hurla Antoine. Si on me pique, je **ne** <u>mangerai</u> **plus rien.** ▪ Le Mouton noir et le Loup blanc

– Avant tout, pour pêcher, a dit notre chef, il faut du silence, sinon, les poissons ont peur et ils s'écartent! Pas d'imprudences, je **ne** <u>veux voir</u> **personne** tomber dans l'eau! ▪ Les Vacances du petit Nicolas

Avec son œil de lynx, Lulu est partie à la recherche de ce qui **n'**intéresse **personne.** ▪ La Dompteuse de ouaouarons

14 ▶ *Comment construire la phrase négative aux temps simples et composés?*

> La négation **encadre les formes simples** du verbe (présent, futur, imparfait...).

– Je **ne** <u>suis</u> **pas** un enfant, mais un mistouflon, répond ce coquin d'animal. Et si vous **ne** me <u>donnez</u> **pas** ma boisson préférée, je cracherai tout par les oreilles. ▪ L'Année du mistouflon

▎*Je ne suis pas un enfant:* la négation *ne... pas* encadre le verbe *être* au présent de l'indicatif *(suis).* ▎

▎*Et si vous ne me donnez pas ma boisson préférée:* la négation *ne... pas* encadre le verbe *donner* au présent de l'indicatif *(donnez).* ▎

La négation **encadre l'auxiliaire** dans les **formes composées** du verbe (passé composé, plus-que-parfait...).

– Tu sais, maman, les choses **ne** se <u>sont</u> **pas** du tout passées comme tu crois. Le loup **n'**<u>a</u> **jamais** mangé la grand-mère. Tu penses bien qu'il n'allait pas se charger l'estomac juste avant de déjeuner d'une petite fille bien fraîche.

Les Contes bleus du chat perché

❙ *Les choses ne se sont pas du tout passées :* le verbe *se passer* est au passé composé ; la négation *ne... pas* encadre l'auxiliaire *être* *(sont).* ❙

❙ *Le loup n'a jamais mangé la grand-mère :* le verbe *manger* est au passé composé ; la négation *ne... jamais* encadre l'auxiliaire *avoir (a).* ❙

15 ▶ *Comment construire les phrases impératives à la forme négative ?*

À l'oral, pour exprimer une **interdiction,** on utilise l'impératif. La négation **encadre** le verbe.

– Alcali. <u>Excuse-toi</u> auprès de ton grand-père, interrompit Papa.
– J'essaie, protesta Alcali.
– **Ne** <u>sois</u> **pas** insolent.
Papa se leva et vint vers lui.

Alcali

À l'écrit, on utilise le plus souvent l'infinitif. La négation se place **avant le verbe.**

Attention ! **ne jamais** <u>dépasser</u> cette dose, sinon le cochon sautera au plafond !

La Potion magique de Georges Bouillon

16 ▶ *Que signifie la locution ne... que?*

ne... que a le même sens que l'adverbe **seulement**.

● *Phrase 1*

Les fées et les chats qui parlent, ça n'existe **que** dans les contes.

▪ Le chat qui parlait malgré lui

I Les fées et les chats qui parlent existent **seulement** dans les contes. **I**

● *Phrase 2*

Les fées et les chats qui parlent, ça n'existe **pas** dans les contes.

I On ne trouve pas de fées et de chats qui parlent dans les contes, mais on peut en trouver ailleurs. **I**

● *Phrase 3*

Les fées et les chats qui parlent, ça existe dans les contes.

I On trouve des fées et des chats qui parlent dans les contes, mais on peut aussi en trouver ailleurs. **I**

17 ▶ *Comment employer ni?*

On peut coordonner deux mots ou deux propositions néga- tives par **ni**. La négation **ne... pas** est remplacée par **ne**.

– Quand on est rien que deux, on ne s'amuse pas bien. On ne peut pas jouer à la ronde.
– C'est vrai, on **ne** peut jouer ni à la ronde, ni à la paume glacée.
– **Ni** au furet, **ni** à la courotte malade.
– **Ni** à la mariée, **ni** à la balle fondue.

▪ Les Contes bleus du chat perché

résumé

La forme négative

■ Tous les types de phrases peuvent être utilisés à la **forme négative**.

■ Les différentes négations sont composées de deux mots : *ne... pas, ne... plus, ne... jamais, ne... rien...*

■ Aux **formes simples** du verbe (présent, futur, imparfait...), la négation **encadre le verbe**.

■ Aux **formes composées** du verbe (passé composé, plus-que-parfait...), la négation **encadre l'auxiliaire**.

■ Lorsque le verbe est à **l'infinitif**, la négation tout entière (*ne... pas, ne... jamais*, etc.) se place **avant le verbe**.

UTILISER LA PONCTUATION

En parlant, la voix monte, descend, s'arrête.

Lorsqu'on écrit, les signes de ponctuation indiquent les montées, les descentes et les pauses de la voix.

18 ▶ À quoi sert la ponctuation ?

La ponctuation permet de lire et de comprendre un texte. Dans un dialogue, par exemple, c'est grâce à elle que l'on peut **suivre la conversation**.

● *Dialogue non ponctué*

Bibelas Bibelas venez voir vite il grimpe sur la terrasse l'archet à la main c'est lui Bibelas c'est lui non c'est une chèvre une chèvre sans cloche non mais vous ça ne court pas comme ça un chien Bibelas vous m'énervez c'est lui on ne voit rien il y a trop de soleil je vous dis que c'est lui Bibelas a les larmes aux yeux Clara je pense que c'est lui c'est ce que je vous dis depuis tantôt

● *Dialogue ponctué*

— Bibelas ⬚! Bibelas ⬚, venez voir ⬚! Vite ⬚!
Il grimpe sur la terrasse ⬚, l'archet à la main⬚.
— C'est lui. Bibelas ⬚, c'est lui⬚.
— Non ⬚, c'est une chèvre ⬚...
— Une chèvre sans cloche ⬚! Non ⬚, mais vous ⬚...
— Ça ne court pas comme ça ⬚, un chien ⬚!
— Bibelas ⬚, vous m'énervez ⬚! C'est lui ⬚!

☐ On ne voit rien ⟨,⟩ il y a trop de soleil ⟨.⟩
☐ Je vous dis que c'est lui ⟨.⟩
Bibelas a les larmes aux yeux ⟨.⟩
☐ Clara ⟨,⟩ je pense que c'est lui ⟨.⟩
☐ C'est ce que je vous dis depuis tantôt ⟨!⟩

▪ La Vraie Histoire du chien de Clara Vic

19 ▶ Un signe de ponctuation peut-il changer le sens d'une phrase?

Oui! En remplaçant un signe de ponctuation par un autre signe ou en changeant un signe de place, on peut **transformer** complètement **le sens d'une phrase**.

● *Première version*

Tu admires les fleurs de la terrasse.

❚ Sens: Tu es en train d'admirer les fleurs qui se trouvent sur la terrasse. ❚

● *Deuxième version*

Tu admires les fleurs, de la terrasse.

❚ Sens: Tu es sur la terrasse et, de là, tu admires les fleurs, qui se trouvent ailleurs. ❚

● *Troisième version*

Tu admires les fleurs de la terrasse?

❚ Sens: On te demande si tu es en train d'admirer les fleurs. ❚

31

20 ▶ À quoi sert le point?

Le point indique qu'une phrase déclarative **se termine**. Le premier mot de la phrase suivante commence par une majuscule. À l'oral, lorsqu'on rencontre un point, la **voix descend** et marque une **pause importante**.

L'après-midi était tout ensoleillé 🔲 Un vent frais faisait pencher les longues tiges des herbes folles 🔲 Assise par terre, à l'abri des indiscrets, Élise jouait du violon 🔲 Accompagnée par le chœur des cigales, elle s'appliquait à faire danser trois coccinelles, sous l'œil attentif d'une magnifique araignée 🔲

Concerto pour violon et cigales

❚ À chaque virgule, à chaque point, la voix doit marquer une pause. ❚

★ 21 ▶ À quoi sert le point-virgule?

• Le point-virgule marque une pause moins importante que le point. Il permet de **séparer des propositions indépendantes**. On ne met pas de majuscule après un point-virgule.

• Dans la plupart des cas, le point-virgule indique une **relation logique** entre deux événements.

Et puis après, le Bouillon a sonné la cloche et nous sommes allés en classe, pendant que M. Mouchabière raccompagnait Rufus chez lui. Il a de la chance, Rufus 🔲 on avait classe de grammaire.

Le Petit Nicolas et les Copains

❚ Ici, le point-virgule introduit une explication : Rufus a de la chance **parce qu'on** avait classe de grammaire. ❚

22 ▶ À quoi sert la virgule ?

La virgule marque une pause plus courte que le point et le point-virgule ; elle permet de **séparer différents éléments de la phrase**.

Le soir ⬚ très tard ⬚ Berthold fait le tour du jardin. Il ramasse tout ce que Lucrèce y a laissé durant la journée. La lune est claire ⬚ tellement qu'on y voit comme en plein jour. Les ombres des arbres se découpent ⬚ précises ⬚ sur le sol. On entend les criquets.

Berthold et Lucrèce

Virgule et énumération
• Dans une énumération, les mots séparés par une virgule sont **de même nature** et **de même fonction**.

As-tu jamais vu un chat qui ait des besoins d'argent ? La preuve, c'est qu'il y a des chats de toutes les couleurs ⬚ des chats gris⬚ bleus⬚ noirs⬚ verts⬚ roux⬚ etc., qu'il y a des chats à poils longs et des chats à poils courts ⬚ des chats avec une queue et des chats qui n'en ont pas, mais que je te défie de trouver un chat avec des poches.

Le chat qui parlait malgré lui

▌ *Des chats de toutes les couleurs..., des chats gris..., des chats à poils longs..., des chats avec une queue :* les virgules séparent des GN, qui sont tous sujets réels de cette phrase. ▌

▌ *Des chats gris, bleus, noirs, verts, roux :* les virgules séparent des adjectifs qualificatifs qui sont tous épithètes du nom *chats*. ▌

• Pour introduire le dernier terme de l'énumération, on remplace la virgule par la conjonction de coordination **et**.

J'ai dû, pour la rejoindre derrière son paravent chinois, enjamber une pile de linge, des montagnes de revues de cinéma, des paires de souliers abîmées, une radio transistor, une flûte alto, une flûte soprano, un étui à violon et un tam-tam primitif.
Enfouie dans la peluche de son divan, tante Colette rêvait.

Les Catastrophes de Rosalie

Virgule et mise en relief
La virgule permet de **faire ressortir** un groupe de mots (souvent un complément circonstanciel placé en début de phrase), en le séparant du reste de la phrase.

Contemplant les tortues et les fleurs, les yeux levés au ciel, il réfléchissait à diverses questions mystérieuses, comme celle-ci, par exemple : « Si on a embarqué dans un bateau dix sacs de pommes de terre, que chaque sac contient dix demi-boisseaux de pommes de terre et qu'il y a dix pommes de terre dans chaque demi-boisseau, comment s'appelle le timonier ? »

Le Chat chinois et autres contes

Durant l'été de mes neuf ans, j'ai déménagé, mais nous sommes restés dans le même quartier.

Ma voisine, une sorcière

Virgule et adjectif en apposition
Un adjectif mis en apposition est isolé, dans la phrase, par une ou deux virgules.

Que voyait-il au fond du pré
Ce bœuf qui restait là, **figé**,
À regarder, **halluciné**,
Un buisson d'églantines ?

Le Miroir aux alouettes

❚ Les adjectifs *figé* et *halluciné* sont au milieu de la phrase. ❚

Grasse et onctueuse comme une méduse, tante Éponge accourut en se dandinant pour voir ce qui se passait.

James et la grosse pêche

I Les adjectifs *grasse* et *onctueuse* sont au début de la phrase. I

«Comment diable peut-elle tricoter avec un si grand nombre d'aiguilles? se demanda la fillette, **intriguée**. Plus elle va, plus elle ressemble à un porc-épic!»   De l'autre côté du miroir

I L'adjectif *intriguée* est à la fin de la phrase. I

23 ▶ À quoi servent les deux-points?

On utilise les deux-points lorsque l'on veut rapporter une parole ou introduire une citation, une énumération ou une explication*.

● **Paroles rapportées**

David et sa mère me disaient souvent 🔲
– Ne parle pas à la dame du 404, c'est une sorcière! Elle porte malheur à ceux qui l'approchent!

Ma voisine, une sorcière

● **Une citation**

Bientôt son regard tomba sur une petite boîte de verre placée sous la table; elle l'ouvrit et y trouva un tout petit gâteau sur lequel les mots 🔲 «MANGE-MOI» étaient très joliment tracés avec des raisins de Corinthe.   Alice au pays des merveilles

● **Une énumération**

Le monstre avait des poils partout 🔲 au nez, aux pieds, au dos, aux dents, aux yeux, et ailleurs.

Le Monstre poilu

Seule la parole rapportée est au programme de français du ministère de l'Éducation du Québec.

● Une explication

L'Enfer, ce n'est pas comme chez nous. C'est même le contraire $\boxed{:}$ tout ce qui est bien chez nous est mal en Enfer; et tout ce qui est mal ici est considéré comme bien là-bas.

Le Gentil Petit Diable

24 ▶ À quoi sert le point d'interrogation?

Il termine une phrase interrogative directe et indique que l'on **pose une question**.

Éveillée en sursaut, la jeune fille accourt à la fenêtre:
– Que fais-tu là $\boxed{?}$ Je ne t'ai jamais vu ici auparavant.
– ...
Anatole fait semblant de désherber la plate-bande. Il n'ose même pas lever les yeux.
– Tu travailles pour le jardinier $\boxed{?}$ Dis donc, tu as vu l'heure $\boxed{?}$ Tu ne pourrais pas repasser un peu plus tard $\boxed{?}$ En tout cas, ton déguisement est superbe! Comment t'appelles-tu $\boxed{?}$
– Anatole. Et toi $\boxed{?}$ réussit-il à articuler.

Anatole le vampire

Pourquoi les crocodiles pleurent-ils $\boxed{?}$
Parce qu'on tire leur queue.
La chose les horripile.

Enfantasques

25 ▶ À quoi sert le point d'exclamation?

Il termine une phrase exclamative et indique la **colère**, la **surprise**, l'**admiration**...

– Ça fait des heures que j'appelle ⟦!⟧ Des heures et des heures ⟦!⟧ gémit-il, exaspéré et tendu. J'ai fini par croire que j'étais tout seul et que vous étiez tous morts. Ce qui nous arrive est terrible, terrible ⟦!⟧ Ah ⟦!⟧ je suis content de vous voir ⟦!⟧ Mais je ne peux plus bouger ⟦!⟧ J'ai mal ⟦!⟧ Très mal ⟦!⟧ Mais je suis content de vous voir ⟦!⟧ Ah ⟦!⟧ Je ne sens plus ma jambe ⟦!⟧

La Ligne de trappe

❚ Les points d'exclamation indiquent ici l'urgence de la situation, la douleur et l'inquiétude du personnage qui parle, mais aussi son soulagement d'obtenir enfin du secours. **❚**

★ 26 ▶ À quoi servent les points de suspension?

Ils indiquent qu'une phrase est **inachevée**.

– Nous recevions une excellente éducation; en fait, nous allions à l'école tous les jours ⟦...⟧
– Moi aussi, dit Alice. Vous n'avez pas besoin d'être si fière pour si peu.

Alice au pays des merveilles

❚ Alice interrompt la Tortue avec laquelle elle parle, et ne la laisse donc pas finir sa phrase: c'est ce qu'indiquent les points de suspension. **❚**

27 ▶ À quoi servent les guillemets et le tiret?

Les guillemets signalent le **début** et la **fin** d'un **dialogue**. Lorsqu'une nouvelle personne prend la parole, on doit **aller à la ligne** et mettre un tiret.

« Ôte-toi de mon chemin! s'écrie Jules. Laisse-moi passer. Je dois me rendre chez mon oncle au plus vite.

—Pousse-toi, gronde Jim. Dégage ce pont. Moi, j'ai un train à prendre. »

Jules et Jim se retrouvent de chaque côté du pont, et ce pont n'est pas très large.

▪ Le Petit Pont

On encadre par des **guillemets** des paroles que l'on cite.

28 ▶ *Comment utiliser les majuscules?*

On met une majuscule en **début de phrase**, **après** un **point**, un **point d'interrogation** ou un **point d'exclamation**.

Je suis la mer! Je bats les rochers. Je m'amuse à jongler avec les bateaux. Je suis la mer, qui recouvre les trois quarts du globe, qui dit mieux? Les vagues de dix-huit mètres de haut, c'est moi, la mer!

▪ Bulle ou la voix de l'océan

★ 29 ▶ *À quoi servent les parenthèses?*

Elles introduisent une indication complémentaire.

Cependant, ce flacon ne portant décidément pas l'étiquette: *poison*, Alice se hasarda à en goûter le contenu; comme il lui parut fort agréable (en fait, cela rappelait à la fois la tarte aux cerises, la crème renversée, l'ananas, la dinde rôtie, le caramel, et les rôties chaudes bien beurrées), elle l'avala séance tenante, jusqu'à la dernière goutte.

▪ Alice au pays des merveilles

30 ▶ *Qu'est-ce qu'un paragraphe?*

Un texte est constitué de paragraphes. Un paragraphe est formé d'une ou **plusieurs phrases** qui développent une **idée**. Pour présenter un paragraphe, on va **à la ligne** et on laisse un **blanc** devant le premier mot.

Jocelyne défait aussi soigneusement que possible la ficelle. Avec grande délicatesse, elle ouvre le livre. Ce qui y est écrit est totalement incompréhensible.

Elle tourne les pages, fascinée par le dessin que forment les lettres qu'on distingue à peine à cause de la pâleur de l'encre.

Les princes ne sont pas tous charmants

résumé

Les signes de ponctuation

SIGNE	EMPLOI
Point	Marque une pause importante.
Point-virgule ★	Marque une pause intermédiaire.
Virgule	Marque une pause plus courte.
Deux-points	Permettent de rapporter une parole, d'introduire une citation, une explication ou une énumération.
Point d'interrogation	Marque la fin d'une question.
Point d'exclamation	Termine une phrase exclamative.
Guillemets	Encadrent une citation, un dialogue.
Tiret	Signale, dans un dialogue, qu'un nouveau personnage prend la parole.

DISTINGUER LA NATURE
ET LA FONCTION D'UN MOT

Un mot se définit par sa nature (sa
classe grammaticale) et sa fonction
dans la phrase.

31 ▶ Où trouver la nature des mots ?

Le dictionnaire, avant de donner le sens de chaque mot,
indique sa nature. Il utilise pour cela des **abréviations :**
n. = nom ; **v.** = verbe ; **adj.** = adjectif ; **adv.** = adverbe ;
pron. = pronom.

pomme : n.   arbre : n.   rouge : adj.
écrire : v.   souvent : adv.   je : pron.

32 ▶ Un mot peut-il changer de nature ?

Quelle que soit sa position dans la phrase, qu'il soit au singulier ou au pluriel, **un mot garde toujours la même nature.**

Il y a des millions d'années que les **fleurs** fabriquent des
épines. Il y a des millions d'années que les moutons mangent
quand même les **fleurs**. [...] Ce n'est pas important la guerre
des moutons et des **fleurs** ?
                                                    ▪Le Petit Prince

❙ Dans ces trois phrases, le mot *fleur* est toujours un **nom**. ❙

Ce qui **est** est, ce qui **a été** n'est plus, ce qui **sera** n'est pas encore.
Histoire du prince Pipo

I Dans cette phrase, le mot *être*, conjugué au présent, au passé composé et au futur, est toujours un **verbe**. **I**

33 ▶ *Un mot peut-il avoir des fonctions différentes ?*

> Un mot a toujours la **même nature**. Cependant, il peut occuper **différentes fonctions** dans la phrase.

Parfois, des crabes viennent habiter le **coquillage** vide, mais ce n'est pas très gai non plus. Un **coquillage** n'est pas né pour mener une vie de crabe.
Bulle ou la voix de l'océan

I Dans ces phrases, le nom *coquillage* occupe deux fonctions différentes :

Des crabes viennent habiter le coquillage vide.
CD

Un coquillage n'est pas né pour mener une vie de crabe. **I**
sujet

34 ▶ *Comment identifier la nature et la fonction d'un groupe de mots ?*

> • Un groupe grammatical est toujours constitué de plusieurs mots qui se rassemblent autour d'un **noyau**. C'est le **noyau** du groupe qui donne au groupe sa **nature** et sa **fonction**.
>
> • Lorsque le **noyau** du groupe est un **nom**, on appelle ce groupe **groupe nominal**. La fonction du nom noyau définit la fonction du groupe tout entier.

La **princesse** au beau teint noir et aux longues tresses souples prit la parole :
– Mes chers sujets...

Pourquoi les plantes ne se déplacent pas

I Le nom *princesse* est le nom du noyau ; il occupe une fonction de sujet réel. Tout le groupe nominal (souligné) qui se constitue autour du nom *princesse* est en fonction du sujet réel. I

> Lorsque le **noyau** du groupe est un **adjectif**, le groupe est un **groupe adjectival**. La fonction de l'adjectif détermine la fonction du groupe tout entier.

L'éléphant de mer, quand on ne l'ennuie pas, est <u>heureux comme un roi</u>, beaucoup plus **heureux** qu'un roi, parce qu'il peut s'asseoir sur le ventre quand ça lui fait plaisir alors que le roi, même sur le trône, est toujours assis sur son derrière.

Contes pour enfants pas sages

I L'adjectif *heureux* est l'adjectif noyau ; il occupe une fonction d'attribut du sujet *éléphant de mer* ; tout le groupe adjectival (souligné) qui se constitue autour de l'adjectif *heureux* est attribut. I

résumé

La nature et la fonction des mots

■ La **nature** d'un mot est sa catégorie grammaticale. Le dictionnaire nous indique si tel mot est un **nom**, un **verbe**, un **adjectif qualificatif**, un **pronom** ou un **adverbe**... La nature d'un mot ne change jamais.

■ Un mot peut occuper dans la phrase des **fonctions variées** (sujet, CD, CC...).

RECONNAÎTRE UN NOM

On appelle nom une catégorie de
mots qui permettent de désigner des
choses, des êtres, des sentiments...

35 ▶ À quoi sert un nom?

> Un nom désigne une **personne** *(un enfant, une sorcière)*,
> un **animal** *(un chien)*, un **objet concret** *(une boîte, un arbre)*
> ou une **notion abstraite** *(liberté, égalité)*.

Marinette ayant achevé son **portrait**, l'**âne** fut convié à le venir
voir et s'empressa. Ce qu'il vit ne manqua pas de le surprendre.
– Comme on se connaît mal, dit-il avec un peu de **mélancolie**. Je n'aurais jamais cru que j'avais une **tête** de **bouledogue**.
Marinette rougit et l'**âne** poursuivit:
– C'est comme les **oreilles**, on m'a souvent répété que je les
avais longues, mais au point où les voilà, je ne l'aurais pas
pensé non plus.   Les Contes rouges du chat perché

▌ Le nom *Marinette* désigne une personne; les noms *âne, bouledogue* désignent des animaux; les noms *portrait, oreilles* désignent des objets concrets; le nom *mélancolie* désigne une notion
abstraite (un sentiment). ▌

36 ▶ Qu'est-ce qu'un groupe nominal?

> Un groupe nominal est constitué d'un **nom noyau** auquel
> se rattachent des **déterminants** et des **adjectifs**.

Tous les dragons crachent du feu, mais comme c'était **un dragon ordinaire**, il ne parvint qu'à éternuer, comme tout le monde, et cela le mit en colère.

I *un*	*dragon*	*ordinaire* **I**
déterminant	nom noyau	adjectif qualificatif
	GROUPE NOMINAL	

37 ▶ *Qu'appelle-t-on le genre et le nombre d'un nom?*

Un nom peut être de **genre masculin** *(un lit)* ou de **genre féminin** *(une maison)*.

Je n'avais rien d'**un animal** de palais; je n'étais ni **un cheval** de parade ni **un chat** angora, mais **une vache**, une simple vache, un vulgaire animal, laid, très laid, stupide, méprisé.

I Les noms *animal, cheval, chat* sont masculins; le nom *vache* est féminin. **I**

Un nom peut être utilisé au **singulier** *(le lit)* ou au **pluriel** *(les lits)*: c'est ce que l'on appelle le nombre.

▷ *paragraphe 176*

Pressé d'en finir, le valeureux demande:
– Et **la première épreuve** consiste en quoi?
– Avant de vous dévoiler **la première épreuve**, je dois vous dire que depuis que vous avez pénétré dans ma forêt, le temps s'est arrêté. D'ici un mois, les gens peu à peu vous auront complètement oubliés. La terre absorbera vos corps et vous serez transformés en arbres. D'ailleurs, la forêt en est pleine... Est-ce que ça vous donne une petite idée de la difficulté **des épreuves**? Hihihi!

I *La première épreuve* est au singulier ; *des épreuves,* au pluriel. **I**

38 ► *Qu'est-ce qu'un nom propre ?*

Les noms propres désignent des personnes, des animaux, des lieux (villes, pays, régions…).

● **Des personnes**

Ce jour-là, nous avons assisté à la fête la plus triste qu'on ait vue depuis des lunes.
Oh ! bien sûr, il y avait des ballons, des guirlandes et du gâteau ! Mais tout le reste manquait ! À commencer par **Benedict Gardener Jones** [...].
– Puisque c'est comme ça, s'est consolée **Adèle**, peut-être qu'on pourrait ouvrir les cadeaux ?　　Les Cachotteries de ma sœur

I *Benedict* et *Adèle* sont deux prénoms, *Gardener Jones* est le nom de famille de *Benedict*. Nom et prénom sont des noms propres. **I**

● **Des villes, des pays**

– Où habite la femelle du Hamster ? En **Hollande** !
Pourquoi ? Parce que **Amsterdam**… ah ! ah !
　　Réponses bêtes à des questions idiotes

I *Hollande* est un nom de pays ; *Amsterdam* est un nom de ville. **I**

● **Les habitants d'un pays**

Ces **Gaulois**, ils avaient bien inventé un genre d'écriture, mais si eux savaient la lire, nous, on ne sait pas. Ce sont des espèces de gribouillis qui racontent sûrement des histoires de **Gaulois**.
　　Chichois et la rigolade

I Les *Gaulois* étaient les habitants de la Gaule. **I**

45

> Les noms propres commencent par une **majuscule**.

Tristram Mac Kitycat, treizième duc de Garth (une vieille famille d'Écosse), avait eu le coup de foudre pour une adorable Française, une chatte grise des Chartreux nommée Mouflette de Vaneau, baronne Flon.

Le chat qui parlait malgré lui

Attention : L'**adjectif** correspondant à un nom propre ne prend **pas de majuscule**.

Un Québécois. Un enfant québécois.

★ **39▶ Les noms propres prennent-ils la marque du pluriel ?**

> Les noms propres restent au **singulier** s'ils désignent des personnes, des œuvres ou des marques.

• **Des personnes**

Mais **les MacParlan** avaient un fantôme qui était dans la famille depuis le roi Kenneth, et ils possédaient des papiers pour le prouver.

Histoires de fantômes et de revenants

• **Des marques**

Le plus content de l'histoire, c'était Frédéric. On allait pouvoir lancer les petits suisses sur les minus du Cépé (Cours préparatoire), à la cantine, dès que la surveillante tournerait le dos. Il m'apprendrait la technique. La même chose avec **les «Vache-qui-Rit»** qu'on lance au plafond du préau, qui collent et qui retombent au moment où on s'y attend le moins.

Toufdepoil

46

Les noms propres se mettent au **pluriel** s'ils désignent des lieux ou des habitants de villes, de régions ou de pays. Dans ce cas, ils varient aussi en genre.

● *Des lieux géographiques*

Où la Seine se jetterait-elle si elle prenait sa source dans **les Pyrénées**?

Tardieu, un poète

I *Les Pyrénées* sont des montagnes ; ce nom prend donc la marque du pluriel. I

● *Des habitants*

Grand-mère était norvégienne, et les **Norvégiens** connaissent bien les sorcières. Avec ses sombres forêts et ses montagnes enneigées, la Norvège est le pays natal des premières sorcières.

Sacrées sorcières

I Les *Norvégiens* sont les habitants de la Norvège ; ce nom prend donc la marque du pluriel et du genre. I

40 ▶ *Qu'est-ce qu'un être animé ?*

Certains noms désignent des êtres considérés comme vivants : ce sont des êtres **animés**, humains ou animaux.

un enfant   un aviateur   un chien   un papillon

D'autres noms désignent des objets, des phénomènes, des idées : ce sont des **non-animés**.

une table   un accident   la justice   le bonheur

41 ▶ Pourquoi est-il important de distinguer les êtres animés des non-animés?

On remplace un nom par un **pronom différent** *(qui* ou *que, à qui* ou *à quoi)* selon que ce nom désigne un être animé ou non animé.

La mouette
Aimait un **hibou**
Et la chouette un **caribou**

Fabliettes

▮ Le *hibou* et le *caribou* sont des êtres animés. Si l'on pose une question, par exemple, on les remplace par **qui: qui** la mouette aimait-elle? **qui** la chouette aimait-elle? ▮

Le diable prend sa **craie** noire et écrit sur son tableau noir. Les diablotins roulent des yeux dans tous les sens, car ils n'y voient rien. Savez-vous ce que fait un diablotin qui n'y comprend rien? Il se gratte le **derrière**.

Les Meilleurs Contes d'Astrapi

▮ La *craie* et le *derrière* sont des non-animés. Si l'on pose une question, par exemple, on les remplace par **que: que** prend le diable? **que** gratte le diablotin? ▮

Chaperon Rock

Je vais porter
À ma grand-mère
Un pot de beurre
Et deux litres de bière

Chansons

▮ Une *grand-mère* est un être animé. Si l'on pose une question, par exemple, on remplacera *grand-mère* par **à qui: à qui** vais-je porter un pot de beurre et deux litres de bière? ▮

– C'est vraiment contrariant, déclara le Gros Coco après un long silence, toujours sans regarder Alice, d'être traité d'œuf..., extrêmement contrariant!

– J'ai dit que vous ressembliez à un **œuf**, monsieur, expliqua Alice très gentiment. Et il y a des œufs qui sont fort jolis, ajouta-t-elle, dans l'espoir de transformer sa remarque en une espèce de compliment.

De l'autre côté du miroir

❚ Un *œuf* est un non-animé. Si l'on pose une question, par exemple, on remplacera *œuf* par **à quoi**: **à quoi** ressemble le Gros Coco? **❚**

> Lorsque le complément circonstanciel de lieu désigne un être **animé**, on utilise la préposition **chez**. S'il s'agit d'un être **non animé**, on utilise la préposition **à**.

Xavier aurait pu le prédire. Yoko Tsuno, l'héroïne des bandes dessinées, était l'idole de Sabine, qui possédait tous ses albums en double (une copie **chez sa mère**, une **chez son père**)[...].

L'Homme du Cheshire

❚ Les noms *mère* et *père* désignent des êtres animés: on utilise la préposition *chez*. **❚**

Moi, je suis bien content d'être rentré **à la maison**, mais mes copains de vacances ne sont pas ici et mes copains d'ici sont encore en vacances et moi je suis tout seul et ce n'est pas juste et je me suis mis à pleurer.

Les Vacances du petit Nicolas

❚ Le nom *maison* est un non-animé: on utilise la préposition *à*. **❚**

★ 42 ▶ *Qu'est-ce qu'un nom composé?*

> Un nom composé désigne **un seul être** ou **une seule chose**, mais il forme un **ensemble de deux ou plusieurs mots**. Ceux-ci peuvent être reliés par un trait d'union.

Je ne suis ABSOLUMENT pas **Petit-Charmant**! Je déteste qu'on m'appelle comme ça, ça m'irrite, ça m'énerve, ça me tortillonne les oreilles de rage et puis ça me torturonge les orteils de fureur. Bref, je n'aime pas ça!
Car je suis **Petit-Féroce**, le seul, l'unique, le vrai de vrai, le terrible!

Petit-Féroce champion de la jungle

43 ▶ *Un nom commun est-il toujours précédé d'un déterminant?*

> Les noms communs sont **le plus souvent** précédés d'un déterminant.

Un <u>zèbre</u> pourtant pas très bête
s'en fut au bureau de tabac
pour acheter **des** <u>allumettes</u>.

Enfantasques

un	*zèbre*
article indéfini	nom commun

des	*allumettes*
article indéfini	nom commun

> Certains noms communs sont souvent utilisés **sans déterminant** lorsqu'ils sont compléments circonstanciels de **manière** *(comment?)*.

Tout semblait s'être figé dans cette plantation située à une demi-journée **à cheval**, au sud de la grande ville portuaire de Saint-Pierre. La vie y était organisée et réglée comme du papier à musique.

Lygaya à Québec

à	*cheval*
préposition	nom commun

└──── CC DE MANIÈRE ────┘

Attention : On emploie un déterminant quand ces noms compléments circonstanciels de manière sont accompagnés d'un adjectif ou d'un complément.

– Je t'ordonne de m'interroger, se hâta de dire le roi.
– Sire… sur quoi régnez-vous ?
– Sur tout, répondit le roi, **avec une grande simplicité**.

Le Petit Prince

avec	*une*	*grande*	*simplicité*
préposition	déterminant	adjectif	nom commun

└──────── CC DE MANIÈRE ────────┘

44 ▶ *Un nom propre est-il précédé d'un déterminant ?*

> Les noms propres désignant des **personnes** ou des **animaux** sont **rarement** précédés d'un déterminant.

Lentement, **Alcali** rampa hors de la caverne, les jumelles se balançant lourdement à son cou. Son père ne fit aucun geste pour l'aider à se relever. Cela ne présageait rien de bon. **Alcali** le suivit à contrecœur vers l'atelier.

Alcali

> Beaucoup de noms propres désignant des **pays**, des **habitants** ou des **fleuves** sont accompagnés d'un déterminant.

Le Nunavik est cosmopolite. On y rencontre des gens de tous les pays attirés par la vie nordique, l'aventure, **les Inuits**, le travail, les gros salaires.

La Ligne de trappe

_le_	_Nunavik_
déterminant	nom propre

les	_Inuits_
déterminant	nom propre

Le nom

■ On désigne par **nom** la nature des mots qui désignent des êtres humains, des animaux, des objets concrets, des idées abstraites.

■ Les noms se répartissent en **différentes catégories**.

NOMS PROPRES	NOMS COMMUNS		
Pierre	**animés**	**non-animés**	
Rimouski	le lapin	**concrets**	**abstraits**
les Québécois	le médecin	un crayon	la liberté

■ Le **groupe nominal** (GN) est formé d'un nom noyau, d'adjectifs et de déterminants.

■ Les noms ont un **genre** et un **nombre**. Le genre d'un nom est le masculin ou le féminin. Le nombre d'un nom est le singulier ou le pluriel.

RECONNAÎTRE UN VERBE

On appelle verbe une catégorie de mots qui permettent de désigner des actions (courir, manger...) ou des états (être, devenir...). Ces mots changent de forme.

L'identification du verbe

45 ▶ Qu'exprime le verbe dans la phrase ?

Le verbe sert le plus souvent à exprimer une **action**.

Comme pour se **moquer** de la rigueur de l'hiver, la fête **bat** son plein dans la maison des Latulipe. Les invités **font** honneur aux plats. La musique **répand** une gaieté irrésistible. Rose **danse** sans arrêt, très peu avec son fiancé Gabriel, mais beaucoup avec les autres jeunes gens. Elle **saute**, **valse** et **virevolte** comme une feuille au vent.

Le Baiser maléfique

❚ Les verbes *moquer*, *bat*, *font*, *répand*, *danse*, *saute*, *valse*, *virevolte* expriment les actions racontées. ❚

53

46 ▶ Le verbe désigne-t-il toujours une action ?

Non ! Les verbes comme *être, devenir, sembler, paraître, rester...* n'expriment pas une action ; ils permettent d'**attribuer une caractéristique** (qualité ou défaut) à un être animé ou à un objet. On appelle ces verbes **verbes d'état**.

Deux Plumes **était** seul et avait faim. Il n'avait vu personne de tout l'hiver. Il n'avait mangé que de l'écorce taillée dans les arbres et des racines arrachées sous la neige.
Il **fut** heureux quand le printemps arriva enfin.

▪ Deux Plumes et la solitude disparue

▌ *Deux Plumes   était   seul.* ▌
  sujet   verbe d'état qualité

▌ *Il   fut   heureux.* ▌
 sujet verbe d'état   qualité

47 ▶ Comment reconnaître le verbe ?

Le verbe est le seul élément de la phrase qui porte les **marques de la personne**. Il **change de forme** en changeant de **personne**.

Vous me copierez deux cents fois le verbe :
Je n'écoute pas. Je bats la campagne.
Je bats la campagne, **tu bats** la campagne,
Il bat la campagne à coups de bâton.

▪ Enfantasques

▌ *Je bats :* 1re personne du singulier du verbe *battre* ▌

▌ *Tu bats :* 2e personne du singulier du verbe *battre* ▌

▌ *Il bat :* 3e personne du singulier du verbe *battre* ▌

Le verbe est le seul élément de la phrase qui porte les **marques du temps**. Il **change de forme** aux différents temps (**présent, passé, futur**).

Conjugaison de l'oiseau

J'écris
(à la pie)

J'écrivais
(au geai)

J'écrivis
(au courlis)

La poésie comme elle s'écrit

I *J'écris* : présent de l'indicatif I

I *J'écrivais* : imparfait de l'indicatif I

I *J'écrivis* : passé simple de l'indicatif I

Seul le verbe peut être encadré par la négation : **ne... pas, ne... plus, ne... jamais**.

Quand on est chat on n'**est** pas vache
on **ne** regarde **pas** passer les trains
en mâchant les pâquerettes avec entrain
on reste derrière ses moustaches
(quand on est chat, on est chat)

Les Animaux de tout le monde

Les formes du verbe

48 ▶ Quels éléments comprend un verbe?

- Le verbe se compose de deux parties : un **radical** et une **terminaison**.
- Le **radical** porte le **sens** du verbe ; la **terminaison** indique la **personne** et le **temps** auxquels il est conjugué.

je <u>cour-</u>   <u>ais</u>
   radical   terminaison

▎ *je courais :* verbe *courir* à la 1re personne du singulier de l'imparfait de l'indicatif. ▎

nous <u>chant-</u>   <u>erons</u>
        radical   terminaison

▎ *nous chanterons :* verbe *chanter* à la 1re personne du pluriel du futur de l'indicatif. ▎

49 ▶ Qu'est-ce que la conjugaison?

On appelle **conjugaison** d'un verbe l'ensemble des terminaisons que ce verbe peut recevoir. Les terminaisons varient en fonction de la personne et du temps.

▷ *tableaux 459 à 476*

j'aime   j'aimerais
nous aimons   nous aimerions

56

50 ▶ Qu'est-ce que l'infinitif?

L'infinitif est la **forme non conjuguée du verbe**. C'est à l'infinitif que les verbes sont présentés dans les dictionnaires.

- **1ᵉʳ groupe**

aim-   er
radical terminaison

- **2ᵉ groupe**

fin-   ir
radical terminaison

- **3ᵉ groupe**

recev-   oir
radical terminaison

rend-   re
radical terminaison

51 ▶ Quels sont les groupes de verbes?

- Selon leurs terminaisons, les infinitifs se répartissent en **trois groupes**.
- Le **1ᵉʳ groupe** est constitué par des **infinitifs en -er**; ce sont les plus fréquents. Leur participe présent se termine par **-ant.**

aim**er**, aim**ant**   détach**er**, détach**ant**   navigu**er**, navigu**ant**

Le **2ᵉ groupe** est constitué par des **infinitifs en -ir**. Leur participe présent se termine par **-issant.**

fin**ir**, fin**issant**   obé**ir**, obé**issant**   grand**ir**, grand**issant**

Le **3ᵉ groupe** réunit les infinitifs en **-ir** dont le participe présent se termine par **-ant**, les infinitifs en **-oir** et en **-re** et le verbe **aller.**

ten**ir** (ten**ant**)   val**oir** (val**ant**)   vend**re** (vend**ant**)

Après une **préposition**.

«Et les problèmes, alors?» a demandé Agnan, qui n'avait pas l'air content, mais nous, on n'a pas fait attention et on a commencé <u>à</u> **se faire** des passes et c'est drôlement chouette <u>de</u> **jouer** entre les bancs. Quand je serai grand, je m'achèterai une classe, rien que <u>pour</u> **jouer** dedans. ▪Le Petit Nicolas

▮ *à*	*se*	*faire* ▮
préposition		verbe à l'infinitif

Après un verbe **conjugué**.

– Regarde-moi ça maintenant. Tu vois la soudure cassée? Quand est-ce que je **vais trouver** le temps de la réparer?
Alcali **fit passer** rapidement la courroie de caoutchouc derrière son dos. Il regarda Papa à son tour, les sourcils levés.
– Je vais le faire.
– Ah oui! soupira Papa. Pour que j'apprenne ensuite que tu **as fait brûler** l'atelier au grand complet! ▪Alcali

▮ *je*	*vais*	*trouver* ▮
▮ *Alcali*	*fit*	*passer* ▮
▮ *tu*	*as fait*	*brûler* ▮
verbes conjugués		verbes à l'infinitif

Attention: Après l'auxiliaire **avoir** ou **être**, on utilise le **participe passé**.

Une nuit, le roi fit un rêve. Il en **fut** très <u>étonné</u> car il n'**avait** jamais <u>rêvé</u>. Il ne connaissait même pas le mot «rêve». ▪Le Roi gris

▮ *Il*	*fut*	*très*	*étonné*. ▮
auxiliaire *être* au passé		participe passé de *étonner*	

▮ *Il*	*n'avait*	*jamais*	*rêvé*. ▮
auxiliaire *avoir* à l'imparfait		participe passé de *rêver*	

53 ▶ *Quel rôle le verbe joue-t-il ?*

> Le verbe est le **noyau de la phrase verbale** ; c'est à lui que
> sont reliés les autres mots ou groupes de mots.

Une jeune fille de quatre-vingt-dix-ans,
En croquant des pommes,
En croquant des pommes,
Une jeune fille de quatre-vingt-dix ans,
En croquant des pommes,
S'est cassé trois dents.

▪ *Cent comptines*

Une jeune fille de quatre-vingt-dix ans	*s'est cassé*	*trois dents.*
sujet	verbe noyau	CD

Les constructions du verbe

54 ▶ *Le verbe avec et sans complément direct*

★ Certains verbes **refusent tout complément direct** : on les
appelle verbes **intransitifs**.

arriver défiler mourir partir voyager

★ Certains verbes **acceptent un complément direct** : on les
appelle verbes **transitifs**.

manger écouter rencontrer battre regarder

Certains verbes transitifs **acceptent un CD** mais ils **ne l'exigent pas**.

Alors, Alceste m'a demandé de tenir son croissant, et il a commencé à se battre avec Maixent. Et ça, ça m'a étonné, parce qu'Alceste, d'habitude, il n'aime pas se battre, surtout quand il est en train de **manger un croissant**.

Les Récrés du petit Nicolas

▌Ici, le verbe transitif *manger* a un CD *(un croissant)*. ▌

Quand on parle de **manger**, ça donne faim à Alceste, qui est un copain qui mange tout le temps. Les Récrés du petit Nicolas

▌Ici, le verbe transitif *manger* est employé sans CD. ▌

Certains verbes transitifs ne peuvent pas se construire sans CD; ils **exigent un CD**.

L'histoire de la pièce est très compliquée et je n'ai pas très bien compris quand la maîtresse nous l'a racontée. Je sais qu'il y a le Petit Poucet qui **cherche** <u>ses frères</u> et il **rencontre** <u>le Chat Botté</u> et il y a le marquis de Carabas et un ogre qui veut manger les frères du Petit Poucet et le Chat Botté **aide** <u>le Petit Poucet</u> et l'ogre est vaincu et il devient gentil et je crois qu'à la fin il ne mange pas les frères du Petit Poucet et tout le monde est content et ils mangent autre chose. Le Petit Nicolas

▌Le verbe *chercher* a pour CD *ses frères*; le verbe *rencontrer* a pour CD *le Chat Botté*; le verbe *aider* a pour CD *le Petit Poucet*. Ces verbes exigent un CD. ▌

résumé

Le verbe

■ On distingue les verbes d'**action** et les verbes d'**état** *(être, sembler, devenir...)*. Parmi les verbes d'action, il existe des verbes avec des CD et des verbes sans CD.

■ La forme du verbe change en fonction des temps et de la personne de son sujet.

■ Le verbe est le **noyau** de la phrase : c'est à lui que sont reliés les différents groupes de la phrase.

RECONNAÎTRE UN ADJECTIF QUALIFICATIF

L'adjectif qualificatif sert à préciser une qualité ou un défaut: beau, laid, méchant, blanc, noir...
Il faut bien distinguer les adjectifs qualificatifs des adjectifs possessifs, démonstratifs ou indéfinis qui font partie des déterminants.

▷ *paragraphes 70 à 74*

55 ▶ *À quoi servent les adjectifs qualificatifs ?*

Les adjectifs qualificatifs permettent de **décrire** un être humain, un animal ou un objet en précisant une ou plusieurs de ses caractéristiques. Ils **qualifient** un **nom** et précisent son sens.

▮ Les mots *jaune, rouge* et *vert* utilisés pour caractériser la couleur des sacs à dos sont des adjectifs qualificatifs. ▮

L'emploi des adjectifs qualificatifs permet au lecteur ou à la lectrice de **se représenter avec plus de précision** ce qui est raconté, décrit ou expliqué.

● *Version 1 (sans adjectifs qualificatifs épithètes)*

Au milieu d'une forêt, dans une caverne, vivait un monstre. Il avait une tête directement posée sur deux pieds, ce qui l'empêchait de courir.

● *Version 2 (avec adjectifs qualificatifs)*

Au milieu d'une **sombre** forêt, dans une caverne **humide** et **grise**, vivait un monstre **poilu**. Il était **laid**; il avait une tête **énorme**, directement posée sur deux **petits** pieds **ridicules**, ce qui l'empêchait de courir. ▪Le Monstre poilu

56 ▶ *L'adjectif dans le groupe nominal*

Lorsque l'adjectif qualificatif se rapporte **directement** à un nom, il fait partie du **groupe nominal** auquel ce nom appartient. Il occupe la fonction **épithète***.

Qui a volé la clef des champs?
La pie **voleuse** ou le geai **bleu**? ▪Enfantasques

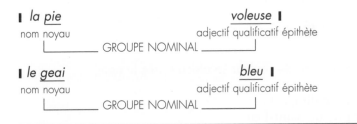

▌ *la pie*   *voleuse* ▌
nom noyau   adjectif qualificatif épithète
    └─────── GROUPE NOMINAL ────────┘

▌ *le geai*   *bleu* ▌
nom noyau   adjectif qualificatif épithète
    └─────── GROUPE NOMINAL ────────┘

**Sans aborder la notion d'épithète, le programme du ministère de l'Éducation du Québec met à l'étude la place de l'adjectif dans le groupe du nom.*

57 ▶ **Quelle est la place de l'adjectif dans le groupe nominal?**

> La plupart des adjectifs qualificatifs en fonction d'épithètes se placent **après le nom** qu'ils qualifient. Quelques adjectifs courts et très utilisés *(grand, gros, petit, beau...)* se placent normalement **avant le nom**.

J'ai vu un **gros** <u>rat</u>
Un **gros gros** <u>radar</u>
Qui courait dare-dare
Après un cobra.

▪Innocentines

> Lorsqu'un nom est accompagné de deux adjectifs ou plus, ceux-ci se placent **après** le nom, s'ils sont **coordonnés**.

Il y avait une fois trois petits pois vêtus de vert qui dormaient gentiment dans leur cosse. Leur visage bien rond respirait par les trous de leurs narines et l'on entendait leur <u>ronflement</u> **doux** et **harmonieux**.

▪Queneau, un poète

> Ils **encadrent** le nom, s'ils ne sont pas coordonnés:

un **petit** <u>oiseau</u> **gris**
avec des manchettes
chante
miaou miaou

▪Queneau, un poète

> Un adjectif de **couleur** se place **après** le nom.

J'ai croisé dimanche
tout près de Saint-Leu
une <u>souris</u> **blanche**
portant un <u>sac</u> **bleu**.

▪Enfantasques

64

58 ▶ Un adjectif change-t-il de sens si on le change de place?

Un même adjectif peut **changer de sens** lorsqu'on le change de **place**.

Un seul arbitre de touche, ce n'est pas beaucoup pour surveiller tout le terrain mais Maixent court très vite, il a des jambes très longues et toutes maigres, avec de gros <u>genoux</u> **sales**.

Le Petit Nicolas

❙ L'adjectif *sales* placé après le nom signifie «pas propres». ❙

Et puis, je ne mange pas TOUS les écureuils. Seulement ceux qui ont une **sale** <u>tête</u>.

Janus, le chat des bois

❙ L'adjectif *sale* placé avant le nom signifie «antipathique». ❙

59 ▶ Comment reconnaître l'adjectif attribut?

Lorsque l'adjectif qualificatif est relié au sujet de la phrase par **un verbe d'état** *(être, sembler...)*, il fait partie du **groupe verbal**. Il occupe la fonction **attribut**.

que la <u>pluie</u> est **humide** et que l'eau mouille et mouille!

Queneau, un poète

❙	*que la pluie*	*est*	*humide*	❙
			adjectif qualificatif attribut	
	└ GROUPE NOMINAL ┘		└ GROUPE VERBAL ┘	

65

60 ▶ Comment reconnaître l'adjectif mis en apposition?

Un adjectif qualificatif mis en apposition est **séparé du nom** (ou du pronom) qu'il qualifie par une ou deux virgules.

Il y avait une fois trois petits pois qui roulaient leur bosse sur les grands chemins. Le soir venu, **fatigués et las,** <u>ils</u> s'endormaient très rapidement.

Queneau, un poète

❙ Les adjectifs *fatigués et las* sont séparés du pronom *ils* par une virgule. On peut les déplacer dans la phrase :

Fatigués et las, le soir venu, ils s'endormaient très rapidement.
Le soir venu, ils s'endormaient très rapidement, fatigués et las. ❙

61 ▶ Comment accorder l'adjectif qualificatif?

L'adjectif qualificatif, quelle que soit sa fonction, s'accorde en **genre** (masculin ou féminin) et en **nombre** (singulier ou pluriel) avec le nom qu'il qualifie.

Et j'y vis des <u>paroles</u> bien **piquantes**, des <u>paroles</u> **sanglantes**, des <u>paroles</u> **horrifiques** et d'autres assez mal plaisantes à voir. Quand elles eurent fondu ensemble, nous entendîmes: hin, hin, hin, hin, his, ticque, torche, lorgne, brededin, brededac, frr, frrr, frrr, bou, bou, bou, bou, bou, bou, boub, bou, traccc, trac, trr, trr, trr, trrr, trrrrrr, on, on, on, on, ouououon, goth, magoth, et je ne sais quels autres <u>mots</u> **barbares**.

Le Quart Livre

❙ des <u>paroles</u>   bien   *piquantes* ❙
nom féminin pluriel   adjectif féminin pluriel

▮ *autres* <u>*mots*</u>　　　　　　　　<u>*barbares*</u> **▮**
　　nom masculin pluriel　　　　adjectif masculin pluriel

Jacques, tout **penaud**, regarde la chaise. «C'est dommage!
Max n'en veut pas! C'était une **bonne** idée.[...]»

Le Bric-à-brac de Jacques

▮ *Jacques,*　　　　*tout*　　　　<u>*penaud*</u> **▮**
nom masculin singulier　adverbe　adjectif masculin singulier

▮ *C'était*　　*une*　　*bonne*　　　*idée.* **▮**
　　　　　　　adjectif féminin singulier　nom féminin singulier

> Lorsqu'un adjectif qualifie plusieurs noms **singuliers**, il se
> met au **pluriel**.

Louisette et moi, on s'est regardés. Elle avait des cheveux
jaunes, avec des nattes, des yeux bleus, <u>un nez et une robe</u>
rouges.

Le Petit Nicolas

▮ *un*　<u>*nez*</u>　*et*　*une*　<u>*robe*</u>　*rouges* **▮**
　　　nom　　　　　　nom　　adjectif
　　singulier　　　　singulier　pluriel

> Lorsqu'un adjectif qualifie plusieurs noms, l'un **masculin**,
> l'autre **féminin**, il se met au **masculin pluriel**.

Maman et papa vont avoir beaucoup de peine, je reviendrai
plus tard, quand ils seront très **vieux**, comme mémé, et je serai
riche, j'aurai un grand avion, une grande auto et un tapis à
moi, où je pourrai renverser de l'encre et ils seront drôlement
contents de me revoir.

Le Petit Nicolas

▮ <u>*Maman*</u>　*et*　<u>*papa*</u>　*seront*　*très*　<u>*vieux*</u>　*et*　<u>*contents.*</u> **▮**
féminin　　　masculin　　　　　　masculin　　masculin
singulier　　singulier　　　　　　pluriel　　　pluriel

67

⭐ Les noms de **fleurs** ou de **fruits** employés comme adjectifs ne s'accordent ni en genre ni en nombre, sauf *rose* et *mauve*.

▷ *paragraphe 186*

Elle a des taches de rousseur
Des <u>yeux</u> **pistache** et de grands pieds

Innocentines

❙ La pistache est un fruit de couleur verte ; employé ici comme adjectif, *pistache* ne s'accorde pas. ❙

Tout à coup l'orage accourt
avec ses grosses <u>bottes</u> **mauves**

Queneau, un poète

❙ La mauve est une plante à fleurs roses ; employé ici comme adjectif, *mauve* s'accorde : c'est une exception. ❙

résumé

L'adjectif qualificatif

■ Les adjectifs qualificatifs permettent de préciser les caractéristiques des objets, des animaux ou des personnes.

■ L'adjectif qualificatif peut être **épithète** (il fait partie du groupe nominal), **attribut** (il appartient au groupe verbal) ou **mis en apposition**.

■ L'adjectif qualificatif **s'accorde** en genre et en nombre avec le nom qu'il qualifie.

RECONNAÎTRE LES DEGRÉS DE L'ADJECTIF

Si l'on veut comparer deux qualités ou deux défauts, on peut utiliser le comparatif ou le superlatif.

62 ▶ *Qu'est-ce que le comparatif?*

- Un adjectif exprime les caractéristiques, qualités ou défauts, d'un être animé ou d'un objet. Pour établir des **comparaisons** entre deux êtres animés ou deux objets possédant la **même caractéristique**, on utilise les degrés de l'adjectif.

- Le comparatif de supériorité indique qu'un être ou un objet possède **davantage** une caractéristique qu'un autre.

Alice fait apparaître un dragon. Elle n'a pas manqué son coup. Il est immense. Il a l'air cruel et méchant. **Plus cruel et méchant qu'**un ministre des Finances dans un pays en pleine crise économique. **Plus grand que** la Place Ville-Marie.

Le Chevalier de Chambly

Le comparatif d'infériorité sert à indiquer qu'un être ou un objet possède **moins** une caractéristique qu'un autre.

Nous sommes allés chercher des planches dans le grenier et papa a apporté ses outils. Rex, lui, il s'est mis à manger les bégonias, mais c'est **moins grave que** pour le fauteuil du salon, parce que nous avons plus de bégonias que de fauteuils.

Le Petit Nicolas

> Le comparatif d'égalité indique qu'un être ou un objet possède **autant** une caractéristique qu'un autre.

Alors, le professeur a jeté son sifflet par terre et il a donné des tas de coups de pied dessus. La dernière fois que j'ai vu quelqu'un d'**aussi fâché que** ça, c'est à l'école, quand Agnan, qui est le premier de la classe et le chouchou de la maîtresse, a su qu'il était second à la composition d'arithmétique.

Les Vacances du petit Nicolas

63 ▶ Qu'est-ce que le superlatif?

> Pour indiquer que, parmi un ensemble d'êtres animés ou d'objets, certains possèdent **plus ou moins que tous les autres** une qualité ou un défaut, on emploie le **superlatif de supériorité** (le plus…, la plus…, les plus…) et le **superlatif d'infériorité** (le moins…, la moins…, les moins…).

Les princes sont maintenant revenus, et le roi leur dit: «Écoutez-moi bien et faites ce que je vous demande. Je vais lancer ces perles dans l'herbe. Cherchez-les, et celui de vous trois qui retrouvera **la plus belle** deviendra roi.»

Trois princes et une limace

Oiseau, bel oiseau joli,
Qui te prêtera sa cage?
La plus sage,
La moins sage
Ou le roi d'Astragolie?

La Poèmeraie

64 ▶ Qu'appelle-t-on comparatif et superlatif irréguliers ?

Les adjectifs **bon** et **mauvais** ne construisent pas leur comparatif de supériorité et leur superlatif avec les mots **plus** ou **moins**. Ils ont un **comparatif de supériorité** et un **superlatif irréguliers**.

	COMPARATIF DE SUPÉRIORITÉ	SUPERLATIF
bon	meilleur que	le meilleur
mauvais	pire que	le pire

Attention : Les comparatifs d'infériorité et d'égalité de **bon** et de **mauvais** sont **réguliers**.

résumé

Le comparatif et le superlatif

■ Le comparatif et le superlatif d'un adjectif permettent de comparer deux qualités ou deux défauts.

■ Le comparatif et le superlatif suivent les règles d'accord de l'adjectif qualificatif.

■ *Bon* et *mauvais* ont un comparatif de supériorité et un superlatif **irréguliers**.

RECONNAÎTRE LES DÉTERMINANTS

On appelle déterminants les mots comme le, un, mon, ce... qui se placent le plus souvent devant le nom. Ces mots permettent de présenter un personnage, un animal ou un objet d'une façon particulière.

Les différents déterminants

65 ▶ *Quelle est la place du déterminant dans le groupe nominal ?*

Le déterminant se place presque toujours **devant** le nom commun. Le déterminant permet de savoir où commence le GN.

Sur **une** terrasse,
Un chat se prélasse.
Une moto passe.

« Le chat et la moto » *dans* Chats qui riment et rimes à chats

❙ On emploie les déterminants *un* et *une* parce que l'on ne sait encore rien de bien précis sur la terrasse, le chat, la moto. ❙

Perplexe, Jacques regarde **son** coffre: «C'est dommage que Bobo n'en veuille pas! Il est pourtant bien **ce** coffre! Surtout qu'on peut le remplir. Je vais y ranger **mes** vieux vêtements, car je n'ai plus de place dans **mon** armoire.[...]»

▪ Le Bric-à-brac de Jacques

▮ _son_	_coffre_ ▮
déterminant	nom

└──────── GROUPE NOMINAL ────────┘

▮ _ce_	_coffre_ ▮
déterminant	nom

└──────── GROUPE NOMINAL ────────┘

▮ _mes_ ·	_vieux_	_vêtements_ ▮
déterminant	adjectif qualificatif	nom

└─────────────────── GROUPE NOMINAL ───────────────────┘

66 ► *Un nom est-il toujours précédé d'un déterminant?*

• Non! Il arrive parfois que le nom ne soit pas précédé d'un déterminant.   ▷ *paragraphes 43 et 44*

• Il n'y a pas de déterminant devant certains noms **propres** comme: *Pierre, Paris...* Mais il y en a devant des mots comme: *les Laurentides, la Chaudière...*   ▷ *paragraphe 44*

• Il peut ne pas y avoir de déterminant **après** certaines **prépositions** comme: *avec, en, par...*

Par ailleurs, il n'était pas rare de croiser sur la route, même très loin de la côte, une méduse **en promenade**, un poulpe baladeur, une sirène solitaire ou un couple d'ondins **en voyage de noces**.

▪ Contes de la Folie-Méricourt

Attention : Avec ces prépositions, le nom est précédé d'un **déterminant** s'il est accompagné d'un **complément** ou d'un **adjectif** qualificatif.

Cette fois les mots jaillirent à toute vitesse, **avec la** force et **la** violence <u>de boulets de canon</u>. «Zoonk-zoonk-zoonk-zoonk!»

Charlie et le grand ascenseur en verre

I *de boulets de canon* : complément de nom **I**

Il n'y a pas non plus de déterminant **après** un **verbe d'état**, dans la fonction **attribut**.

Hélas! La nuit d'après, Madame Sans Nom fit un rêve épouvantable! Elle **était devenue crapaud**, au milieu d'un troupeau d'agneaux.

Contes de la Folie-Méricourt

I *Elle était devenue crapaud: crapaud* est un nom attribut du pronom *elle* ; il est donc employé sans déterminant. **I**

67 ▶ *Tableau des déterminants*

Les déterminants se divisent en deux grandes catégories : les **articles** et les **adjectifs non qualificatifs**.

ARTICLES	SINGULIER	PLURIEL
Définis	le, la, l'	les
Indéfinis	un, une	des
Partitifs*	du, de la, de l'	

* *Traditionnellement, on considérait que l'article partitif pouvait varier en nombre: des (prendre des œufs). Aujourd'hui, la tendance est de faire valoir le caractère pluriel, c'est-à-dire dénombrable, du des.*

ADJECTIFS NON QUALIFICATIFS	SINGULIER	PLURIEL
Possessifs	mon, ton, son ma, ta, sa notre, votre, leur	mes, tes, ses nos, vos, leurs
Démonstratifs	ce, cet, cette	ces
Numéraux	un	deux, trois, quatre…
Indéfinis	aucun, chaque, nul, tout…	plusieurs, quelques…
Interrogatifs	quel? quelle?	quels? quelles?
Exclamatifs	quel! quelle!	quels! quelles!

Les articles

68 ▶ **À quoi servent les articles définis et indéfinis?**

Les articles indéfinis **un**, **une**, **des** indiquent que l'on ne sait rien de la personne, de l'animal ou de l'objet dont on parle.

Pour Alcali, le petit refuge avait toujours été là. Il ne lui était même jamais venu à l'esprit que peut-être, il y a longtemps, **un** précédent locataire – **un** autre garçon – avait taillé cet endroit secret à l'intérieur d'**une** haie plus jeune.

▪Alcali

▌ *Un précédent locataire:* on ne dit pas de quel précédent locataire il s'agit. ▌

Les articles définis **le**, **la**, **les** indiquent que l'on connaît la personne, l'animal ou l'objet dont il est question.

– Noémie... Noémie... Réveille-toi, ma pauvre petite!
Je sens **la** main de Madame Lumbago me secouer l'épaule.

La Clé de l'énigme

❙ *la* **main** de *Madame Lumbago* me secouer *l'épaule* (l'épaule de Noémie) : on sait de quelle main et de quelle épaule il s'agit. **❙**

Au-dessus de la vallée, sur une colline, il y avait **un** bois.
Dans **le** bois, il y avait **un** gros arbre.
Sous l'arbre, il y avait **un** trou.
Dans **le** trou vivaient Maître Renard, Dame Renard et leurs quatre renardeaux.

Fantastique Maître Renard

❙ *Un bois*: c'est la première fois qu'on parle de ce bois, on ne sait pas de quel bois il s'agit.
Le bois: c'est la deuxième fois qu'on en parle ; c'est le même bois que celui de la phrase précédente. **❙**

– Mais alors, de qui avais-tu fait la connaissance, si ce n'était pas d'un mistouflon? dit un enfant qui commençait à s'impatienter.
– ... Eh bien... d'**une** mistouflette, avoua le mistouflon en baissant la tête.
– AHHHH! dirent les enfants.
Puis, il se fit un grand silence.
Et on discuta, et pati et coufi... et comme le lendemain était un mercredi, on décida d'aller chercher **la** mistouflette **du mistouflon** dans le Luberon.

L'Année du mistouflon

❙ *Une mistouflette*: c'est la première fois que le mistouflon en parle, on ne la connaît pas.
La mistouflette du mistouflon: c'est la deuxième fois que l'on en parle, et elle est déterminée par un complément de nom. **❙**

Attention : Ne confonds pas *la, le, les* **articles**, qui se placent devant un nom, et *la, le, les* **pronoms**, qui se placent devant un verbe.

La contrebasse est toujours contre,
elle grogne et fait sa grosse voix.
La mélodie qu'elle rencontre
elle **la** sermonne et **la** rudoie.

Enfantasques

la	*contrebasse*
déterminant	nom

la	*mélodie*
déterminant	nom

la	*sermonne*
pronom	verbe

la	*rudoie*
pronom	verbe

69 ▶ *Qu'est-ce que l'article partitif ?*

Du, **de la**, **de l'** sont des articles **partitifs**. On les trouve devant des noms **non dénombrables**, c'est-à-dire qu'on ne peut pas compter.

Monstre blanc, voici **du** flan.

Jean-Yves à qui rien n'arrive

C'est l'Horrifiant Engoulesang Casse-Moloch Écrase-Roc! Il va m'attraper, me sucer le sang, me casser le moloch, m'écraser le roc et me tailler en petits morceaux, et puis il me recrachera comme **de la** fumée et c'en sera fini de moi!

Les Minuscules

77

À la forme négative, on emploie **de** à la place de **du, de la** et **de l'**.

Cette fois, cependant, il n'arrivait pas seul: il amenait avec lui une famille parisienne qui se composait de trois personnes: M. Barbichou, qui avait de la barbe sur les joues; Mme Barbichou, qui avait aussi de la barbe, mais pas beaucoup; et le petit Paul Barbichou, qui n'avait que dix ans et <u>pas</u> **de** <u>barbe</u> du tout.

Contes d'ailleurs et d'autre part

Attention: Ne confonds pas *de la*, **article** partitif, et *de la*, **préposition + article** défini.

Des plats et des mets fins pour le maître et ses invités, **de la** semoule et du lait caillé pour les esclaves.

Lygaya à Québec

I *de la* semoule: article partitif *de la* + nom *semoule* I

De tous les pays du monde, des friandises étonnantes arrivaient par avion. Cerfs-volants-lunes du Japon, pâtes fourrées d'ylang-ylang des îles Fidji, guna-pagunas frottés de ramaro de Madagascar, petits fours glacés **de la** Terre de Feu...

La Girafe, le pélican et moi

I *de la* Terre de Feu: préposition *de* + GN *la Terre de Feu* I

78

Les adjectifs

70 ▶ *À quoi servent les adjectifs possessifs?*

> L'adjectif **possessif** indique que la personne, l'animal ou l'objet dont il est question **appartient à quelqu'un**. Il marque donc une relation de **possession**.

Le chat Ulysse
A la jaunisse.

Il ne dort plus.
Il a si mal
Qu'il ne joue plus
Avec **sa** balle.

« Le chat Ulysse » *dans* Chats qui riment et rimes à chats

I *sa balle* : la balle du chat **I**

> Lorsque la relation de possession est **évidente**, on n'emploie pas l'adjectif possessif.

Horrifié par ce qu'il venait de voir, Lygaya se sentit défaillir. Il s'assit un instant, ferma **les** <u>yeux</u> et tenta de retrouver dans ses souvenirs quelques images de son village.

Lygaya

I *Il s'assit un instant, ferma <u>les</u> yeux* : il s'agit nécessairement des yeux de Lygaya. **I**

71 ▶ *À quoi servent les adjectifs démonstratifs?*

> Les adjectifs **démonstratifs** ce, **cette**, **ces** servent à désigner, à **montrer** une personne, un animal ou un objet.

Cas très intéressant d'hallucination : ce <u>ver</u> se prend pour une baguette.

Le Ver, cet inconnu

79

Ils servent aussi à **attirer l'attention** sur quelqu'un ou quelque chose dont on a parlé.

Le chat Ulysse
A la jaunisse.

Ce sans-souci
A pris peur
D'une souris
À moteur.

«Le chat Ulysse» *dans* Chats qui riment et rimes à chats

72 ▶ Quelles sont les formes composées de l'adjectif démonstratif?

En ajoutant **-ci** ou **-là**, on peut souligner la **proximité (-ci)** ou l'**éloignement (-là)** de ce dont on parle.

Par chance, **ce** soir-**là**, tante Alice avait mijoté un poisson sans arêtes. Personne autour de la table n'est mort étouffé.

Les Catastrophes de Rosalie

73 ▶ Comment utiliser les adjectifs numéraux?

Les adjectifs **numéraux un, deux, trois**... servent à indiquer le **nombre** de personnes ou d'objets dont on parle. On les écrit **en chiffres**, mais on doit parfois les écrire **en lettres** (pour faire un chèque, par exemple).

50 : cinquante   2 000 : deux mille

Les adjectifs numéraux sont **invariables**, sauf **vingt** et **cent**.
▷ *paragraphe 187*

Attention: Les nombres composés **inférieurs à cent** s'écrivent avec un **trait d'union**: quatre-vingt-dix-neuf (sauf vingt et un, trente et un...).

74 ▶ *Quels sont les adjectifs indéfinis?*

Les principaux adjectifs indéfinis sont **tout** (toute, tous, toutes), **quelque** (quelques), **aucun** (aucune), **chaque**, **plusieurs**, **certain** (certaine, certains, certaines).

Si **tous** les animaux se fâchaient, ce serait une drôle d'histoire. Vous voyez ça d'ici, mes petits amis, l'armée des éléphants de terre et de mer arrivant à Paris. Quel gâchis…

Contes pour enfants pas sages

résumé

Les déterminants

■ Le plus souvent, les noms sont **précédés** d'un déterminant.

ARTICLES	EXEMPLES
définis	Je vois **le** chien de mon frère.
indéfinis	Je vois **un** chien.
partitifs	Je vois **du** verglas, là-bas.

ADJECTIFS	EXEMPLES
possessifs	**ma** voiture
démonstratifs	**cette** voiture
numéraux	**deux** voitures
indéfinis	**quelques** voitures
interrogatifs	**quelles** voitures?
exclamatifs	**quelles** voitures!

RECONNAÎTRE LES PRONOMS (MOTS DE SUBSTITUTION)

Les pronoms servent à remplacer un nom ou un groupe nominal. Ils font partie des mots de remplacement ou mots de substitution. On distingue plusieurs catégories de pronoms (personnels, démonstratifs, relatifs ...).

Le rôle des pronoms

75 ▶ Quand peut-on utiliser les pronoms ?

On utilise un pronom lorsqu'on est certain que celui ou celle à qui l'on s'adresse peut sans difficulté **savoir quelle personne**, **quel animal** ou **quel objet** ce pronom **représente**.

Et tout à coup la pendule fit tressaillir Donald. On eût dit qu'**elle** cédait à une petite crise de nerfs, mais c'était toujours ainsi quand **elle** s'apprêtait à sonner l'heure, et **elle** sonna dix heures. Donald compta les coups et ferma les yeux avant le dernier.

Un grand bruit épouvantable **le** réveilla en sursaut. Des pieds larges et pesants marchaient autour de **lui** et le fauteuil à bascule sous **lequel il** s'était tapi fut brusquement tiré de côté. À peine eut-**il** le temps de reculer que l'oncle Fitz se laissait tomber dans le fauteuil. **Celui-ci** se mit à plonger en avant, puis en arrière comme un cheval fou, mais une minute plus tard **tout** se calmait. Oncle Fitz et cousin Jo, assis **l'un** en face de **l'autre**, se mirent à parler très fort dans une bonne odeur de porto et de tabac.

▪ La Nuit des fantômes

▌Chaque pronom en gras correspond à un personnage ou à un objet dont on a **déjà** parlé. ▌

PERSONNAGES ET OBJETS	PRONOMS REPRÉSENTANTS
la pendule	elle, elle, elle
Donald	le, lui, il, il
le fauteuil à bascule	lequel, celui-ci
[le bruit]	tout
oncle Fitz	l'un
cousin Jo	l'autre

Les pronoms personnels

76 ▶ À quoi servent les pronoms personnels?

Un pronom personnel permet à celui ou celle qui parle de **désigner** une personne **sans l'appeler par son nom**.

Pauvre <u>Anatole</u>! Trempé de rosée, l'air rêveur, le voilà encore obligé de réintégrer le tombeau familial.
– Anatole, es-**tu** malade? s'inquiète Magda. **Tu** es rouge comme une tomate.
– Non, non, **je** vais bien.
– Alors, **tu** as mordu quelqu'un? s'informe <u>Boris</u>.
– Non <u>papa</u>, avoue Anatole en secouant sa crinière rousse.
– QUOI? **Je** vais finir par croire que ta mère a raison. Mais qu'as-**tu** donc dans les veines? Du jus de navet? Quand vas-**tu** enfin te décider à te conduire en vampire responsable?

▌Anatole le vampire

▌Le pronom *tu* désigne Anatole. Le pronom *je* sert à désigner la personne qui parle. ▌

Les pronoms personnels changent selon la **personne** qu'ils désignent.

Pour ce qui est de bâtir, <u>Poule</u> s'y entendait. Et flip et flap et pique et poque, en quatre coups de bec **elle** vous entrelaçait des brindilles, des brins de paille, des tiges sèches, et déjà sa case prenait forme.

Contes d'Afrique noire

I Le pronom *elle* désigne Poule; c'est un pronom féminin de la 3ᵉ personne du singulier. I

Ils varient aussi selon la **fonction** qu'ils occupent.

<u>La mer</u>, vous commencez à **la** connaître, **elle** s'occupe de tant de choses à la fois qu'**elle** ne sait plus raconter les histoires.

Bulle ou la voix de l'océan

I *La, elle, elle* désignent *la mer*; *la* est un pronom CD; *elle* est un pronom sujet. I

Observez bien <u>un barbu</u> manger, et vous verrez que, même s'**il** ouvre grand la bouche, il **lui** est difficile d'avaler du ragoût, de la glace ou de la crème au chocolat sans en laisser des traces sur sa barbe.

Les Deux Gredins

I *Il, lui* désignent *un barbu*; *il* est un pronom sujet; *lui* est un pronom CI. I

Et comment le gros méchant <u>lion</u> d'Afrique de la voisine du dessus a-t-**il** pu dévorer la pauvre gazelle d'Afrique avec de grands yeux du voisin du dessous?

Les Meilleurs Contes d'Astrapi

I Le pronom *il* désigne le lion; c'est un pronom masculin singulier de la 3ᵉ personne. I

Tableau récapitulatif

		SUJET	CD	CI	CC DE LIEU
SINGULIER	1re PERS.	je	me	me	
	2e PERS.	tu	te	te	
	3e PERS.	il, elle, on	le, la, en	lui, en, y	en, y
PLURIEL	1re PERS.	nous	nous	nous	
	2e PERS.	vous	vous	vous	
	3e PERS.	ils, elles	les	leur, en, y	en, y

78 ▶ Quelle est la forme renforcée des pronoms personnels ?

Lorsqu'on veut **insister** sur la personne dont on parle, on utilise la forme renforcée des pronoms personnels : **moi, toi, lui, elle, nous, vous, eux, elles ; à moi, pour toi...**

Nous, on regardait partout, et le monsieur courait dans le magasin en criant : «Non, non, ne touchez pas ! Ça casse !» **Moi**, il me faisait de la peine, le monsieur. Ça doit être énervant de travailler dans un magasin où tout casse.

Les Récrés du petit Nicolas

La fatigue se lisait sur leurs visages ruisselants ; le doute aussi : ils ne savaient pas vraiment où ils arriveraient.
François-Xavier, lui, était convaincu qu'il était sur la bonne piste.

Les Initiés de la Pointe-aux-Cageux

79 ▶ Dans quel ordre placer les pronoms le, la, les et lui, leur employés ensemble?

Les pronoms personnels CD **le**, **la**, **les** se placent **avant** les pronoms personnels CI **lui**, **leur** (le leur, le lui, la leur, la lui, les lui).

Le fauteuil s'avance au coin de la cheminée et commence son discours:
– Quand le chat Hector veut venir dormir sur mon siège, il me demande poliment la permission et me remercie quand je **la lui** donne.

Les Coups en dessous

80 ▶ Quand remplacer un nom par en?

Le pronom personnel **en** permet de remplacer un nom **non dénombrable** (herbe, soupe) en fonction de **CD**.

▷ paragraphe 69

– Attends, j'**en** connais une qui va te faire sécher, dit le lièvre. Qu'est-ce que je peux battre à grands coups sans laisser de trace?
– J'habite à côté et j'**en** bois, dit la tortue. C'est l'eau.

Contes d'Afrique noire

❙ j'en bois = je bois de l'eau ❙
  CD   CD

Le pronom personnel **en** permet aussi de remplacer un nom (objet, animal, idée) en fonction de **CI**.

▷ paragraphe 41

86

«Sophia est assise à côté de moi à l'école. Quand je ne comprends pas, elle traduit. Tout le monde me trouve drôle à l'école parce que je viens d'ailleurs. Quand Sophia m'invite chez-elle, je n'ai pas le droit d'amener le chien. On dirait qu'ils **en** ont peur. [...]»

La Vraie Histoire du chien de Clara Vic

▌ *on dirait qu'ils en ont peur* = *on dirait qu'ils ont peur du chien* ▌
      CI   CI

Ⓐ**ttention**: On emploie **de lui** (de moi, de toi...) pour remplacer les noms CI qui représentent des **êtres humains**.

Agnan s'est mis à crier et à pleurer, il a dit que personne ne l'aimait, que c'était injuste, que tout le monde profitait **de lui**, qu'il allait mourir et se plaindre à ses parents, et tout le monde était debout, et tout le monde criait; on rigolait bien.

Le Petit Nicolas et les Copains

▌ *tout le monde profitait de lui* = *tout le monde profitait d'Agnan* ▌
         CI   CI

> Le pronom personnel **en** permet enfin de remplacer un nom (objet, animal, idée) en fonction de **complément de lieu**.

Paul l'ours blanc prit un bain dans un geyser fumant. Il trouva cela horrible mais il **en** ressortit aussi blanc que la neige, et sa famille le regarda avec une grande admiration.

La Conférence des animaux

▌ *il en ressortit* = *il ressortit du geyser* ▌
CC de lieu   CC de lieu

87

> Le pronom personnel **y** permet de remplacer un nom (objet, animal, idée) en fonction de **CI**.

La fermière eut beau mitonner <u>des pâtées délicieuses</u>, supplier Antoine d'y goûter, le jeune <u>porc</u> continua obstinément à réclamer des citrons pressés, des pamplemousses sans sucre, des biscottes sans sel et des yoghourts à zéro pour cent de matière grasse.
Le Mouton noir et le Loup blanc

❚ *d'<u>y</u> goûter = de goûter <u>aux pâtées délicieuses</u>* ❚
  CI   CI

Attention: On emploie **à lui** (à moi, à toi...) pour remplacer les noms CI qui représentent des êtres humains.

Autrefois, près du village au bord du fleuve vivait un <u>jaguar</u> très rusé. Quand un problème survenait dans la grande forêt, on faisait toujours appel **à lui**.
Le Roi des piranhas

❚ *on faisait toujours appel <u>à lui</u> = on faisait toujours appel <u>au jaguar</u>* ❚
                                  CI   CI

> Le pronom personnel **y** permet de remplacer un nom en fonction de **complément de lieu**.

Tous les jeunes des environs connaissent ce «<u>repaire secret</u>». Il s'y dégage une atmosphère d'interdit et de danger très marquant.
Simon-les-nuages

❚ *il s'<u>y</u> dégage une atmosphère =*
CC de lieu

de ce «repaire secret» se dégage une atmosphère d'interdit ❚

Les pronoms possessifs

82 ▶ À quoi servent les pronoms possessifs?

Les pronoms possessifs permettent de remplacer un nom en indiquant **la personne qui possède** l'objet ou l'être animé désigné par le nom.

La maîtresse s'est mise à crier, elle nous a donné des retenues, et Geoffroy a dit que si on ne retrouvait pas sa montre, il faudrait que la maîtresse aille parler à son <u>père</u>, et <u>Joachim</u> a dit qu'il faudrait qu'elle aille parler **au sien** aussi, pour le coup du coupe-papier.

▪ Joachim a des ennuis

I *au sien = au père de Joachim* **I**

Une histoire est toujours plus belle quand elle commence ainsi: «En ce temps-là...» Oui, Abbar: que notre sang coule plus vite, que notre <u>sang</u> coule plus fort; **le tien, le mien (Le vôtre** aussi, vous qui allez lire cette page d'épopée et sans doute la découvrir!)

▪ Les 80 Palmiers d'Abbar Ben Badis

I *le tien = ton sang* **I**
I *le mien = mon sang* **I**
I *le vôtre = votre sang* **I**

83 ▶ Quels sont les pronoms possessifs?

Les pronoms possessifs changent de forme selon **la** ou **les personnes qui possèdent**.

C'est *moi* qui possède: *le mien, la mienne, les miens, les miennes.*
C'est *elle* ou *lui* qui possède: *le sien, la sienne, les siens, les siennes.*
Ce sont *eux* ou *elles* qui possèdent: *le leur, la leur, les leurs.*

Les pronoms possessifs varient en **genre** et en **nombre**. Ils prennent le genre et le nombre de ce qui est **possédé**.

mon vélo → *le mien*
masculin singulier   masculin singulier

ma bicyclette → *la mienne*
féminin singulier   féminin singulier

Tableau récapitulatif

	Un seul objet est possédé		Des objets sont possédés	
	MASCULIN	FÉMININ	MASCULIN	FÉMININ
c'est à moi	le mien	la mienne	les miens	les miennes
c'est à toi	le tien	la tienne	les tiens	les tiennes
c'est à lui, c'est à elle	le sien	la sienne	les siens	les siennes
c'est à nous	le nôtre	la nôtre	les nôtres	les nôtres
c'est à vous	le vôtre	la vôtre	les vôtres	les vôtres
c'est à eux, c'est à elles	le leur	la leur	les leurs	les leurs

Attention :

• Les pronoms **le nôtre** et **le vôtre** prennent un accent circonflexe, alors que les adjectifs **notre** et **votre** s'écrivent sans accent.

• **Leur** ne change pas de forme au féminin : **le leur**, **la leur**.

Les pronoms démonstratifs

84 ▶ À quoi sert le pronom démonstratif?

Les pronoms démonstratifs permettent de désigner sans les nommer un objet, une personne ou un événement en les distinguant **comme si on les montrait** du doigt.

Abasourdie, Wondeur s'arrête. Elle regarde la femme s'éloigner. **Celle-ci** se retourne plusieurs fois et la menace du poing.

Atterrissage forcé

Son grand projet c'est de retourner chez les chevaux pour leur dire: «Il faut que **cela** change» et les chevaux demanderont: «Qu'est-ce qui doit changer?» et lui, il répondra: «C'est notre vie qui doit changer, elle est trop misérable, nous sommes trop malheureux, **cela** ne peut pas durer.» Mais les plus gros chevaux, les mieux nourris, **ceux** qui traînent les corbillards des grands de ce monde, les carrosses des rois et qui portent sur la tête un grand chapeau de paille de riz, voudront l'empêcher de parler […]

Contes pour enfants pas sages

91

Certains pronoms démonstratifs **changent de forme** selon le **genre** et le **nombre** du **nom qu'ils remplacent** *(celui, ceux, celle, celles, celui-ci, celle-ci...)*.

As-tu déjà réuni en tas toutes les bulles de l'océan Indien pour affirmer que **celle-ci** est la plus belle? ▪ Bulle ou la voix de l'océan

▮ *celle-ci*   =   *cette bulle* ▮
féminin singulier   féminin singulier

D'autres pronoms démonstratifs *(ce, c', ceci, cela, ça)* ne remplacent pas un nom mais représentent un événement, une opinion... **Ils ne changent pas de forme**.

– [...] Nous serons de retour demain après-midi. Ton fils sera avec moi!
Cela ne rassura pas vraiment Sanala, qui préférait voir son fils en sécurité, près d'elle, sur la plantation.

▪ Lygaya à Québec

Tableau récapitulatif

	Singulier		Pluriel		Invariable
	MASCULIN	FÉMININ	MASCULIN	FÉMININ	
Formes simples	celui	celle	ceux	celles	ce, c' ceci cela, ça
Formes composées	celui-ci celui-là	celle-ci celle-là	ceux-ci ceux-là	celles-ci celles-là	✕

86 ▶ À quoi servent les formes composées ?

> Les formes composées *(celui-ci, celui-là...)* permettent de distinguer deux objets selon qu'ils sont **proches** ou **éloignés**.

– Ce sont **ceux-là**, a dit le directeur, ceux dont je vous ai parlé.
– Ne vous inquiétez pas, Monsieur le Directeur, a dit le docteur, nous sommes habitués ; avec nous, ils marcheront droit. Tout va se passer dans le calme et le silence.
Et puis on a entendu des cris terribles ; c'était le Bouillon qui arrivait en traînant Agnan par le bras.
– Je crois, a dit le Bouillon, que vous devriez commencer par **celui-ci** ; il est un peu nerveux.
Le Petit Nicolas et les Copains

Les pronoms indéfinis

87 ▶ Qu'appelle-t-on pronom indéfini ?

> Les pronoms indéfinis **aucun**, **rien**, **personne** permettent de ne considérer **aucun des éléments** d'un groupe.

Il était une fois une histoire, une très, très belle histoire, mais que **personne** n'avait jamais écrite ni racontée, parce que **personne** ne la connaissait.
Histoire du prince Pipo

Enrico s'approche, fasciné. L'homme ne le voit pas. Les yeux mi-clos, il joue pour lui seul. De sa vie, Enrico n'a entendu pareille musique. Les curieux font cercle autour du musicien. **Personne** n'ose applaudir. On écoute. On écoute sans se lasser.
Viva Diabolo !

> Le pronom indéfini **tous** (toutes, tout) permet de désigner **tous les éléments** d'un groupe.

Il faisait noir dans le ventre du navire, mais on devinait la présence d'autres prisonniers. Lorsque ses yeux se furent habitués à l'obscurité, Lygaya put discerner d'autres esclaves, **tous** enchaînés, entassés les uns sur les autres.

_Lygaya

> Les pronoms indéfinis **certains** (certaines), **les uns** (les unes), **les autres**, **quelques-uns** (quelqu'un, quelques-unes), **chacun** (chacune)... permettent de désigner **certains éléments** d'un groupe.

Pendant des jours, pendant des semaines, la pauvre histoire chercha en vain **quelqu'un** qui pût l'écrire ou qui voulût la raconter. Mais **aucun** ne voulait l'accepter telle quelle. **Les uns** la trouvaient trop ceci et pas assez cela. **Les autres**, au contraire, lui reprochaient d'être trop cela et pas assez ceci. **Chacun** voulait l'améliorer à sa manière, et ne cherchait qu'à la défigurer.

_Histoire du prince Pipo

Les pronoms relatifs

88 ▶ *Qu'est-ce qu'un pronom relatif?*

> Un pronom relatif **introduit** une proposition relative.

Ulysse le Savoyard n'a pas beaucoup voyagé. Une fois seulement, des hautes montagnes **où** il est né pour se rendre à Velle-Le-Châtel, un petit village de Franche-Comté.

_Ulysse qui voulait voir Paris

I *où*	*il est né* **I**
pronom relatif	proposition relative introduite par le pronom **où**.

Le premier orphelin **qui** monta sur l'estrade était un agneau **qui** <u>fut aussitôt adopté par un gros mouton de l'assemblée.</u> Suivit un marcassin **qu'**<u>une famille de sangliers réclama</u>, et le défilé des orphelins continua ainsi sans incident jusqu'au moment **où** un vieux renard prétendit adopter les deux canetons **que** <u>les petites avaient rencontrés dans la matinée.</u>

Les Contes bleus du chat perché

Tableau récapitulatif

Formes simples	qui, que, qu', dont, où
Formes composées **(article + quel)**	lequel, laquelle, lesquels, lesquelles
	auquel, à laquelle, auxquels, auxquelles
	duquel, de laquelle, desquels, desquelles

89 ▶ Qu'est-ce que l'antécédent du pronom relatif ?

Le mot que le pronom relatif **remplace** s'appelle **antécédent** du pronom relatif. Il est placé **avant** le pronom relatif.

1. Gaspard aimait beaucoup flairer-mordre-mâcher-mâchouiller-manger **les herbes**.
2. **Les herbes** poussent dans le fond du jardin.

➜ Gaspard aimait beaucoup flairer-mordre-mâcher-mâchouiller-manger **les herbes qui** poussent dans le fond du jardin.

Le chat qui parlait malgré lui

I Le pronom relatif *qui* évite de répéter le mot *herbes*. Le mot *herbes* est l'antécédent du pronom relatif *qui*. **I**

Les pronoms

■ On emploie un pronom pour ne pas répéter un nom ou un GN. Ce sont des **mots de substitution,** car ils servent à remplacer d'autres mots. Quel que soit le pronom utilisé, on doit s'assurer que celui ou celle à qui l'on s'adresse pourra savoir de qui ou de quoi l'on parle.

■ Les pronoms **personnels** représentent les personnes qui parlent *(je, nous),* à qui l'on parle *(tu, vous)* ou dont on parle *(il, elle, ils, elles).*

■ Les pronoms **possessifs** permettent de désigner un être vivant ou un objet en indiquant en même temps à qui il appartient: *le mien, la mienne, le sien, la sienne...*

■ Les pronoms **démonstratifs** désignent une personne ou un objet sans utiliser son nom: *celui-ci, celle-ci...*

■ Les pronoms **indéfinis** *(chacun, chacune, tous, toutes, aucun, aucune, certains, certaines, les uns, les unes, les autres)* permettent de désigner tous les éléments, certains des éléments ou aucun des éléments d'un groupe.

■ Les pronoms **relatifs** *(qui, que, où...)* permettent de ne pas répéter le nom de l'antécédent qu'ils remplacent.

RECONNAÎTRE LES MOTS DE RELATION : DISTINGUER LES PRÉPOSITIONS DES CONJONCTIONS DE COORDINATION

Les prépositions et les conjonctions de coordination sont des mots de relation, mais ils ont dans la phrase des rôles très différents.

90 ▶ À quoi servent les prépositions ?

Les prépositions (**avec**, **pour**, **à**, **de**...) servent à relier un nom ou un groupe nominal au reste de la phrase.

Delphine, l'aînée, et Marinette, la plus blonde, jouaient **dans** la cuisine à pigeon vole, **aux** osselets, **au** pendu, à la poupée et à loup-y-es-tu.

Les Contes rouges du chat perché

Une préposition peut changer le **sens** de la phrase.

Pendant quelque temps, je me suis promené d'une cage à l'autre **avec** mon cousin.

Simon-les-nuages

❚ Je me suis promené d'une cage à l'autre **sans** mon cousin. ❚

Les prépositions indiquent la **fonction** que le nom ou le groupe qu'elles introduisent occupe dans la phrase.

C'est l'anniversaire de ma maman et j'ai décidé de lui acheter un cadeau comme toutes les années **depuis** l'année dernière, parce qu'avant j'étais trop petit.

J'ai pris les sous qu'il y avait **dans** ma tirelire et il y en avait beaucoup, heureusement, parce que, par hasard, maman m'a donné de l'argent hier.

Le Petit Nicolas

I *Depuis* indique **quand** se passe ce que Nicolas raconte; *dans* indique **où** se trouve l'argent. **I**

91 ▶ *Quelles sont les principales prépositions?*

Les prépositions peuvent compter un ou plusieurs mots.

à – dans – de – pour – sans
à cause de – grâce à – loin de

Certaines prépositions ont un sens précis, limité; d'autres ont de nombreux sens différents.

Lotion insecticide **pour** moutons. Soigne les toisons malades, débarrasse des tiques et des puces. Mélanger une cuillerée **dans** cinq litres d'eau, et en arroser la toison.

Attention! ne pas dépasser la dose prescrite, sinon le mouton se retrouvera tout nu.

La Potion magique de Georges Bouillon

I La préposition *pour* indique le but; la préposition *dans* indique le lieu. **I**

Tableau récapitulatif

PRÉPOSITION	SENS DE LA PRÉPOSITION
à	la fonction : *une tasse à café* la qualité : *une veste à carreaux* le lieu : *à Ottawa, au café* le temps : *à dix heures*
après	le temps : *après le dîner*
avant	le temps : *avant midi*
avec	la manière : *avec douceur* le moyen : *avec un crayon de couleur* l'accompagnement : *avec Gabriel*
chez	le lieu : *chez le coiffeur*
dans	le lieu : *dans le salon* le temps : *dans trois jours*
de	la cause : *vert de peur* le contenu : *un bol de soupe* la manière : *de bonne humeur* la matière : *une boule de cristal* le lieu : *de la plage, du village* la possession : *le camion de papa* le temps : *de cinq à six heures*
depuis	le temps : *depuis un mois*
derrière	le lieu : *derrière le lit*
dès	le temps : *dès le coucher du soleil*
devant	le lieu : *devant la fenêtre*

PRÉPOSITION	SENS DE LA PRÉPOSITION
en	la manière : *en avion* la matière : *un sol en marbre* le lieu : *en Gaspésie* le temps : *en trois secondes*
entre	le lieu : *entre les deux fauteuils* le temps : *entre cinq et six heures*
malgré	la concession : *malgré ce malentendu*
par	l'agent : *Il a été surpris par la pluie.* le lieu : *par là-bas* la manière : *par hasard* le moyen : *par avion*
parmi	le lieu : *parmi les enfants*
pendant	le temps : *pendant les vacances*
pour	le but : *pour courir plus vite* le temps : *pour la semaine prochaine*
sans	l'accompagnement : *sans ses parents* la manière : *sans barbe* le moyen : *sans marteau*
sauf	l'exclusion : *sauf Gabriel*
sous	le lieu : *sous un tas de feuilles mortes*
sur	le lieu : *sur la terrasse*
vers	le lieu : *vers le carrefour* le temps : *vers le milieu de la nuit*

PRÉPOSITION	SENS DE LA PRÉPOSITION
à cause de	la cause : *à cause du mauvais temps*
à condition de	la condition : *à condition de vouloir*
à la manière de	la comparaison : *écrire une fable à la manière de La Fontaine*
à travers	le lieu : *à travers les champs* le temps : *à travers les siècles*
afin de	le but : *afin de vous satisfaire*
au-delà de	le lieu : *au-delà de la vallée* le temps : *au-delà de l'été*
au-dessous de	le lieu : *au-dessous de l'arbre*
au-dessus de	le lieu : *au-dessus du garage*
dans l'intention de	le but : *dans l'intention de vous plaire*
de manière à	le but, la conséquence : *de manière à éviter les embouteillages*
en face de	le lieu : *en face de la boulangerie*
en raison de	la cause : *en raison de la tempête*
grâce à	la cause : *grâce à ton aide*
jusqu'à	le lieu : *jusqu'à la Lune* le temps : *jusqu'à notre retour*
loin de	le lieu : *loin de toi, loin des maisons*
près de	le lieu : *près de toi, près des maisons*

Une préposition peut relier un **GN** au **verbe** de la phrase.

Si tu vas **dans** les bois,
Prends garde **au** léopard.
Il miaule **à** mi-voix
Et vient **de** nulle part.

Chantefables et Chantefleurs

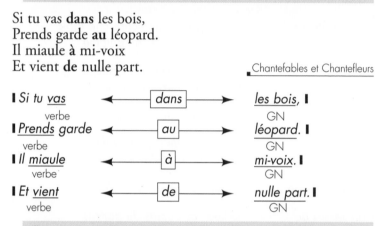

Elle peut aussi relier un **GN** à un autre **nom** ou un **adjectif** à un **nom**.

« J'veux faire une commission », déclara Jacob Deux-Deux.
« J'veux faire une commission. »
« T'es encore trop petit », répondit son père.
« Non, j'le suis pas, j'le suis pas ! » s'écria Jacob Deux-Deux. Et soudain, il éclata en sanglots.
« Si c'est comme ça », fit son père, fouillant dans sa poche et tendant quelques pièces **de** monnaie à son fils, « va chez monsieur Cooper, le marchand **de** légumes, à deux portes d'ici. Et achète-moi deux livres **de** belles tomates rouges, bien fermes. »

Jacob Deux-Deux et le vampire masqué

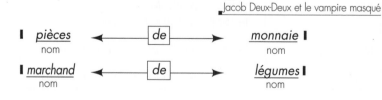

Le chat Hector se fâche et rage-nage avec sa patte dans le bocal pour faire au poisson rouge son affaire. Le poisson rouge devient blanc **de** peur. ▪Les Coups en dessous

▪ *blanc* ◄—— de ——► *peur* ▪
　adjectif　　　　　　　　　　nom

> Elle peut enfin relier un **verbe** au **verbe** de la phrase.

«Arayaaaa!» hurla le chauffeur en jouant des pédales de frein et d'embrayage **pour** dégager le camion de la route. Dans le même temps, il remerciait Allah d'avoir permis au vieux moteur poussif **de** ne pas caler!

▪Les 80 Palmiers d'Abbar Ben Badis

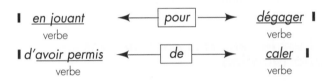

▪ *en jouant* ◄—— pour ——► *dégager* ▪
　verbe　　　　　　　　　　　　verbe
▪ *d'avoir permis* ◄—— de ——► *caler* ▪
　verbe　　　　　　　　　　　verbe

93 ▶ À quoi servent les conjonctions de coordination?

> Les conjonctions de coordination **mais, ou, et, ni** relient des **mots** qui occupent la **même fonction** (sujet, CD...).

Je voulais aller très loin, très loin, là où <u>papa</u> et <u>maman</u> ne me trouveraient pas, en <u>Chine</u> **ou** à <u>Arcachon</u> où nous avons passé les vacances l'année dernière et c'est drôlement loin de chez nous, il y a la mer **et** des huîtres. ▪Le Petit Nicolas

▪ *papa et maman*: sujets coordonnés par *et* ▪
▪ *en Chine ou à Arcachon*: CC de lieu coordonnés par *ou* ▪
▪ *la mer et des huîtres*: CD coordonnés par *et* ▪

Les conjonctions de coordination **mais, ou, et, or, ni, car**
servent à relier des **propositions**.

Moi, j'aime bien la pluie quand elle est très forte, parce
qu'alors je ne vais pas à l'école **et** je reste à la maison **et** je joue
au train électrique. **Mais** aujourd'hui, il ne pleuvait pas assez
et j'ai dû aller en classe.

Le Petit Nicolas et les Copains

▌*Parce qu'alors je ne vais pas à l'école et je reste à la maison et
je joue au train électrique:* et coordonne trois propositions subordonnées de cause. ▌

▌*Mais aujourd'hui, il ne pleuvait pas assez et j'ai dû aller en
classe:* mais coordonne cette phrase à la phrase précédente; *et*
coordonne deux propositions indépendantes. ▌

94 ▶ *Quel est le sens des conjonctions de coordination?*

CONJONCTIONS	PRINCIPAUX SENS
car	cause: *Il reste au lit ce matin,* ***car*** *il est en vacances.*
et	addition: *Paul **et** Marie sont là.*
mais	opposition: *Maxime serait bien sorti,* ***mais*** *il a la grippe.*
ni	négation: *Anne n'avait jamais été **ni** malade **ni** absente.*
ou	alternative: *Choisis: le camion **ou** le train.*
or	objection: *Elles avaient dit qu'elles viendraient,* ***or*** *personne ne les a vues.*

95 ▶ Comment distinguer les prépositions et les conjonctions de coordination?

Les prépositions relient deux mots qui ont des fonctions **différentes**. Les conjonctions de coordination relient deux mots qui ont la **même fonction**.

C'est ainsi que je pus observer le terrible rire **des** crocodiles : le rire qui tue, qui tue les crocodiles. **Car** plus ils riaient **et** plus ils ouvraient la gueule. Ils l'ouvrirent comme ça jusqu'à la queue et chaque crocodile, au dernier éclat de rire, se sépara en deux. _Réponses bêtes à des questions idiotes_

❚ _le terrible <u>rire</u>_ ◀──── des ────▶ <u>crocodiles</u> **❚**
       nom noyau   préposition   complément de nom
                    (= de + les)

❚ _Car plus ils riaient_ ◀── et ──▶ _plus ils ouvraient la gueule._ **❚**
     proposition   conjonction   proposition
     indépendante de coordination   indépendante

résumé

Les prépositions et les conjonctions de coordination

★ ■ Ce sont des mots de relation.

■ Les prépositions relient des mots qui ont des **fonctions différentes**.

■ Les conjonctions de coordination relient des mots ou des propositions de **même fonction**.

RECONNAÎTRE UN ADVERBE

Les adverbes sont des mots invariables qui permettent de préciser dans quelles circonstances se déroule une action.

Rôle et formation des adverbes*

96 ▶ À quoi servent les adverbes ?

Les adverbes précisent les **circonstances** de lieu, de temps ou de manière dans lesquelles se déroule l'**action** présentée par le **verbe**.

[Alice] était si troublée qu'elle en oublia combien elle avait grandi pendant les quelques dernières minutes, et elle se leva d'un bond, si **brusquement** qu'elle renversa le banc des jurés avec le bas de sa jupe. Les jurés dégringolèrent sur la tête des assistants placés **au-dessous**, puis ils restèrent étalés les quatre fers en l'air, lui rappelant **beaucoup** les poissons rouges d'un bocal qu'elle avait renversé par accident huit jours **auparavant**.

Alice au pays des merveilles

▌Les adverbes *brusquement, beaucoup* indiquent la manière ; l'adverbe *au-dessous* indique le lieu ; l'adverbe *auparavant* indique le temps. ▌

---

*Suivant le programme du primaire du ministère de l'Éducation du Québec, l'élève apprend d'abord à reconnaître l'adverbe. Il n'étudiera les différents types d'adverbes qu'au secondaire.

Les adverbes indiquent le **degré** d'une **qualité** ou d'un **défaut**.

Quand une histoire est **vraiment** belle, on la retient! Si je l'ai oubliée, c'est qu'elle n'était pas **si** belle que ça!
– Si, si, je suis **très** belle! cria l'histoire de toutes ses forces.

Histoire du prince Pipo

I Les adverbes *vraiment, si, très* indiquent le degré de *belle*. I

Les adverbes donnent des informations sur ce que **pense celui** ou **celle qui parle**.

Je poursuis **attentivement** ma route sous un ciel de plus en plus inquiétant. La neige se lit comme les pages d'un grand livre. Je marche lentement tandis que mes yeux, comme des radars, balaient le sol et les environs.

La Ligne de trappe

I L'adverbe *attentivement* indique la manière. I

97 ▶ *Sur quoi portent les adverbes?*

Ils peuvent modifier le **sens** d'un verbe, d'un adjectif qualificatif ou d'un autre adverbe.

– Seulement, comme personne ne m'attendait à la gare, j'ai préféré laisser ma valise à la consigne; elle est **très** lourde. J'ai pensé, gendre, que vous pourriez aller la chercher… Papa a regardé Mémé, et il est ressorti sans rien dire. Quand il est revenu, il avait l'air **un peu** fatigué. C'est que la valise de Mémé était **très** lourde et **très** grosse, et Papa devait la porter avec les deux mains.

Joachim a des ennuis

I L'adverbe *très* modifie les **adjectifs** *lourde* et *grosse*; *un peu* modifie l'**adjectif** *fatigué*. I

– Ça va durer longtemps, votre petite conversation? a crié le professeur de gymnastique, qui ne bougeait plus les bras parce qu'il les avait croisés. Ce qui <u>bougeait</u> **drôlement**, c'étaient ses trous de nez, mais je ne crois pas que c'est en faisant ça qu'on aura des muscles.

Les Vacances du petit Nicolas

❚ L'adverbe *drôlement* modifie le **verbe** *bougeait*. **❚**

– Mon pauvre Anatole! Je ne sais **vraiment** <u>pas</u> ce que nous allons faire de toi.

Anatole le vampire

❚ L'adverbe *vraiment* modifie l'adverbe *pas*. **❚**

98 ▶ Sous quelles formes se présentent les adverbes?

Les adverbes se présentent sous trois formes différentes: des mots simples, des groupes de mots, des mots terminés par -ment.

● **Des mots simples**
hier   ici   maintenant

● **Des groupes de mots**
tout à coup
au fur et à mesure
ne... pas
jusque-là

● **Des mots terminés par -ment**
lentement

99 ▶ Comment se forment les adverbes en -ment ?

La plupart des adverbes terminés par **-ment** se forment en ajoutant **-ment** au **féminin de l'adjectif**.

courag**euse** → courag**eusement**
clair**e** → clair**ement**
gai**e** → gai**ement**

Exceptions : jol**ie** → jol**iment**   vra**ie** → vra**iment**

Les adjectifs terminés par **-ent** forment leurs adverbes en **-emment**.

prud**ent** → prud**emment**
impati**ent** → impati**emment**

Exception : l**ent** → l**entement**

Les adjectifs terminés par **-ant** forment leurs adverbes en **-amment**.

brill**ant** → brill**amment**
sav**ant** → sav**amment**

Le sens des adverbes

Adverbes de lieu	ailleurs - autour - avant - dedans - dehors - derrière - dessous - dessus - devant - ici - là - loin - partout - près...
Adverbes de temps	alors - après - après-demain - aujourd'hui - aussitôt - avant - avant-hier - bientôt - déjà - demain - depuis - encore - enfin - ensuite - hier - jamais - longtemps - maintenant - parfois - puis - quelquefois - soudain - souvent - tard - tôt - toujours...
Adverbes de manière	ainsi - bien - comme - debout - ensemble - exprès - mal - mieux - plutôt - vite - *et les adverbes en -ment :* doucement - rapidement...
Adverbes de quantité	assez - aussi - autant - beaucoup - moins - peu - plus - presque - tout - très...
Adverbes d'affirmation et de négation	ne... jamais - ne... pas - ne... plus - ne... rien - non - oui - peut-être - si - vraiment...

★ 101 ▶ Qu'est-ce qu'un adverbe de lieu ?

Les adverbes comme : *ici, là, là-bas, ailleurs, loin, dessus, dessous, devant, derrière...* précisent **l'endroit** où se déroule une action. Ils sont directement reliés au verbe.

Le pic-vert est très délicat.
Il frappe quatre coups de bec.
Le ver répond qu'il n'est pas **là**.
Le pic s'entête et d'un coup sec
gobe le ver qui n'est pas **là**.

Enfantasques

I Le	ver	n'*est*	pas	*là*. **I**
		verbe		adverbe

Devant, à côté de la maîtresse, il y avait Agnan. C'est le premier de la classe et le chouchou de la maîtresse. Nous, on ne l'aime pas trop, mais on ne tape pas beaucoup **dessus** à cause de ses lunettes.

Les Récrés du petit Nicolas

I *Devant*, il y *avait* Agnan. **I**
adverbe   verbe

I On ne *tape* pas beaucoup *dessus*. **I**
   verbe   adverbe

Attention : **devant**, **derrière** sont aussi des prépositions.

Le patron du bateau n'a pas hissé les voiles, comme l'avait demandé M. Lanternau, parce qu'il n'y avait pas de voiles sur le bateau. Il y avait un moteur qui faisait potpotpot et qui sentait comme l'autobus qui passe **devant la maison**, chez nous.

Les Vacances du petit Nicolas

I *L'autobus qui passe* ← devant → *la maison*. **I**
          verbe   préposition   groupe nominal

111

★ 102 ▶ *Qu'est-ce qu'un adverbe de temps ?*

Les adverbes comme : *hier, demain, longtemps, la veille, le lendemain...* précisent la **période** où se déroule une action, ou la **durée** de cette action.

Ce qu'elle avait de bien, ma montre, c'est qu'elle avait une grande aiguille qui tournait plus vite que les deux autres qu'on ne voit pas bouger à moins de regarder bien et **longtemps**.

Les Récrés du petit Nicolas

Tableaux des emplois des adverbes de temps

Action dans le passé	Action dans l'avenir
hier, avant-hier	demain, après-demain
la veille	le lendemain
récemment	sous peu
dernièrement	prochainement
autrefois, jadis	bientôt
jusqu'ici	dorénavant
auparavant	désormais

Action courte et brutale	Action qui dure ou se répète
soudain	longtemps
tout à coup	d'habitude
brusquement	habituellement
subitement	régulièrement
aussitôt	progressivement
tout de suite	par moments

103 ▶ Qu'est-ce qu'un adverbe de manière ?

Les adverbes comme : *doucement, gentiment, rapidement, courageusement...* indiquent **de quelle manière** se déroule une action.

Le caniche nommé Mac Niche disait toujours:
– Un couple d'homme et de femme bien dressés dans une maison, ça réchauffe et ça tient compagnie.
Si on s'occupe un peu d'eux, si on les dresse **gentiment**, si on les récompense **régulièrement** et les élève **convenablement**, ils sont très faciles à vivre. ▪Les Animaux très sagaces

❘ *Gentiment, régulièrement* et *convenablement* sont des adverbes de manière : grâce à eux, on sait comment les animaux doivent dresser, récompenser, élever des êtres humains. Si l'on supprimait ces adverbes, on ne saurait pas comment les dresser, les récompenser et les élever :

→ *Si on s'occupe un peu d'eux, si on les dresse, si on les récompense et les élève, ils sont très faciles à vivre.* ❘

104 ▶ L'adverbe *tout* est-il invariable ?

Non ! **Tout** est le seul adverbe dont la forme varie. Devant un adjectif qualificatif **féminin singulier** ou **pluriel** commençant par une **consonne**, **tout** s'écrit **toute** ou **toutes**.

Ce soir, la lune brille **toute** <u>claire</u> dans la nuit. Quand elle est grosse comme ça, Louis Bernard dit que c'est parce qu'elle a trop mangé de soupe au pistou. ▪L'Année du mistouflon

Puis, se penchant vers les Pâquerettes qui s'apprêtaient à recommencer, elle murmura :
– Si vous ne vous taisez pas tout de suite, je vais vous cueillir !
Il y eut un silence immédiat, et plusieurs Pâquerettes roses devinrent **toutes** <u>blanches</u>.

▪ De l'autre côté du miroir

> Dans les autres cas, **tout** est **invariable**.

– Pardon, monsieur, a demandé Papa, le quai numéro 11, s'il vous plaît ?
– Vous le trouverez entre le quai numéro 10 et le quai numéro 12, a répondu le monsieur. Du moins, il était là-bas la dernière fois que j'y suis passé.
– Dites donc, vous… a dit Papa ; mais Maman a dit qu'il ne fallait pas s'énerver ni se disputer, qu'on trouverait bien le quai **tout** <u>seuls</u>.

▪ Les Vacances du petit Nicolas

– Tumbly, corrigea le chevalier, messire Tumbly.
– Oh, pardon, s'excusa le dragon, messire Tumbly, si ça peut vous faire plaisir ! Mais vous ressemblez si peu à un chevalier. D'habitude, ils sont **tout** <u>emballés</u>, ce qui est pratique pour la cuisine. Ils cuisent dans leur armure comme dans un four : c'est absolument délicieux.

▪ Le Chevalier désastreux

– Il faut punir les enfants, lui dit-elle, ils ont démonté la pendule du salon, le moulin à café de Maria, le piano à queue, la suspension de la salle à manger, le poste de T.S.F. (de radio), et si on les laisse faire, ils vont démonter la maison **tout** entière.

▪ La maison qui s'envole

Attention: Il ne faut pas confondre **tout adverbe** (= complète-ment) et **tout pronom indéfini**.

Nous, on regardait partout, et le monsieur courait dans le magasin en criant: «Non, non, ne touchez pas! Ça casse!» Moi, il me faisait de la peine, le monsieur. Ça doit être éner-vant de travailler dans un magasin où **tout** casse.

Les Récrés du petit Nicolas

▌ Ici, tout ne peut être remplacé par complètement. Tout est un pronom indéfini qui désigne les objets en magasin. ▌

résumé

Les adverbes

■ Les adverbes sont des mots invariables qui servent à **modifier** le **sens** d'un verbe, d'un adjectif ou d'un autre adverbe.

■ Les adverbes se présentent sous la forme de mots simples (hier), de groupes de mots (tout à coup) ou de mots terminés par **-ment** (joyeusement).

RECONNAÎTRE UNE PHRASE

Une phrase parle de quelqu'un ou de
quelque chose.

105 ▶ Qu'est-ce qu'une phrase?

Une phrase répond aux deux questions suivantes:
- **de qui** ou **de quoi parle-t-on?**
- **qu'est-ce qu'on en dit?**

la truite avant d'enjamber
le pont enlève sa chemise
et plonge dans la Tamise

Les Animaux de tout le monde

I De quoi parle-t-on? De la truite.
Qu'est-ce qu'on en dit? On dit qu'elle enlève sa chemise et
plonge dans la Tamise. **I**

106 ▶ Quelles sont les deux parties de la phrase?

Une première partie de la phrase nous dit **de quelle personne, de quel objet** ou **de quelle idée on parle**.

L'araignée à moustaches
Porte de belles lunettes
Et joue de la clarinette
Du tambour de la trompette

Le Rire en poésie

I De quoi parle-t-on? De l'araignée à moustaches. **I**

> Une deuxième partie de la phrase répond à la question: qu'est-ce qu'on dit de la personne, de l'objet ou de l'idée dont on parle? Elle indique **comment ils sont**, ou **ce qu'ils font**, ou **ce qui leur arrive**.

Il y a de cela bien longtemps, les animaux n'avaient ni plume ni poil sur la peau. Ils étaient tout nus, tout gris et pas très jolis.

▪Benoît le diplodocus et autres histoires

I Qu'est-ce qu'on dit des animaux? On dit comment ils étaient: ils *n'avaient ni plume ni poil sur la peau, ils étaient tout nus, tout gris et pas très jolis.* **I**

107 ▶ *Dans quelle partie de la phrase se trouve le verbe?*

> Le **verbe** se trouve dans la partie de la phrase qui répond à la question: **qu'est-ce qu'on en dit**?

– C'est un comble! disait la sorcière de la rue Dépreuve. Le gamin de la poissonnière m'a attaché une sardine fraîche dans le dos, et il m'a demandé ensuite de lui prêter ma canne à pêche!

▪Les sorcières sont NRV

I *Le gamin*   *m'a attaché une sardine dans le dos.* **I**

⌞DE QUOI PARLE-T-ON?⌟   verbe ⌞_____ QU'EN DIT-ON? _____⌟

I *Il*   *m'a demandé de lui prêter ma canne à pêche.* **I**

DE QUOI ⌞PARLE-T-ON?⌟   verbe ⌞_____ QU'EN DIT-ON? _____⌟

Une phrase a-t-elle toujours un verbe?

La plupart des phrases comportent un verbe, qui exprime une action ou un état. Mais certaines phrases peuvent être complètes **sans** comporter de **verbe**.

● *Une publicité*

Sac à dos Chouette junior: un poids plume sur ton dos!

└─ DE QUOI PARLE-T-ON? ─┘ └────── QU'EN DIT-ON? ──────┘

● *Un titre*

Pas si fous   ces Romains!

└─ QU'EN DIT-ON? ─┘   └─ DE QUOI PARLE-T-ON? ─┘

résumé

La phrase

■ Pour qu'une phrase ait un sens, il faut:
– indiquer de qui ou de quoi l'on parle;
– dire quelque chose à propos de cette personne, de cet objet ou de cette idée.

■ La plupart des phrases ont un verbe, mais une phrase peut être complète sans comporter de verbe.

RECONNAÎTRE LA FONCTION SUJET

La fonction sujet indique la personne, l'animal ou l'objet dont on va dire quelque chose.

109 ▶ À quoi sert la fonction sujet ?

La fonction sujet indique quelle personne, quel animal ou quel objet **accomplit une action**.

Le saumon a la chair rose parce qu'**il** <u>se nourrit</u> de crevettes.

Le Cornet à dés

| <u>*Il*</u> | <u>*se nourrit*</u> de crevettes. |
| sujet | verbe d'action |

La fonction sujet permet aussi d'indiquer quelle personne, quel animal ou quel objet **possède une qualité** particulière.

Jo <u>était</u> ravissante cet après-midi-là. Je la trouve jolie en toute circonstance. Mais lorsqu'elle porte sa petite jupe bleu marine, on dirait que sa beauté est encore plus frappante.

L'Île du savant fou

| <u>*Jo*</u> | *était* | ravissante cet après-midi-là. |
| sujet | verbe d'état | |

La fonction sujet répond aux questions : **qui est-ce qui fait…?** ou **qui est-ce qui est…?**

Adossée à un chêne deux fois centenaire, **Alice** rit comme cent hiboux un soir d'Halloween. Et **elle** est laide comme **cent crapauds** qui font de l'acné. Mais comme **le chevalier et le bouffon** en ont vu d'autres, ils n'ont pas peur.

▪ Le Chevalier de Chambly

I Qui est-ce qui est adossé et qui rit comme cent hiboux un soir d'Halloween? Alice. *Alice* est le sujet du verbe *rire*. I

I Qui est-ce qui est laide comme cent crapauds? Elle. *Elle*, le pronom qui désigne Alice, est le sujet du verbe *être*. I

I Qui est-ce qui fait de l'acné? Les cent crapauds. *Cent crapauds* est le sujet du verbe *faire*. I

I Qui est-ce qui en ont vu d'autres et qui n'ont pas peur? Le chevalier et le bouffon. *Le chevalier et le bouffon* est le sujet des verbes *voir* et *avoir*. I

On peut donc identifier le groupe sujet en le plaçant entre **c'est** et **qui**.

La Doyenne toqua à la porte du château.
– Qui est làààààààààà? répondit une voix caverneuse qui sentait le gaz car **l'Ogre** venait de dévorer l'employé du gaz venu relever le compteur.

▪ Contes de la rue de Bretagne

I C'est la Doyenne **qui** toqua à la porte du château. I

I C'était l'Ogre **qui** venait de dévorer l'employé du gaz. I

111 ▶ *Quelle est la place du sujet?*

> Le mot ou le groupe de mots qui occupe la fonction **sujet** se place en général **avant le verbe** de la phrase. On le distingue ainsi du complément direct qui, lui, est placé **après** le verbe.

Un merle tricotait
une paire de bas.

Au clair de la lune

❙ *Un merle tricotait une paire de bas.*
  sujet ——————————— CD

Une paire de bas tricotait un merle. **❙**
  sujet   CD

> Jouer sur les fonctions des mots permet d'inventer des histoires extraordinaires!

Il était une fois un enfant qui posait des tas de questions. Il n'avait pas tort: c'est très bien de poser des questions. Le seul ennui, c'est qu'il n'était pas facile de répondre aux questions de cet enfant.
Par exemple, il demandait: «Pourquoi **les tiroirs** ont-ils des **tables**?» […]
Une autre fois il demandait: «Pourquoi les **queues** ont-elles des **poissons**?» Ou bien: «Pourquoi les **moustaches** ont-elles des **chats**?» Les gens hochaient la tête et s'en allaient à leurs affaires.

Histoires au téléphone

> Non ! Le sujet est placé **après** le verbe dans une phrase **interrogative**.

Je ne savais trop quoi penser à son sujet. Au cours de la journée, sa connaissance des animaux fabuleux m'avait impressionné en plus d'une occasion. N'<u>avait</u>-**il** pas deviné les réactions de chaque bête ? Ne m'<u>avait</u>-**il** pas appris à surmonter chaque obstacle ?

▪ L'Île du savant fou

> Le sujet se trouve aussi après le verbe dans un dialogue, pour indiquer **qui parle**.

« Ôte-toi de mon chemin ! <u>s'écrie</u> **Jules**. Laisse-moi passer. Je dois me rendre chez mon oncle au plus vite.
– Pousse-toi, <u>gronde</u> **Jim**. Dégage ce pont. Moi, j'ai un train à prendre. »
Jules et Jim se retrouvent de chaque côté du pont, et ce pont n'est pas très large.

▪ Le Petit Pont

> Lorsque des adverbes comme *ainsi, peut-être, sans doute* sont placés **au début de la phrase** et que le sujet est un **pronom** personnel ou démonstratif, le sujet se place après le verbe.

<u>Peut-être</u> n'<u>était</u>-**ce** qu'une hallucination auditive mais j'entendis à ce moment-là un loup dire à un autre :
– Alors, on la mange ou pas ?
Je n'eus pas la force d'attendre la réponse.

▪ Mémoires d'une vache

Enfin, on peut placer le sujet après le verbe pour le mettre en valeur.

Chez le plus grand chausseur <u>se fournit</u> le **mille-pattes.**
Un excellent client : cinq cents paires de souliers,
Des blancs, des bleus, des noirs, des chaussures disparates.

La Poésie dans tous ses états

113 ▶ *Y a-t-il toujours un sujet dans une phrase ?*

Oui, sauf dans les phrases impératives, où le sujet est sous-entendu (▷ *paragraphe 10*). En général, dans une phrase, un mot ou un groupe de mots occupe la fonction sujet. **Si l'on supprimait le groupe sujet, la phrase n'aurait plus de sens.**

Pendant que **le policier** <u>lisait ma lettre</u>, **mon frère** <u>regardait l'horloge électrique au mur</u> : **son cadran** <u>est éclaté</u> ; **les ressorts distendus, les aiguilles tordues** et **les fils électriques tirebouchonnés** <u>pendouillent le long du mur</u> qu'a noirci un début d'incendie.

Matusalem

Le policier	*lisait ma lettre.*
GN sujet	groupe verbe

Dans les expressions sur le temps qu'il fait, le sujet est **il**, même si ce pronom ne représente aucune personne, aucun animal ou aucun objet.

Cette nuit, **il** <u>a neigé</u> sur la queue des dinosaures et le mufle des bisons ; **il** <u>fait</u> si <u>froid</u> que les cactus claquent des dents et que les champignons éternuent.

Petit-Féroce est un génie

114 ▶ *Quels mots peuvent occuper la fonction sujet?*

Le sujet est souvent un **nom** ou un **groupe nominal**.

Chaque matin, après déjeuner, **Hochet** pliait les pattes de devant et posait son énorme tête sur le sol de manière que **Jacob** puisse se hisser sur son cou et s'y installer confortablement.

▪Jacob Deux-Deux et le dinosaure

Ce peut être un **pronom**.

Nous sommes en sursis, mais pour combien de temps? **Nous** n'avons rien à manger. Jusqu'à présent, nos réserves nous ont permis de survivre. Mais maintenant, **nous** ne pouvons compter que sur nos moyens et notre débrouillardise. Je sens une douleur persistante au ventre. J'ai l'estomac compressé et j'ai soif.

▪La Ligne de trappe

C'est parfois un **infinitif**.

Après un moment de silence, je fais doucement remarquer :
– Délanger parlait d'interrompre ce projet.
– Toutes les étapes qui suivent «l'implantation animale» sont actuellement suspendues, répond Neuville. **Gérer** un projet de cette envergure est une lourde tâche administrative.

▪La Forêt de métal

C'est enfin, parfois, une **proposition**.

– Ah! la géographie est quand même une belle chose... mais **ce qui doit être plus beau encore**, c'est de voyager.

▪Les Contes bleus du chat perché

I *Ce qui doit être plus beau encore (= c')* est le sujet du verbe *est.* I

115 ▶ *Le sujet détermine-t-il l'accord du verbe?*

Oui! Il faut penser en particulier à écrire **s** à la fin du verbe si le sujet est à la 2ᵉ personne du singulier et **nt** si le sujet est à la 3ᵉ personne du pluriel.

Mais le renard revint à son idée:
– Ma vie est monotone. Je chasse les poules, les hommes me chassent. Toutes les poules se ressemblent, et tous les hommes se ressemblent. Je m'ennuie donc un peu. Mais, si tu m'apprivoises, ma vie sera comme ensoleillée.   ˙Le Petit Prince

Ⓐ**ttention** à bien accorder le verbe avec le sujet!
▷ *paragraphes 162 à 166*

---

résumé

La fonction sujet

■ Le groupe qui exprime de qui ou de quoi l'on parle occupe la fonction de sujet. Ce groupe répond à la question **qui est-ce qui**? ou **qu'est-ce qui**? Il peut être encadré par **c'est... qui**.

■ La fonction sujet peut être occupée par des mots ou groupes de mots de natures différentes (nom, GN, pronom, infinitif, proposition).

RECONNAÎTRE
LA FONCTION ATTRIBUT DU SUJET

Pour attribuer une qualité au sujet
de la phrase, on peut employer un verbe
d'état et un attribut du sujet.

116 ▶ **À quoi sert l'attribut du sujet?**

L'attribut du sujet permet d'indiquer dans une phrase **ce qu'est** une personne, un animal ou une chose.

– Quand je <u>serai</u> **roi**, déclara le cochon, j'enfermerai les parents dans une cage.
– Mais vous ne <u>deviendrez</u> jamais **roi**, dit le sanglier. Vous <u>êtes</u> trop **laid**.

Les Contes rouges du chat perché

❙ Ainsi, le cochon peut dire :

– ce qu'il sera : *Je serai <u>roi</u>* .
         attribut

– ou ce qu'il fera : *J'enfermerai <u>les parents</u>* . ❙
                CD

❙ Et, de même, le sanglier peut donner son avis :

– sur ce que sera le cochon : *Vous ne deviendrez jamais <u>roi</u>* .
                             attribut

– sur ce qu'il est : *Vous êtes trop <u>laid</u>* . ❙
                attribut

117 ▶ Avec quels verbes trouve-t-on un attribut du sujet?

L'attribut du sujet se construit toujours avec un verbe comme **être**, **devenir**, **sembler**, **paraître**, **rester**, **demeurer**. On appelle ces verbes des **verbes d'état** pour les distinguer des verbes d'action *(courir, manger…)*.

Berthold et **Lucrèce** <u>sont</u> tellement **vieux** qu'ils ont d'incroyables quantités de souvenirs entassés au fond de leurs têtes ridées.

Berthold et Lucrèce

I *Berthold et Lucrèce*	*sont tellement*	*vieux.* **I**
GN sujet	groupe verbe	adj. attribut du sujet

118 ▶ Comment distinguer l'attribut du sujet du CD?

Après un **verbe d'état**, on trouve **toujours** un **attribut** du sujet, jamais un CD.

Les rats <u>étaient</u> extrêmement perplexes.
Trottinant, remuant leur nez qu'ils ont fort long,
Sourcils en accent circonflexe,
Rats toujours inquiets de ce que l'on dira;
Ils commencèrent des controverses de rats.

Fables

I *Les rats*	*étaient*	*extrêmement perplexes.* **I**
sujet	verbe d'état	attribut du sujet

Un commando de rats en pays ennemi
<u>Découvrit</u> **un chat endormi.**
Il avait, par erreur, lapé un somnifère.

Fables

I *Un commando de rats*	*découvrit*	*un chat endormi.* **I**
	verbe d'action	CD

127

Quels mots peuvent occuper la fonction attribut du sujet?

- La fonction attribut du sujet peut être occupée par des mots de **nature différente**.
- C'est souvent un **adjectif qualificatif**.

Je suis né, j'étais **barbu**:
C'est la barbe! c'est la barbe!

Mon premier livre de devinettes

Ce peut être un **nom** ou un **groupe nominal**.

Rose Latulipe est **une jeune fille d'une beauté remarquable**. Elle aime les jolies robes, le plaisir et la danse. Elle aime la danse à la folie.

Le Baiser maléfique

C'est quelquefois un **infinitif**.

Il était une fois une patate – une vulgaire patate, comme nous en voyons tous les jours – mais dévorée d'ambition. Le rêve de sa vie était de **devenir frite**.

Le Gentil Petit Diable

Et, dans certains cas, c'est un **pronom personnel**.

Pauvre Dodoche! Elle était limace, et bien triste de l'être. Tellement triste qu'elle n'arrêtait pas de pleurer dans la nuit…

Un vilain petit loup

❚ *Elle était bien triste de l'être = elle était bien triste d'être limace.* Le pronom personnel *l'* remplace le nom *limace*: il est attribut du sujet *elle*. ❚

120 ▶ *Comment s'accorde l'attribut du sujet?*

Si l'attribut du sujet est un adjectif qualificatif, il **s'accorde** en **genre** et en **nombre** avec le sujet du verbe d'état.

Les vers sont **voraces**, ils mangent tout ce qu'ils trouvent; celui-ci vient d'avaler une clef.

Le Ver, cet inconnu

▌ *Les vers*   *sont*   *voraces*. **▌**
    sujet   adjectif attribut
masculin pluriel   masculin pluriel

Le soir, très tard, Berthold fait le tour du jardin. Il ramasse tout ce que Lucrèce y a laissé durant la journée. La lune est **claire**, tellement qu'on y voit comme en plein jour. Les ombres des arbres se découpent, **précises**, sur le sol. On entend les criquets.

Berthold et Lucrèce

▌ *La lune*   *est*   *claire.* **▌**
GN sujet   verbe d'état   adjectif attribut
féminin singulier   féminin singulier

▌ *Les ombres des arbres*   *se découpent,*   *précises.* **▌**
      GN sujet   verbe d'état   adjectif attribut
   féminin pluriel   féminin pluriel

La fonction attribut du sujet

  ■ Les mots occupant la fonction attribut du sujet apparaissent après des **verbes d'état**.

  ■ La fonction attribut du sujet peut être occupée par un adjectif qualificatif, un nom ou un GN, un pronom ou un infinitif.

RECONNAÎTRE
LE COMPLÉMENT DIRECT (CD)

Le CD désigne l'être ou la chose sur lesquels porte l'action.

121 ▶ À quoi sert la fonction CD ?

La fonction CD permet de désigner la personne, l'animal ou la chose qui **subit l'action** exprimée par le **verbe**.

Maintenant, mon seul espoir de redevenir prince est qu'une princesse me donne **un baiser**. L'ennui, c'est que la plupart des princesses n'embrasseraient pas **un crapaud**, même si on **les** payait pour cela.

Qui a volé les tartes ?

❙ *qu'une princesse* me donne *un baiser* ❙
     sujet   CD

❙ *la plupart des princesses* n'embrasseraient pas *un crapaud* ❙
        sujet   CD

❙ *même si* *on* *les* *payait* ❙
        sujet CD

122 ▶ *Comment reconnaître le CD?*

> Le groupe qui occupe **la fonction** CD peut être encadré par **c'est... que**.

Anatole marche à pas de loup jusqu'à la fenêtre. Il l'ouvre discrètement, l'enjambe et plonge au milieu d'un massif de fleurs. Dans sa chute, il fracasse **un tuteur de bois** qui soutenait un rosier grimpant.

Anatole le vampire

❙ **C'est** <u>un tuteur de bois</u> qu'Anatole fracasse dans sa chute. ❙

– Faites votre déposition, dit le Roi, et tâchez de vous calmer; sans quoi, je vous fais exécuter sur-le-champ.
Ceci n'eut pas l'air d'encourager du tout le témoin: il continua à se dandiner d'un pied sur l'autre tout en jetant vers la Reine des regards inquiets, et dans son désarroi, il prit **une grosse bouchée de sa tasse** au lieu de mordre dans sa tartine.

Alice au pays des merveilles

❙ **C'est** une <u>bouchée de sa tasse</u> **que** le témoin prit: *une grosse bouchée de sa tasse* est CD du verbe *prendre (prit).* ❙

123 ▶ *Le CD se trouve-t-il toujours après le verbe?*

> Non! Le CD se trouve en général après le verbe, mais on peut le placer en tête de phrase pour le **mettre en valeur**. Dans ce cas, il faut le **reprendre** par un pronom personnel **(le, la, les, l')** placé avant le verbe.

Ce monstre-là rêvait de manger des gens. Tous les jours, il se postait sur le seuil de sa caverne et disait, avec des ricanements sinistres:

– <u>Le premier qui passe</u>, je **le** mange.

▌<u>le premier qui passe</u>, je <u>le</u> mange = je mange <u>le premier qui passe</u>
   CD   CD   CD

Le GN *le premier qui passe* est un CD déplacé en tête de phrase et repris par le pronom *le*. ▌

---

124 ▶ Le CD est-il relié au verbe par une préposition?

Non! On l'appelle complément **direct** justement parce qu'il est relié **directement** au verbe.

Henriette. – Et puis, à quoi ça sert-il les fables?
René. – Ah bien! ça vous apprend quelque chose.
Henriette. – Ah! par exemple, je voudrais bien savoir ce que nous apprend le Corbeau et le Renard.
René. – Mais cela t'apprend qu'il ne faut pas parler <u>aux</u> gens quand on a **du fromage** <u>dans</u> la bouche.

▌ *Du fromage* est le CD du verbe *avoir (a)*; il n'est pas introduit par une préposition. *Aux gens* est un CI introduit par la préposition *à; dans la bouche* est un CC introduit par la préposition *dans*. ▌

125 ▶ *Comment reconnaître un CD précédé d'un article partitif?*

Il faut apprendre à reconnaître un **article partitif** pour ne pas le confondre avec une **préposition**.

▷ *paragraphe 69*

Les animaux n'étaient pas d'accord et la réunion se termina par une bataille.
Le coyote attaqua le castor, lui emportant un morceau de sa queue. Le hibou sauta sur la tête **du** coyote, lui arrachant **du** poil.

Les Plus Beaux Contes d'animaux

▎ *Le hibou sauta sur la tête du coyote, lui arrachant du poil.* ▎
préposition   article partitif

Les articles partitifs **du** et **de la** déterminent les noms **non dénombrables** *(confiture, lait)*. Placés devant le nom CD, ces articles indiquent qu'on ne considère qu'une certaine quantité, une **partie** de l'objet en question.

– Que tu aimes ou pas, peu importe, coupa Grandma. Ce qui compte, c'est ce qui est bon pour toi. À partir de maintenant, tu mangeras **du** chou trois fois par jour. Des montagnes de choux. Et tant mieux s'il y a des chenilles!

La Potion magique de Georges Bouillon

▎ *Du* permet d'indiquer que le sujet va manger **une partie** d'un chou entier. ▎

126 ▶ Après quels verbes trouve-t-on un CD?

On doit obligatoirement utiliser un CD après les verbes, très nombreux, qui s'emploient sans préposition. On dit aussi que ce sont des verbes transitifs.

J'ai rencontré **un canard vert**
qui survolait **les autoroutes**
se prenant pour l'hélicoptère
de la police de la route.

Enfantasques

❙ Cette phrase n'aurait pas de sens sans les CD *un canard vert* et *les autoroutes* :
J'*ai rencontré* *un canard vert* qui *survolait* *les autoroutes*. ❙
verbe   CD   verbe   CD

127 ▶ Peut-on avoir un CD après un verbe d'état?

Non! **Après** des verbes comme **être, sembler, devenir**…, c'est-à-dire des **verbes d'état**, on trouve la fonction **attribut du sujet**.

De plus, nous voulons de l'avoine tous les jours; de l'eau fraîche tous les jours et puis des vacances et qu'on nous respecte, nous <u>sommes</u> **des chevaux**, on n'<u>est</u> pas **des bœufs**.

Contes pour enfants pas sages

❙ Les **CD** *de l'avoine, de l'eau fraîche* et *des vacances* indiquent ce que nous voulons. L'**attribut** *des chevaux* indique ce que nous sommes. L'**attribut** *des bœufs* indique ce que l'on n'est pas. ❙

128 ▶ Le CD est-il toujours indispensable à la construction de la phrase?

Non! Cela **dépend du verbe** utilisé dans la phrase. Certains verbes transitifs ne se construisent pas obligatoirement avec un CD *(manger, lire, écouter, sonner...)*.

Dans le car, on criait tous, et le chef nous a dit qu'au lieu de crier, on ferait mieux de **chanter**. Et il nous a fait **chanter des chouettes chansons,** une où ça parle d'un chalet, là-haut sur la montagne, et l'autre où on dit qu'il y a des cailloux sur toutes les routes. Et puis après, le chef nous a dit qu'au fond il préférait qu'on se remette à crier, et nous sommes arrivés au camp.

▪ Les Vacances du petit Nicolas

❙ *On ferait mieux de <u>chanter</u>*: on dit seulement que ce serait une
verbe
bonne idée de chanter. ❙

❙ *Et il nous a fait <u>chanter</u> <u>des chouettes chansons</u>*: on précise
verbe · · · · · · CD
ce que le chef veut faire chanter aux enfants. ❙

Quelquefois, un lion venait qui **mangeait un âne,** alors tous les autres ânes se sauvaient en criant comme des ânes, mais le lendemain ils n'y pensaient plus et recommençaient à braire, à boire, à **manger,** à courir, à dormir...

▪ Contes pour enfants pas sages

❙ *Ils recommençaient à braire, à boire, à <u>manger</u>*: on dit
verbe
seulement que les ânes recommençaient à manger. ❙

❙ *Un lion venait qui <u>mangeait</u> <u>un âne</u>*: on dit ce que mangeait le lion. ❙
verbe · · · CD

Il n'y a **jamais** de CD avec des verbes qui exigent une pré-position *(venir, rire, partir…)*.

Il y avait huit mois que Lygaya était **arrivé** à la plantation. Il vivait dans le quartier des esclaves entouré de son père, Pinto, de sa mère, Sanala, et d'une petite fille, Anama, que ses parents avaient recueillie.

■ Lygaya à Québec

129 ▶ *Quels mots peuvent occuper la fonction CD ?*

Le CD est souvent un **nom** ou un **groupe nominal**.

Un hibou a **un hobby**.
Il collectionne **les nids**.

■ Jaffabules

Les **pronoms personnels** *(me, te, le…)* occupent la fonction de CD.

Papa est arrivé très tard à l'hôtel, il était fatigué, il n'avait pas faim et il est allé se coucher.
Le seau, il ne **l'**avait pas trouvé, mais ce n'est pas grave, parce que je me suis aperçu que je **l'**avais laissé dans ma chambre.

■ Les Vacances du petit Nicolas

Un CD peut être un verbe à l'**infinitif**.

Julie Laviolette n'est pas seulement une première de classe, elle est aussi la meilleure dans tous les sports. C'est la terreur numéro deux de l'école. Il n'y a pas un gars qui veut **jouer** au football contre elle. En plus, elle est reconnue pour ses sautes d'humeur.

■ Matusalem

Après certains verbes *(vouloir, penser, dire...)*, une proposition **subordonnée** occupe la fonction de CD.

– À ton aise, répliqua l'oncle, mais je <u>veux</u>, pour ta punition, que ta tête devienne grosse comme une outre, que tes cheveux verdissent, et que tes doigts se transforment en saucisses de Francfort.

Le 35 mai

▌Je veux **quoi?** *que ta tête devienne grosse comme une outre*
                        subordonnée CD

que tes cheveux verdissent
                  subordonnée CD

que tes doigts se transforment en saucisses ▌
                        subordonnée CD

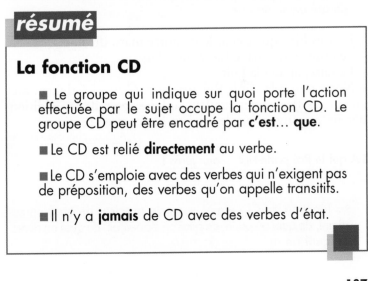

résumé

La fonction CD

■ Le groupe qui indique sur quoi porte l'action effectuée par le sujet occupe la fonction CD. Le groupe CD peut être encadré par **c'est... que.**

■ Le CD est relié **directement** au verbe.

■ Le CD s'emploie avec des verbes qui n'exigent pas de préposition, des verbes qu'on appelle transitifs.

■ Il n'y a **jamais** de CD avec des verbes d'état.

RECONNAÎTRE
LE COMPLÉMENT INDIRECT (CI)

On appelle CI le complément de certains
verbes qui se construisent avec à et de:
parler à quelqu'un de quelque chose...

130 ▶ *À quoi sert la fonction de CI?*

La fonction de complément indirect (CI) permet de désigner
une personne ou un animal **à qui** on pense, **de qui** on se
souvient, **à qui** on parle, **de qui** on rêve, **à qui** on sourit,
de qui on se moque...

– Je crois bien que c'était le quatorze mars, dit-il.
– Le quinze, rectifia le Lièvre de Mars.
– Le seize, ajouta le Loir.
– Notez tout cela, dit le Roi **aux** jurés. Ceux-ci écrivirent avec
ardeur les trois dates sur leur ardoise, puis ils les addition-
nèrent, et convertirent le total en francs et en centimes.

▪Alice au pays des merveilles

❙ **À qui** le Roi parle-t-il?   *aux jurés* ❙
                                       CI

La fonction de CI permet aussi de préciser **de quoi** on se
plaint, **de quoi** on parle, **de quoi** on s'aperçoit, **de quoi** on rêve,
de quoi on rit...

Si vous voulez qu'un éléphant
son amitié jamais ne rompe
(si on le trompe son cœur se fend)
ne vous moquez pas, mes enfants,
de sa trompe.

Enfantasques

I De quoi ne faut-il pas se moquer ?   *de sa trompe* **I**
                                              CI

131 ▶ *Comment se construit le CI ?*

Le complément indirect est **relié au verbe par l'intermédiaire d'une préposition** *(à* ou *de)*.

Il y avait une fois un cordonnier qui s'appelait Richard [...].
Il est probable que s'il avait eu **à se baptiser lui-même**, il se
serait donné un autre nom; mais comme vous le savez, on
n'est pas plus maître de son nom que de l'avenir.

« Les trois diables » *dans* Que le diable l'emporte !

I Le CI *à se rebaptiser lui-même* est rattaché au verbe *avait eu* par
la préposition *à.* **I**

132 ▶ *Avec quels verbes trouve-t-on un CI ?*

On trouve des compléments indirects avec des verbes
comme: **parler** (à ou de), **s'apercevoir** (de), **penser** (à ou
de), **s'intéresser** (à), **se moquer** (de), **se souvenir** (de), **suc-
céder** (à), **s'occuper** (de), **envoyer** (à), **écrire** (à), **hériter**
(de), **discuter** (de), **dépendre** (de), **avoir envie** (de), **sourire**
(à), **obéir** (à)...

Les groupes en fonction de CI répondent aux questions : **à qui ?**, **à quoi ?**, **de qui ?**, **de quoi ?**

Jacob fixe le carré noir, longtemps, très longtemps. Lorsque le carré noir disparaît enfin, les yeux de Jacob se sont déjà fermés.
Le lendemain matin, Jacob a tout oublié. Et si vous lui aviez demandé, ce matin-là, s'il avait rêvé **à quelque chose**, il vous aurait raconté quatre ou cinq rêves, mais dans aucun il n'aurait été question de carré noir ou de mur vide.

Le Bonnet bleu

❙ S'il avait rêvé **à quoi** ? *à quelque chose* ❙
CI

– Je voudrais voir un coucher de soleil… Faites-moi plaisir…
Ordonnez **au soleil** de se coucher…
Le Petit Prince

❙ **À quoi** devez-vous ordonner quelque chose ? *au soleil* ❙
CI

Le chien faisait courir les loups et les moutons étaient bien contents d'être débarrassés **des loups**.
De temps en temps, le berger tuait un mouton en cachette des autres et comme les moutons, ils n'ont jamais su compter, ils n'y voyaient que du feu !
Chichois et les histoires de France

❙ **De qui** les moutons étaient-ils bien contents d'être débarrassés ?
des loups ❙
CI

Des compagnies de brigands redoutés pour leur cruauté et surnommés les «Presse-purée», les «Coupe-gorges» et les «Rince-bouteilles» profitent **du désarroi général** pour attaquer le Quadrille des Lanciers.
Tardieu, un poète

❙ **De quoi** profitent les brigands ? *du désarroi général* ❙
CI

134 ▶ *Quand* à *et* de *deviennent-ils* au, aux *et* du, des ?

Les mots **au**, **aux**, **du** et **des** contiennent à la fois l'article défini et une préposition.

● *à + le →* au

Le chêne dit un jour **au** roseau :
« N'êtes-vous pas lassé d'écouter cette fable ? »

Fables

● *à + les →* aux

S'il y a des fils entre les poteaux électriques, c'est pour permettre **aux** oiseaux de disposer de plus de place.

Réponses bêtes à des questions idiotes

● *de + le →* du

Pendant qu'ils parlaient **du** cheval, le chat regardait les petites en hochant la tête, comme pour leur dire que toutes ses paroles ne servaient à rien et qu'il valait mieux ne pas s'entêter.

Les Contes bleus du chat perché

● *de + les →* des

Bulle, bulle, jolie bulle
Où j'aperçois mon visage
Plus rond que la pleine lune.

Ah ! méfie-toi **des** branchages,
Du vent toujours capricieux,
Des oiseaux et **des** nuages !

Au clair de la lune

à et de introduisent-ils toujours des CI?

> Non! Les prépositions **à** et **de** peuvent aussi introduire des compléments **circonstanciels** de **lieu** et de **temps**. Les compléments circonstanciels de lieu et de temps répondent aux questions *où?* et *quand?*

On a remis **au** <u>plus tard possible</u> le moment d'aller chez le dentiste. Mais un jour, il a bien fallu se décider. Maman a pris le téléphone et, en deux minutes, le dentiste et elle étaient tombés d'accord pour me torturer, vendredi, **à** <u>quatre heures</u>, **au** <u>dispensaire</u>.

▪ Les Meilleurs Contes d'Astrapi

❙ **Quand** a-t-on remis le moment d'aller chez le dentiste?
au plus tard possible ❙
   CC de temps
❙ **Quand** le dentiste me torturera-t-il? *à quatre heures* ❙
                              CC de temps
❙ **Où** le dentiste me torturera-t-il? *au dispensaire* ❙
                       CC de lieu

> Les prépositions **à** et **de** servent souvent à introduire des compléments de nom. Un complément de nom (nom, pronom, verbe à l'infinitif, adverbe) est en général placé après le nom qu'il complète.

une bouteille <u>de verre</u>   une machine <u>à laver</u>

Ⓐ **ttention:**

• Lorsque le complément de nom est une proposition relative, il est souvent introduit par **que**:

Le petit chat <u>que l'on m'a offert</u> dort toute la journée.

• D'autres prépositions peuvent introduire un complément de nom: une table **en** marbre.

Lorsqu'ils atteignirent les premières maisons, les deux enfants descendirent de cheval et marchèrent l'un à côté de l'autre, en tenant chacun les rênes **de** leur monture. Les sabots **des** chevaux claquaient contre les pavés **des** rues étroites le long desquelles s'alignaient de magnifiques maisons **de** pierres **aux** balcons en fer forgé. Un petit ruisseau coulait au milieu **de la** rue. À mesure qu'ils avançaient, le brouhaha du centre **de la** ville leur parvenait de plus en plus fort. Cette animation provenait de la place située près du port et de la jetée principale, sur laquelle se tenait le marché **aux** esclaves. À quelques mètres, se déroulait le marché **aux** fruits et **aux** épices, où une foule multicolore était rassemblée autour d'innombrables paniers **de** fruits et **de** légumes colorés.

Lygaya à Québec

I de magnifiques maisons **de** pierres **aux** balcons **en** fer forgé. **I**

I le marché **aux** esclaves ; le marché **aux** fruits et **aux** épices **I**

I d'innombrables paniers **de** fruits et **de** légumes colorés **I**

Elle décrivait amoureusement, dans sa langue chuintante et colorée, le calme **des** grands lacs **à** la tombée du jour, le chant langoureux **des** inséparables huards, le tumulte **des** cascades, les odeurs **de** sapinage et **de** sous-bois. Elle cessait de tricoter et posait ses mains noueuses sur son tablier à carreaux. Sa chaise berçante s'immobilisait. J'avais l'impression que la trotteuse **de** son horloge, posée sur le réchaud **du** poêle à bois, faisait un arrêt.

La Ligne de trappe

I le calme **des** grands lacs **à** la tombée du jour **I**

I le chant langoureux **des** inséparables huards **I**

Quels mots peuvent occuper la fonction CI ?

Le CI est souvent un **nom** ou un **groupe nominal**.

● *Un nom*

– Que savez-vous de cette affaire ? demanda le Roi à **Alice**.
– Rien.
– Absolument rien ?
– Absolument rien.
– Voilà une chose d'importance, déclara le Roi en se tournant vers les jurés.

▪Alice au pays des merveilles

● *Un groupe nominal*

La danse terminée, l'étrange seigneur conserve dans sa main celle de la belle Rose. Puis, il lève son verre et crie :
– À la santé de Lucifer, notre Roi et Maître !
Ses yeux lancent alors deux gerbes de feu. Une longue flamme bleue jaillit **de son verre**, faisant reculer les invités effrayés. Ses lèvres enflammées se posent brutalement sur la bouche de Rose.

▪Le Baiser maléfique

❙ <u>de</u>   <u>son verre</u> ❙
prép. +   GN

Avec des verbes comme *penser à, oublier de, se souvenir de, essayer de...*, on peut trouver en fonction de CI un **infinitif**.

Sur son lit, Jules n'arrive pas **à dormir**.

▪Le Petit Pont

❙ Sur son lit, Jules n'arrive pas **à quoi** ? <u>*à dormir*</u> ❙
                                       CI

Les **pronoms personnels** et les **pronoms relatifs** peuvent aussi occuper la fonction de CI.

Gilles. – Je te perforerai comme une grosse bassine.
Bulbo. – Je **te** retrancherai le cou, Monsieur!
Gilles. – Tes bajoues, je les ferai revenir à l'étouffée, et je te mettrai du persil dans les oreilles. ▪Tout est bien qui finit mieux

I **À qui** je retrancherai le cou ? à toi = _te_ I
pronom personnel CI

Voici le petit James Henry Trotter à l'âge de quatre ans. Jusque-là, c'était un petit garçon très heureux. Il vivait en paix avec son père et sa mère dans une jolie maison, au bord de la mer. Il avait de nombreux compagnons de jeu avec qui il passait son temps à courir sur le sable et à barboter dans l'Océan. Bref, c'était la belle vie, la vie **dont** <u>rêvent</u> tous les petits garçons. ▪James et la grosse pêche

I **De quelle vie** rêvent les petits garçons ? **de** la belle vie = _dont_ I
pronom relatif CI

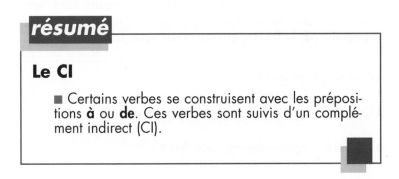

résumé

Le CI

■ Certains verbes se construisent avec les prépositions **à** ou **de**. Ces verbes sont suivis d'un complément indirect (CI).

RECONNAÎTRE LES COMPLÉMENTS CIRCONSTANCIELS (CC)

Pour parler des lieux où se passent des événements, de la période où ils se déroulent et de la manière dont agissent les personnes, on utilise les compléments circonstanciels (CC).

137 ▶ *À quoi servent les compléments circonstanciels?*

Les compléments circonstanciels complètent le verbe de la phrase. Ils permettent de préciser les circonstances de l'action : **où** elle se passe, **quand** ou **pendant combien de temps** et **comment**.

Monsieur Joe errait donc, mais **en vain. Nulle part** il ne trouvait de princesse en détresse. **Habituellement**, elles sont enfermées **dans un donjon**, et passent leur temps à agiter un mouchoir par la fenêtre étroite. Mais **cette fois**, rien.

▫ Le Chevalier désastreux

❙ Comment? *en vain* ❙
            CC de manière

❙ Où? *nulle part*, *dans un donjon* ❙
          CC de lieu   CC de lieu

❙ Quand? *habituellement*, *cette fois* ❙
             CC de temps   CC de temps

138 ▶ Quels sont les trois principaux compléments circonstanciels?

Les compléments circonstanciels de **lieu** répondent aux questions **où**? et **d'où**?

«Que puis-je faire pour toi, petit crapaud?»
«Eh bien voilà, rétorqua le crapaud, je ne suis pas vraiment un crapaud, mais un très beau prince métamorphosé en crapaud par le maléfice d'une méchante sorcière. Et seul le baiser d'une belle princesse peut rompre ce maléfice.»
La princesse réfléchit quelques instants, puis sortit le crapaud **de l'étang** et lui donna un baiser.
«Je blaguais», dit le crapaud. Et il replongea **dans l'étang** tandis que la princesse essuyait la bave gluante qu'il avait laissée **sur ses lèvres.**
Le Petit Homme de fromage et autres contes trop faits

❚ D'où sortit le crapaud?   *de l'étang* ❚
      lieu d'où l'on vient

❚ Où replongea le crapaud?   *dans l'étang* ❚
      lieu où l'on va

❚ Où avait-il laissé sa bave gluante? *sur les lèvres* de la princesse ❚
      lieu où l'on se trouve

Les compléments circonstanciels de **temps** répondent aux questions **quand**? et **pendant combien de temps**?

Et tous les cinq, on s'empiffrait de pop-corn au caramel, de pommes de tire, de beignes, de hot-dogs...!
En soirée, gavés comme des oies, on avait décidé de rentrer. Puis, tandis que l'on se dirigeait vers la sortie du parc, la Maison des miroirs s'était dressée sur notre route.
Le Parc aux sortilèges

❚ Quand les personnages ont-ils décidé de rentrer? *en soirée* ❚
      moment de la journée

147

– Ô Lis Tigré, dit Alice, en s'adressant à un lis qui se balançait avec grâce au souffle du vent, comme je voudrais que tu puisses parler.
– Nous pouvons parler, répondit le Lis Tigré ; du moins, quand il y a quelqu'un qui mérite qu'on lui adresse la parole. Alice fut tellement surprise qu'elle resta sans rien dire **pendant une bonne minute**, comme si cette réponse lui avait complètement coupé le souffle.

De l'autre côté du miroir

I Pendant combien de temps Alice resta-t-elle sans rien dire ?
pendant une bonne minute **I**
    CC de durée

> Les compléments circonstanciels de **manière** répondent à la question **de quelle manière ?**

C'est alors qu'il est arrivé, mon monarque.
Il voletait **paresseusement**, de fleur en fleur, de souffle d'air en souffle d'air. Ses ailes s'ouvraient et se fermaient **sans effort**.

Une araignée sur le nez

I De quelle manière voletait le monarque ? *paresseusement* **I**
    CC de manière

I De quelle manière s'ouvraient et se fermaient les ailes du monarque ? *sans effort* **I**
    CC de manière

★ 139 ▶ *Existe-t-il d'autres compléments circonstanciels?*

Oui! Il existe aussi des CC de **cause**, de **but**, de **moyen**...

Comme elle désirait sortir de cette pièce sombre, pour aller se promener au milieu des parterres de fleurs aux couleurs éclatantes et des fraîches fontaines! Mais elle ne pourrait même pas faire passer sa tête par l'entrée; «et même si ma tête pouvait passer, se disait la pauvre Alice, ça ne me servirait pas à grand-chose **à cause de mes épaules**. Oh! que je voudrais pouvoir rentrer en moi-même comme une longue vue!»

Alice au pays des merveilles

❙ Pourquoi ça ne me servirait pas à grand-chose?
à cause de mes épaules ❙
       CC de cause

Pour mesurer la longueur des cours, à l'école, on utilise le maître.
Le Livre de nattes

❙ Dans quel but utilise-t-on le «maître»?
pour mesurer la longueur des cours ❙
       CC de but

Il était une fois une petite vieille et un petit vieux qui vivaient ensemble dans une vieille petite maison. Ils étaient bien seuls. Alors, la petite vieille décida de confectionner un homme **à partir d'un vieux bout de fromage**.
Le Petit Homme de fromage et autres contes trop faits

❙ Avec quoi la petite vieille confectionna-t-elle un homme?
à partir d'un vieux bout de fromage ❙
       CC de moyen

★ 140 ▶ Peut-on déplacer les compléments circonstanciels dans une phrase?

Oui, on peut déplacer un mot ou un groupe de mots complément circonstanciel sans changer sa fonction. Lorsque l'on veut **mettre en valeur** un complément circonstanciel, on le **déplace en tête de la phrase** et on le fait suivre d'une **virgule**.

Sur les bords de la Marne,
Un crapaud il y a,
Qui pleure à chaudes larmes
Sous un acacia.

Chantefables et Chantefleurs

▌ Il y a un crapaud _sur les bords de la Marne_. ▌
CC de lieu

★ 141 ▶ Peut-on supprimer les compléments circonstanciels?

On peut généralement supprimer un complément circonstanciel. La phrase est toujours **correcte grammaticalement,** mais on **perd une indication** sur le lieu, le temps ou la manière dont se déroule un événement.

c'est pour cela que le diable
n'a jamais son chapeau sur la tête
pas même les jours de fête
mais à côté de sa tête
au-dessus de sa tête
ou même comme ça derrière la tête
oui
exactement à dix ou quinze centimètres
derrière sa tête

Paroles

▌Si l'on supprimait les compléments circonstanciels, le poème se réduirait à :
c'est pour cela que le diable
n'a jamais son chapeau ▌

Attention : Avec certains verbes, on est **obligé** d'utiliser un complément circonstanciel pour obtenir une phrase **complète**.

Alors, je suis monté dans ma chambre et je me suis amusé devant la glace ; **j'ai mis** la lampe <u>sous ma figure</u> et ça fait ressembler à un fantôme, et puis **j'ai mis** la lampe <u>dans ma bouche</u> et on a les joues toutes rouges, et **j'ai mis** la lampe <u>dans ma poche</u> et on voit la lumière à travers le pantalon, et j'étais en train de chercher des traces de bandits quand Maman m'a appelé pour me dire que le dîner était prêt.
▪Joachim a des ennuis

▌Le verbe *mettre* exige ici des compléments circonstanciels. La phrase « j'ai mis la lampe » n'a pas de sens sans eux :

J'ai mis la lampe <u>sous ma figure</u>, <u>dans ma bouche</u>,
      CC de lieu   CC de lieu
<u>dans ma poche</u>. ▌
   CC de lieu

★ **142** ▶ *Quelle peut être la nature d'un CC de lieu ?*

> Le complément circonstanciel de lieu est souvent un **groupe nominal** introduit par une préposition.

Un cri déchira la forêt. C'était un cri lugubre. Un peu comme si un homme coincé **dans une boîte de conserve** appelait au secours !
▪Le Chevalier désastreux

Ce peut être un **adverbe**.

Les chasseurs préhistoriques, quand ils avaient tué tout le gibier d'un endroit, comme il n'y avait pas encore de boucheries où le chasseur d'aujourd'hui peut aller s'acheter une côtelette s'il n'a pas tué de lapin, ils étaient, eux, obligés de prendre leurs cliques et leurs claques et d'aller voir **ailleurs** s'il n'y avait pas du bison.

Chichois et les histoires de France

Les deux pronoms **en** et **y** occupent parfois la fonction de compléments circonstanciels de lieu.

– Avez-vous inventé un système pour empêcher les cheveux d'être emportés par le vent?
– Pas encore; mais j'ai un système pour les empêcher de tomber.
– Je voudrais bien le connaître.
– D'abord tu prends un bâton bien droit. Ensuite tu y fais grimper tes cheveux, comme un arbre fruitier. La raison qui fait que les cheveux tombent, c'est qu'ils tombent par en bas... Ils ne tombent jamais par en haut, vois-tu.

De l'autre côté du miroir

❙ *Ensuite tu y fais grimper tes cheveux*: tu fais grimper tes cheveux <u>sur un bâton bien droit</u>. ❙

Un tiroir de la commode s'ouvrit, la nappe **en** sortit et fit la course avec les plats pour arriver la première sur la table, mais elle arriva bonne dernière.

Le Dragon de poche

❙ *La nappe en sortit*: la nappe sortit <u>du tiroir de la commode</u>. ❙

152

Enfin, une proposition **subordonnée relative** peut être complément circonstanciel de lieu.

– Bah! a dit Maixent. Si tes parents disent que ton petit frère couche dans ta chambre, il couchera dans ta chambre, et voilà tout.
– Non, monsieur! Non, monsieur! a crié Joachim. Ils le coucheront **où ils voudront**, mais pas chez moi! Je m'enfermerai, non mais sans blague!

▄Joachim a des ennuis

★ **143** ▶ **Quelle peut être la nature d'un CC de temps?**

Un CC de temps est souvent un **groupe nominal** avec ou sans préposition.

Le dragon s'éveilla **avant le chant du coq**. Ce n'était d'ailleurs pas difficile puisqu'il n'y avait pas de coq au château.

▄Dragon l'ordinaire

Ce peut être un **adverbe**.

Il était une fois un artichaut qui tombait **souvent** amoureux.

▄Edgar n'aime pas les épinards

C'est parfois une **proposition subordonnée conjonctive**.

Et puis je jouais avec mes pieds
C'est très intelligent les pieds
Ils vous emmènent très loin
Quand vous voulez aller très loin

▄Paroles

153

Attention: Il ne faut pas confondre les compléments directs et les compléments circonstanciels construits sans préposition.

Quelques jours plus tard, Ransome, Sims et Jefferies étaient en mesure d'affirmer qu'elles étaient toutes prêtes à pondre. Et, effectivement, au bout d'une semaine elles <u>pondaient</u> **tous les jours**. Au début, elles eurent du mal à maîtriser le moment où l'œuf venait, et elles le déposèrent n'importe où et n'importe quand, lorsque le besoin s'en faisait sentir, et même, parfois, au milieu de la cour. M. Fermier se félicitait toujours que les poules <u>pondent</u> ainsi **leurs premiers œufs** au petit bonheur, parce que cela lui épargnait la peine de grimper la grande échelle jusqu'aux nids.

▪ Les Longs-Museaux

▌**Quand** les poules pondaient-elles? <u>*tous les jours*</u> ▌
　　　　　　　　　　　　　　　CC de temps

▌**Que** pondent les poules? <u>*leurs premiers œufs*</u> ▌
　　　　　　　　　　　　　　CD

★ 144 ▶ *Quelle peut être la nature d'un CC de manière?*

> Un complément circonstanciel de manière est souvent un **groupe nominal** précédé d'une préposition.

Un vieux jaguar **sans force** ne pouvait plus chasser. Quand il ouvrait la gueule pour grogner, singes, cochons-bois, agoutis et autres gibiers éclataient de rire et se moquaient de lui:
– Grooooaaaarrr! hurla le puma pour l'effrayer. Comment veux-tu chasser, pépé, tu as oublié de mettre ton dentier!

▪ Le Roi des piranhas

Ce peut être un **adverbe**.

Un jour, le Lièvre aperçut la Tortue qui marchait, lente mais fiable, sur la route et lui dit:
«Tortue, ce que tu es lente. Je me sens capable de faire pousser mon poil plus vite que tu n'avances.»
«Ah ouais?» répondit **lentement** la Tortue.

Le Petit Homme de fromage et autres contes trop faits

C'est parfois une **proposition subordonnée conjonctive**.

«À l'école, on m'avait surnommé Malvenu Malfaiteur! cria le malheureux brigand. C'est ce surnom qui m'a conduit sur la voie du crime! Mais cachez-moi, chère Mlle Labourdette, sinon ils me captureront.»
Mlle Labourdette lui colla une étiquette avec un numéro, **comme s'il avait été un livre de la bibliothèque**, et elle le plaça sur une étagère au milieu des livres dont le nom des auteurs commençait par un M [...] Ranger par ordre alphabétique est une habitude des bibliothécaires.

L'Enlèvement de la bibliothécaire

résumé

Les compléments circonstanciels

■ Les trois principaux compléments circonstanciels sont les CC de lieu, de temps et de manière; ils donnent des informations sur les circonstances de l'action.

★UTILISER LA VOIX PASSIVE

La voix active et la voix passive constituent deux façons de présenter un même événement.

145 ▶ Qu'est-ce qu'une phrase à la voix passive ?

Une phrase est à la voix passive lorsque le **sujet** de la phrase **subit l'action** au lieu de la faire.

Catastrophe! Et aussi cataclysme, et même calamité, sans compter que c'est drôlement ennuyeux : **nous sommes capturés** par les affreux Marmicreux, les terribles ennemis de notre tribu !
Petit-Féroce champion de la jungle

❙ Les affreux Marmicreux, les terribles ennemis de notre tribu, nous **capturent** ! ❙

Beaucoup de gens, et notamment **ceux qui vont être mangés par eux,** ont remarqué que les crocodiles ne rient jamais à gorge déployée.
Réponses bêtes à des questions idiotes

❙ Les gens ne se mangent pas eux-mêmes, ce sont les crocodiles qui les mangent : ils subissent l'action d'être mangés. ❙

> Le **verbe** de la phrase passive se construit avec l'auxiliaire **être** et le **participe passé** du verbe.

La vie de Spillers, au contraire, **était consacrée** à sa famille : ses poussins étaient tout pour elle. Elle tirait une fierté sans borne de ses couvées et, de plus, elle était très soignée de sa personne, jamais une plume de travers. ▎Les Longs-Museaux

▎ *était consacrée* = auxiliaire *être* + participe passé du verbe *consacrer* **▎**

146 ▶ *Les verbes conjugués avec* être *sont-ils toujours à la voix passive ?*

Non ! Il ne faut surtout pas confondre le **passé composé** des verbes comme *tomber, venir, rentrer, monter...* qui se forme avec l'auxiliaire **être** *(je suis venu, je suis venue)* et le **présent** des verbes à la voix passive qui se construit **aussi** avec l'auxiliaire **être**.

TOMBER	Voix active	Voix passive
Présent	je tombe	pas de voix passive
Passé composé	je suis tombé je suis tombée	

BRÛLER	Voix active	Voix passive
Présent	je brûle	je suis brûlé, je suis brûlée
Passé composé	j'ai brûlé	j'ai été brûlé, j'ai été brûlée

Tous les verbes peuvent-ils être utilisés à la voix passive ?

> Non ! Seuls les verbes qui ont un complément direct, c'est-à-dire les **verbes transitifs**, autorisent une construction passive.
>
> En effet, lorsqu'on passe **de l'actif au passif**, c'est le **complément direct** de la phrase active qui **devient le sujet** de la phrase passive : un verbe qui n'a pas de CD ne peut donc pas être utilisé à la voix passive.

Un perce-oreille
A démoli
Les murs du métro de Paris.   Jaffabules

● *Voix active*

I <u>Un perce-oreille</u> a démoli <u>les murs du métro de Paris</u>. **I**
    sujet   CD

● *Voix passive*

I <u>Les murs du métro de Paris</u> ont été démolis <u>par un perce-oreille</u>. **I**
    sujet   complément d'agent

148 ▶ **Qu'est-ce que le complément d'agent ?**

> Dans une phrase à la voix passive, le sujet subit l'action. C'est le **complément d'agent**, introduit par la préposition **par**, qui **fait l'action**.

J'ai de sérieuses raisons de croire que la planète d'où venait le petit prince est l'astéroïde B 612. Cet astéroïde n'a été aperçu qu'une fois au télescope, en 1909, **par un astronome turc.** Il avait fait alors une grande démonstration de sa découverte à un Congrès International d'Astronomie. Mais personne ne l'avait cru à cause de son costume. Les grandes personnes sont comme ça.

Le Petit Prince

● *Voix passive*

I *Cet astéroïde* a été aperçu *par un astronome turc* :
   sujet   complément d'agent

– *astéroïde* occupe la fonction de **sujet** ;
– le verbe *apercevoir* est accompagné de l'auxiliaire *être* ;
– *un astronome turc*, introduit par la préposition *par*, fait l'action d'*apercevoir* : c'est le **complément d'agent. I**

● *Voix active*

I *Un astronome turc* aperçut *cet astéroïde*. **I**
   sujet   CD

159

À quoi sert la voix passive ?

> La voix passive permet de **ne pas indiquer qui est respon-**
> **sable d'une action**, ce qui peut être utile si l'on ne veut pas
> dire qui a fait telle ou telle chose ou si l'on ne le sait pas.

«Où est-il donc, ce petit misérable?
– Je vous l'ai déjà dit, répondit Grand-mère. Il est dans mon
sac à main! Et je continue à penser qu'il vaudrait mieux aller
dans un endroit moins public, avant que vous découvriez son
nouvel aspect.
– Cette femme est folle! s'écria Mme Jenkins. Dis-lui de
partir.
– À dire vrai, poursuivit Grand-mère, votre fils, Bruno, **a été**
complètement transformé!

Sacrées sorcières

I Grand-mère emploie la **voix passive sans complément d'agent**
parce qu'elle **ne veut pas dire** en public qui a transformé Bruno :
ce sont des sorcières qui ont transformé l'enfant et Grand-mère a
peur de leur vengeance. **I**

– Auriez-vous déniché une vraie princesse?
– Parfaitement.
– En détresse?
– Aucun doute là-dessus. **Elle était enfermée** tout en haut
d'une tour. Elle agitait un mouchoir blanc et criait.
– Qu'est-ce qu'elle criait? demanda Tumbly.
– Ce qu'on crie toujours dans ces cas-là. Au secours! Sauvez-
moi! etc.

Le Chevalier désastreux

I Il n'y a pas de complément d'agent ici parce que celui qui parle
ne sait pas qui a bien pu enfermer la princesse. **I**

150 ▶ Comment identifier les temps du verbe à la voix passive ?

À la voix passive, c'est l'auxiliaire **être** qui **indique** à quel temps est le verbe.

	Temps de l'auxiliaire *être*	Temps du verbe à la voix passive
Il <u>est</u> aimé Elle <u>est</u> aimée	présent	présent
Il <u>a été</u> aimé Elle <u>a été</u> aimée	passé composé	passé composé
Il <u>était</u> aimé Elle <u>était</u> aimée	imparfait	imparfait
Il <u>sera</u> aimé Elle <u>sera</u> aimée	futur	futur
Il <u>avait été</u> aimé Elle <u>avait été</u> aimée	plus-que-parfait	plus-que-parfait

résumé

La voix passive

■ Le verbe de la phrase à la voix passive est toujours construit avec l'auxiliaire **être** et le **participe passé** du verbe.

■ Seuls les verbes **transitifs** peuvent être mis à la voix passive.

■ À la voix passive, le sujet subit une action accomplie par le **complément d'agent**.

FAIRE L'ANALYSE GRAMMATICALE D'UNE PHRASE

Faire l'analyse grammaticale d'une phrase consiste à identifier les groupes de mots qui sont reliés au verbe pour en analyser la nature et la fonction.

151 ▶ *Quelle est la première étape?*

Il faut tout d'abord **repérer le ou les verbes** de la phrase:

- **Où** est le verbe? (quel est son **infinitif?**)

- Est-ce un verbe **d'état**? *(être, sembler, paraître, rester, demeurer...)*
Est-ce un verbe **d'action**? *(manger, courir...)*

- À quel **temps** est-il conjugué? (présent, futur, passé composé...)
À quelle **personne** est-il conjugué?

Quand j'**étais** petit, j'**habitais** avec mes parents au quatrième étage d'un immeuble. Au premier étage, **vivait** David, un garçon de mon âge, qui **est devenu** au fil des ans mon meilleur ami.

Ma voisine, une sorcière

▌ *Quand j'_étais_ petit, j'_habitais_ avec mes parents au quatrième étage d'un immeuble.*

162

– Dans cette phrase, le verbe <u>étais</u> (infinitif: *être*) est le **noyau** de la première proposition et le verbe <u>habitais</u> (infinitif: *habiter*) est le **noyau** de la deuxième proposition.
Le verbe <u>étais</u> est un verbe d'état tandis que <u>habitais</u> est un verbe d'action. Ils sont tous les deux utilisés à l'imparfait de l'indicatif et conjugués à la première personne du singulier. **I**

I *Au premier étage, <u>vivait</u> David, un garçon de mon âge, qui <u>est devenu</u> au fil des ans mon meilleur ami.*
– Dans cette deuxième phrase, le verbe <u>vivait</u> (infinitif: *vivre)* est le **noyau** de la première proposition et le verbe <u>est devenu</u> (infinitif: *devenir)* est le **noyau** de la deuxième proposition.
Ce sont deux verbes d'état. Le verbe <u>vivait</u> est utilisé à l'**imparfait de l'indicatif**, tandis que <u>est devenu</u> est un **participe passé employé avec l'auxiliaire *être***. Les deux verbes sont conjugués à la **3ᵉ personne du singulier**. **I**

152 ▶ *Quelle est la deuxième étape ?*

Une fois le verbe trouvé, il faut se demander :
• **Quelle fonction** occupe chaque groupe ?
• **Quelle** est la **nature** de chaque groupe ?

La mer a mangé le sable.
Le soleil a bu la mer.
Jaffabules

I *La mer a mangé le sable.*

Deux groupes sont rattachés au verbe d'action noyau *manger*.

1. *la mer :*
Question : qui est-ce qui a mangé ?
Fonction : sujet
Nature : groupe nominal

2. *le sable:*
Question: qu'est-ce que l'on a mangé?
Fonction: complément d'objet direct
Nature: groupe nominal ▮

Jacques arrive devant la maison de Jean avec son vase dans les bras.
▪ Le Bric-à-brac de Jacques

▮ *Jacques arrive devant la maison de Jean avec son vase dans les bras.*

Trois groupes sont reliés au verbe noyau *arrive.* Le verbe *arriver* est un verbe d'action.

1. *Jacques*
Question: qui est-ce qui?
Fonction: sujet
Nature: nom

2. devant *la maison de Jean*
Question: où?
Fonction: complément circonstanciel de lieu relié au verbe par la préposition *devant*
Nature: groupe nominal

3. avec *son vase dans les bras*
Question: avec quoi?
Fonction: complément indirect relié au verbe par la préposition *avec*
Nature: groupe nominal ▮

153 ▶ *Quelle est la troisième étape ?*

On analyse les mots qui constituent chacun des groupes :
● on cherche d'abord le **mot noyau** et on donne **sa nature** ;
● on indique ensuite la **nature** et la **fonction des mots** qui sont **rattachés** au noyau du groupe.

Tout ver digne de ce nom possède un début, un milieu et une fin.
Ceux qui possèdent deux débuts, un milieu mais n'ont pas de fin, ceux-là courent à la catastrophe. ▪Le Ver, cet inconnu

▌ *Tout ver digne de ce nom possède un début, un milieu et une fin.*

1. *tout ver digne de ce nom :*
– *ver* est un nom masculin singulier **noyau** du groupe nominal sujet ;
– *tout* est un adjectif indéfini ; il détermine *ver* ;
– *digne de ce nom* est un groupe adjectival épithète de *ver* ;

2. *un début, un milieu et une fin :*
– *début* est un nom masculin singulier ; c'est le **noyau** du premier groupe nominal CD *(un début)* ;
– *un* est un article indéfini ; il détermine *début* ;
– *milieu* est un nom masculin singulier ; c'est le **noyau** du deuxième groupe nominal CD, juxtaposé au premier *(un début)* ;
– *un* est un article indéfini ; il détermine *milieu* ;
– *fin* est un nom féminin singulier ; c'est le **noyau** du troisième groupe nominal CD, coordonné au deuxième *(un milieu)* ;
– *une* est un article indéfini ; il détermine *fin*. ▌

La bête à Bon Dieu
n'est pas bête du tout.
Elle a partout des yeux
et jusque dans le cou.

Enfantasques

I *La bête à Bon Dieu
n'est pas bête du tout.*

1. *la bête à Bon Dieu :*
– *bête* est un nom féminin singulier **noyau** du groupe nominal sujet ;
– *la* est un article indéfini ; il détermine *bête* ;
– *à Bon Dieu* est un groupe nominal complément du nom *bête* ;

2. *bête :*
– *bête* est un adjectif qualificatif attribut du sujet *la bête à Bon Dieu.* **I**

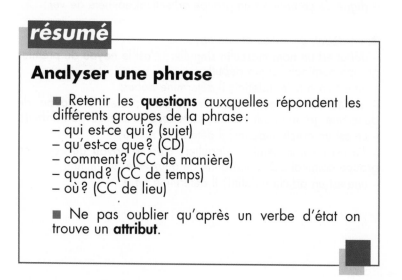

résumé

Analyser une phrase

■ Retenir les **questions** auxquelles répondent les différents groupes de la phrase :
– qui est-ce qui ? (sujet)
– qu'est-ce que ? (CD)
– comment ? (CC de manière)
– quand ? (CC de temps)
– où ? (CC de lieu)

■ Ne pas oublier qu'après un verbe d'état on trouve un **attribut**.

ANALYSER LES PROPOSITIONS

À l'intérieur de chaque phrase, il peut y
avoir plusieurs propositions.

154 ▶ Qu'est-ce qu'une proposition ?

Une proposition est constituée d'un **verbe conjugué** auquel
se rattachent un ou des groupes fonctionnels : sujet, CD,
CI, CC... Il peut y avoir une ou plusieurs propositions dans
une phrase. Il y a **autant de propositions que de verbes
conjugués**.

Hélène **ouvre** sa case, **prend** son manteau d'hiver... et me
découvre recroquevillé au fond de la case. Je vous **assure**
qu'elle **fait** tout un saut de crapaud en me voyant. C'**est** vrai
que je **dois** avoir une drôle d'allure : j'**ai** mon cahier sur les
genoux, ma grosse plume fontaine à la main et je m'**éclaire**
avec une mini-lampe de poche que je me **suis attachée** sur le
front avec les collants de gymnastique d'Hélène. Je **dois** avoir
un peu l'allure d'un martien. ▪ Matusalem

▌Dans ce texte, il y a 11 verbes conjugués, donc 11 propositions. ▌

155 ▶ Pourquoi utiliser plusieurs propositions dans une même phrase ?

On utilise plusieurs propositions dans une même phrase
pour **relier** entre eux **plusieurs événements** qui ont lieu en
même temps.

J'étais assis là et j'ouvrais des oreilles de plus en plus grandes (chez les fantômes, c'est ainsi: **lorsqu**'elles <u>veulent</u> sérieusement écouter, les oreilles <u>s'agrandissent</u>).

Les temps sont durs pour les fantômes!

I *Lorsqu'elles veulent sérieusement écouter,*
proposition 1 = événement 1

les oreilles s'agrandissent.
proposition 2 = événement 2

L'événement 1 et l'événement 2 ont lieu en même temps. **I**

On utilise plusieurs propositions dans une même phrase pour **relier** entre eux **plusieurs événements** qui **se suivent**.

Le pélican de Jonathan,
Au matin, <u>pond</u> un œuf tout blanc
Et il en <u>sort</u> un pélican
Lui ressemblant étonnamment.

Et ce deuxième pélican
<u>Pond</u>, à son tour, un œuf tout blanc
D'où <u>sort</u>, inévitablement
Un autre **qui** en <u>fait</u> tout autant.

Chantefables et Chantefleurs

I Dans ce poème, cinq actions se succèdent et permettent de raconter l'histoire du pélican de Jonathan.

ÉVÉNEMENT 1 = PROPOSITION 1 = Le pélican de Jonathan pond un œuf.

ÉVÉNEMENT 2 = PROPOSITION 2 = Un pélican sort de l'œuf.

ÉVÉNEMENT 3 = PROPOSITION 3 = Ce pélican pond un œuf.

ÉVÉNEMENT 4 = PROPOSITION 4 = Un autre pélican sort de cet œuf.

ÉVÉNEMENT 5 = PROPOSITION 5 = Ce dernier pélican pond un œuf... **I**

On peut aussi utiliser une proposition pour **expliquer** l'action d'une autre proposition.

Le cheval <u>veut</u> aller au bal.
Il <u>brosse</u> avec soin sa crinière,
<u>Cire</u> ses sabots, <u>cloue</u> ses fers,
<u>Ajuste</u> sa sous-ventrière
Et <u>cavale</u>.
▪ Marelles

❙ La première proposition *(Le cheval veut aller au bal.)* explique les cinq autres propositions : *il brosse..., cire..., cloue..., ajuste..., et cavale* **parce qu'il** veut aller au bal. ❙

156 ▶ *Qu'est-ce qu'une proposition indépendante ?*

On dit qu'une proposition est indépendante lorsqu'**elle n'est pas rattachée** à une autre proposition par une conjonction de subordination *(que, quand, parce que...)* ou par un pronom relatif. Une proposition indépendante peut donc constituer **une phrase à elle toute seule**.

Je <u>suis</u> poilu,
Fauve et dentu,
J'<u>ai</u> les yeux verts.
Mes crocs pointus
Me <u>donnent</u> l'air
Patibulaire.
▪ Marelles

❙ *Je suis poilu, fauve et dentu,*   *j'ai les yeux verts.*
　　　　proposition 1　　　　　　proposition 2 juxtaposée
└─────────────── phrase ───────────────┘

Mes crocs pointus me donnent l'air patibulaire. ❙
└─────── proposition = phrase ───────┘

157 ▶ Peut-il y avoir plusieurs propositions indépendantes dans la même phrase?

Oui! Dans ce cas, elles peuvent être **juxtaposées** (séparées par une virgule, un point-virgule ou les deux-points), ou **coordonnées**. ▷ *paragraphes 93 et 94*

Un instant, le fantôme de Canterville **demeura** absolument immobile, dans un accès d'indignation bien naturelle; puis, ayant lancé violemment le flacon sur le parquet poli, il **s'enfuit** le long du couloir, en poussant des gémissements sourds et en émettant une lueur verdâtre et fantomatique.

Le Fantôme de Canterville

I Cette phrase comprend **deux** verbes conjugués *(demeura* et *s'enfuit)*; elle se compose de **deux** propositions indépendantes juxtaposées par un point-virgule. **I**

158 ▶ Qu'appelle-t-on proposition principale et proposition subordonnée?

Lorsqu'une proposition est le **complément** d'une autre, on dit qu'elle est **subordonnée** à une proposition **principale**.

En hiver, on dit souvent: «Fermez la porte, il fait froid dehors!»
Mais quand la porte est fermée, il fait toujours aussi froid dehors.

Les Pensées

I *Quand la porte est fermée,* *il fait toujours aussi froid dehors.* **I**
proposition subordonnée   proposition principale

159 ▶ Quelles sont les fonctions d'une proposition subordonnée?

La subordonnée peut être **complément du verbe** de la proposition principale.

Le Roi pensa que le vieux se moquait de lui et voulut essayer les lunettes. Oh! prodige! <u>Lorsqu'il eut les verres devant les yeux</u>, il lui **sembla** <u>qu'il retrouvait un monde perdu</u>. Il vit un moucheron sur la pointe d'un brin d'herbe; il vit un pou dans la barbe du vieillard et il vit aussi la première étoile trembler sur le ciel pâlissant.

Les Lunettes du lion

▌ _Lorsqu'il <u>eut</u> les verres devant les yeux,_
  └──── verbe
    └── proposition subordonnée CC de temps ──┘

il lui <u>sembla</u>
  └── verbe
   └─proposition principale ─┘

qu'il <u>retrouvait</u> un monde perdu. ▌
  └──── verbe
    └── proposition subordonnée CD ──┘

La subordonnée peut être **complément d'un nom**.

– Abbar, tu es le fils aîné de mon regretté frère. Mais tu le sais, je n'ai jamais eu d'enfants. Alors, donne-moi vite **un neveu** <u>qui prendra après toi</u> **l'épicerie** <u>que je te laisserai un jour</u>!

Les 80 Palmiers d'Abbar Ben Badis

▌ _un <u>neveu</u> <u>qui prendra après toi l'épicerie</u>_ ▌
   nom   proposition subordonnée
               complément du nom _neveu_

▌ _<u>l'épicerie</u> <u>que je te laisserai un jour</u>_ ▌
   nom   proposition subordonnée
            complément du nom _épicerie_

171

Les propositions subordonnées **relatives** sont compléments d'un nom.

«Et les loups? Où donc sont-ils passés?» me demandai-je à part moi. Et tandis que je me posais ces questions, <u>le loup</u> **qui avait tiré les poils de ma queue**, clac! planta ses dents dans cette région un peu en retrait de mon corps. Je hurlai de douleur tout en lui lançant <u>une terrible ruade</u> **qu'il prit de plein fouet**. Le malheureux repartit en poussant des hurlements, remportant avec lui ses oreilles et sa queue, remportant avec lui sa bouche, mais certainement pas <u>les dents</u> **qu'il y avait dedans.**
Mémoires d'une vache

I *le <u>loup</u>* nom	*qui avait tiré les poils de ma queue* **I** subordonnée relative complément du nom *loup*
I *une terrible <u>ruade</u>* nom	*qu'il prit de plein fouet* **I** subordonnée relative complément du nom *ruade*
I *les <u>dents</u>* nom	*qu'il y avait dedans* **I** subordonnée relative complément du nom *dents*

Les propositions subordonnées **conjonctives** sont compléments du verbe de la principale.

Lorsqu'il arriva en haut de l'escalier, il <u>reprit</u> ses esprits, et résolut de lancer son célèbre éclat de rire démoniaque. Il l'avait, en plus d'une circonstance, trouvé extrêmement utile. On <u>dit</u> **que ce rire avait, en une seule nuit, fait grisonner la perruque de Lord Raker...**
Le Fantôme de Canterville

Lorsqu'il arriva en haut de l'escalier,	*il reprit ses esprits.*
subordonnée conjonctive	proposition principale

On dit	*que ce rire avait fait grisonner la perruque.*
proposition principale	subordonnée conjonctive

★ **161** ▶ **Quels sont les différents types de subordonnées conjonctives ?**

Parmi les propositions subordonnées conjonctives, on distingue :
• les propositions subordonnées conjonctives **compléments directs** du verbe de la principale ;

Maintenant, vous <u>savez</u> **que votre voisine de palier peut être une sorcière.**
Ou bien la dame aux yeux brillants, assise en face de vous dans le bus, ce matin.   ▪Sacrées sorcières

Vous <u>savez</u>	*que votre voisine de palier peut être une sorcière.*
verbe	
principale	subordonnée CD

• les propositions subordonnées conjonctives **circonstancielles** compléments du verbe de la principale.

J'étais dans le jardin et je ne <u>faisais</u> rien, **quand est venu Alceste** et il m'a demandé ce que je faisais et je lui ai répondu : « Rien. »   ▪Le Petit Nicolas

J'<u>étais</u> dans le jardin et je ne <u>faisais</u> rien, quand est venu Alceste.
verbe   verbe
principales   subordonnée CC de temps

Nous, les enfants, on ne lit jamais dans le métro **parce que le spectacle est super.**

I *Nous, les enfants, on ne <u>lit</u> jamais dans le métro*

        verbe
└──────────── principale ──────────────┘

parce que le spectacle est super. **I**
└──── subordonnée CC de cause ────┘

Tableau récapitulatif

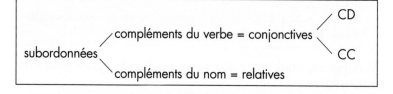

> On trouve souvent dans un même texte les différents types de propositions (surbordonnées et indépendantes).

Une petite souris demande à un gros éléphant qui prend son bain dans un large fleuve d'Afrique:
– Veux-tu sortir de l'eau deux minutes?
Le pachyderme s'exécute de mauvaise grâce et lorsqu'il est sur la berge, la petite souris lui dit:
– Bon, tu peux te remettre à l'eau, je croyais que tu avais mis mon maillot!

Un gros éléphant qui prend son bain dans un large fleuve d'Afrique.
|_____ subordonnée relative _____|

Le pachyderme s'exécute de mauvaise grâce.
|_____ proposition indépendante _____|

Lorsqu'il est sur la berge,   **la petite souris lui dit...**
|_ subordonnée CC de temps _| |_ proposition principale _|

résumé

Analyser des propositions

■ Chaque **verbe conjugué** constitue avec les groupes fonctionnels qui lui sont rattachés une proposition.

■ On distingue trois sortes de propositions : les propositions **indépendantes**, les propositions **principales** et les propositions **subordonnées**.

★■ La proposition subordonnée peut compléter le verbe de la principale (**conjonctive** CD, **conjonctive** circonstancielle) ou un nom (**relative**).

RÈGLE

Analyser des propositions

★ Chaque verbe conjugué constitue avec les groupes fonctionnels qui lui sont rattachés une proposition.

★ On distingue trois sortes de propositions : les propositions indépendantes, les propositions principales et les propositions subordonnées.

★ ★ La proposition subordonnée peut compléter le verbe de la principale (conjonctive CD, conjonctive circonstancielle) ou un nom (relative).

ORTHOGRAPHE GRAMMATICALE

L'orthographe grammaticale est l'ensemble des règles d'orthographe qui précisent comment s'accordent les mots dans la phrase : le verbe avec son sujet, les divers éléments du groupe nominal avec le nom noyau...

ACCORDER LE SUJET ET LE VERBE

Pour accorder le verbe avec son sujet, il faut d'abord savoir identifier le sujet puis il faut se demander si le verbe est à un temps simple ou à un temps composé.

162 ▶ Avec quoi s'accorde le verbe?

Aux **temps simples** (présent, imparfait, futur...), le verbe s'accorde toujours avec son **sujet**.

Théo et Picotte <u>arrivent</u> à la maison. Dans le jardin, **Théo** <u>ramasse</u> des planches. Zin, zin, zin, toc, toc, toc! En quelques coups de scie et de marteau, **il** <u>construit</u> un joli poulailler pour Picotte.
La poule <u>est</u> contente de son nouvel abri. **Elle** <u>va</u> pouvoir dormir tranquillement d'un œil et, de l'autre, observer son entourage.

Une poule à l'école

Plusieurs verbes peuvent avoir le même sujet ; ils s'accordent **tous** avec ce sujet.

Le cochon frappa à la porte et grogna:
– Petits loups, petits loups, laissez-moi entrer!
– Non, non et non, dirent les trois petits loups. [...]
– Puisque c'est comme ça, je vais souffler, pouffer, pousser mille bouffées, et je démolirai votre maison! dit le cochon.
Et **il souffla**, **pouffa**, **poussa** mille bouffées, et même plus que ça, mais la maison ne bougea pas.

Les Trois Petits Loups et le Grand Méchant Cochon

178

163 ▶ *Où le sujet peut-il être placé?*

Le sujet peut se trouver **avant** ou **après** le verbe. S'il se trouve après, on parle de sujet **inversé**.

Anatole <u>court</u> comme un fou. Il <u>remarque</u> une porte au fond du jardin. Cinq secondes... Quatre... **Anatole** <u>martèle</u> la porte de ses deux poings. **Elle** <u>résiste</u>. Trois secondes... **Les premiers rayons** de l'aube <u>vont</u> bientôt enflammer la tenue de soirée d'Anatole. Deux secondes... **Il** <u>pousse</u> de toutes ses forces. Une... **La porte** <u>cède</u>. Sauvé!

Anatole le vampire

Anatole	<u>court</u>	comme un fou.
sujet	verbe	

Il	<u>remarque</u>	une porte.
sujet	verbe	

Les premiers rayons	<u>vont</u>	bientôt enflammer...
sujet	verbe	

– Commencez au commencement, <u>dit</u> le roi d'un ton grave, et continuez jusqu'à ce que vous arriviez à la fin; ensuite, arrêtez-vous.

Alice au pays des merveilles

Commencez au commencement,	<u>dit</u>	<u>le roi</u>.
	verbe	sujet

Le sujet et le verbe peuvent être séparés par d'autres mots. Le verbe s'accorde toujours avec le **nom noyau** du groupe nominal sujet.

Nanette, de plus en plus séduisante, **bouleversait** les garçons sous l'œil vigilant des chaperonnes.

«La Sainte-Catherine» dans Que le diable l'emporte!

▌ *Nanette, de plus en plus séduisante,* <u>bouleversait</u> *les...*

nom noyau   verbe

└─── GROUPE NOMINAL ───┘

Le verbe *bouleversait* est conjugué à la 3ᵉ personne du singulier ; il s'accorde avec le nom propre *Nanette.* **▌**

Pour une vampire, elle était plutôt jolie... un petit nez retroussé, parsemé de taches de rousseur, de grands yeux bleus et des cheveux peignés avec soin. Seule sa forte **odeur** de moisi ét**ait** quelque peu gênante.

▪Le Grand Amour du petit vampire

▌ *Seule sa forte* <u>odeur</u> *de moisi*   <u>était</u> *quelque peu gênante.*

           nom noyau   verbe

└─── GROUPE NOMINAL ───┘

Le verbe *était* est conjugué à la 3ᵉ personne du singulier ; il s'accorde avec le nom singulier *odeur.* **▌**

Un **mickey** de bandes dessinées, qui en avait assez d'habiter parmi les pages d'un illustré et désirait échanger le goût du papier contre celui du fromage, **prit** son élan, **sauta** et se retrouva dans le monde des rats en chair et en os.

▪Histoires au téléphone

▌ *Un* <u>mickey</u> *de bandes dessinées, qui en avait assez d'habiter parmi*

    nom noyau

les pages d'un illustré et désirait échanger le goût du papier contre celui du fromage, <u>prit</u> *son élan,* <u>sauta</u> *et* <u>se retrouva</u> *dans*

             verbe   verbe   verbe

le monde des rats en chair et en os.

Les verbes *prit, sauta, se retrouva* sont conjugués à la 3ᵉ personne du singulier ; ils s'accordent avec le nom singulier *mickey.* **▌**

180

164 ▶ *Comment accorder le verbe quand il a plusieurs sujets au singulier?*

Un verbe peut avoir plusieurs sujets au singulier. Si les sujets sont **coordonnés** par **et**, ou **juxtaposés**, le verbe se met au **pluriel**.

Berthold et Lucrèce **ont** un chat. C'est le douzième. Ils en ont eu onze, bien gros et bien gras, mais celui-là est tout petit. Lucrèce l'appelle «mon cochonnet», Berthold l'appelle «le chat».

▪Berthold et Lucrèce

❙ Le verbe *ont* est conjugué à la 3ᵉ personne du pluriel ; il s'accorde avec les sujets *Berthold* et *Lucrèce*, coordonnés par **et**. ❙

165 ▶ *Comment accorder le verbe avec plusieurs pronoms personnels?*

Un verbe peut avoir plusieurs sujets à des personnes différentes. Le verbe se met alors à la **première** ou à la **deuxième personne du pluriel**.

SUJET	VERBE
toi + moi (2ᵉ + 1ʳᵉ pers. du singulier)	nous (1ʳᵉ pers. du pluriel)
lui, elle + moi (3ᵉ + 1ʳᵉ pers. du singulier)	nous (1ʳᵉ pers. du pluriel)
lui, elle + toi (3ᵉ + 2ᵉ pers. du singulier)	vous (2ᵉ pers. du pluriel)

> Pour accorder le verbe quand le sujet est un pronom relatif, il faut trouver l'**antécédent** de ce pronom relatif: c'est lui qui détermine l'accord.

La vache n'était pas moins curieuse de tout ce qu'elle apercevait derrière les vitres du buffet. Surtout, elle ne pouvait détacher son regard <u>d'un fromage et d'un pot de lait</u>, **qui** lui firent murmurer à plusieurs reprises: « Je comprends, maintenant, je comprends… »

▪ Les Contes bleus du chat perché

❙ Le pronom relatif *qui* est le sujet du verbe *firent*; il a pour antécédents *fromage* et *pot de lait* (deux noms coordonnés); le verbe *firent* est donc au pluriel. ❙

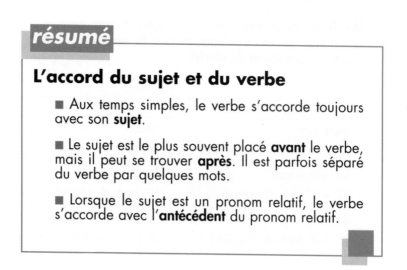

résumé

L'accord du sujet et du verbe

▪ Aux temps simples, le verbe s'accorde toujours avec son **sujet**.

▪ Le sujet est le plus souvent placé **avant** le verbe, mais il peut se trouver **après**. Il est parfois séparé du verbe par quelques mots.

▪ Lorsque le sujet est un pronom relatif, le verbe s'accorde avec l'**antécédent** du pronom relatif.

ACCORDER LE PARTICIPE PASSÉ

Pour accorder un verbe à un temps composé avec son sujet, il faut identifier l'auxiliaire (avoir ou être), puis le sujet, son genre et son nombre.

167 ▶ **Quel est l'auxiliaire utilisé:** être **ou** avoir?

Aux **temps composés** (passé composé, plus-que-parfait...), les verbes sont formés d'un **auxiliaire** *(avoir* ou *être)* et d'un **participe passé**.

Un bruit éclate tout à coup au-dessus de nos têtes. J'aperçois là-haut un amas de branches qui se détachent avec un craquement retentissant. Je pousse un cri d'avertissement, couvert par une exclamation de douleur. Constant **a reçu** le tas de branches sur la tête. Il s'écroule au sol sous le poids de l'avalanche. Délanger **s'est écarté** lorsque j'**ai crié**, il reste en retrait comme paralysé par la peur.

La Forêt de métal

I *Constant*	<u>a</u>	<u>reçu</u> **I**
	aux. *avoir*	participe passé du verbe *recevoir*

I *Délanger*	<u>s'est</u>	<u>écarté</u> **I**
	aux. *être*	participe passé du verbe *s'écarter*

I *j'*	<u>ai</u>	<u>crié</u> **I**
	aux. *avoir*	participe passé du verbe *crier*

Comment accorder le participe passé employé avec l'auxiliaire être ?

> Le participe passé employé avec l'auxiliaire **être** s'accorde en genre et en nombre avec le **sujet** du verbe.

Lygaya était passionné par tout ce qui l'entourait. Il ne comprenait pas comment une «case» aussi grosse pouvait flotter et glisser sur l'eau aussi vite.

▪Lygaya

▮ _Lygaya_	était	_passionné_. ▮
nom propre masculin singulier	auxiliaire _être_	participe passé

169 ▶ **Comment accorder le participe passé employé avec l'auxiliaire être, lorsqu'il y a plusieurs sujets?**

> Si **tous** les sujets (coordonnés par **et** ou juxtaposés) sont au **féminin**, le participe passé s'accorde au **féminin pluriel**.

Delphine et Marinette étaient devenues très pâles et joignaient les mains avec des yeux suppliants.
– Pas de prière qui tienne! S'il ne pleut pas, vous irez chez la tante Mélina lui porter un pot de confiture.

▪Les Contes rouges du chat perché

▮ _Delphine_	et	_Marinette_	étaient	_devenues_	très pâles. ▮
nom féminin singulier		nom féminin singulier		participe passé féminin pluriel	

> Si **tous** les sujets sont de genre **masculin**, le participe passé s'accorde au **masculin pluriel**.

Le corps et le visage de Mlle Legourdin parurent se dilater comme s'ils étaient gonflés par une pompe à bicyclette.

▪Matilda

I *Le* <u>*corps*</u> *et* *le* <u>*visage*</u> *étaient* <u>*gonflés*</u>. **I**

nom   nom   participe passé

masculin singulier   masculin singulier   masculin pluriel

> Si les sujets n'ont pas le même genre, le participe passé
> est toujours au **masculin** pluriel.

— Voilà pourquoi nous travaillons tous, Abbar. Parce que **la
plantation**, **l'irrigation** et **l'entretien** d'un seul de ces palmiers
sur cette terre aride peuvent être <u>évalués</u> à plus de dix mille
francs français de pois chiches, de semoule et de «gazouse»!

Les 80 Palmiers d'Abbar Ben Badis

I Le sujet comprend deux noms féminins et un seul nom masculin ;
le participe passé *évalués* s'accorde donc au masculin pluriel. **I**

---

170 ▶ ***Comment accorder le participe passé
employé avec l'auxiliaire* avoir ?**

> Le participe passé employé avec l'auxiliaire **avoir** ne s'ac-
> corde **jamais** avec le **sujet**.

Tous m'ont dit qu'**ils** n'**avaient** jamais, au grand jamais, **vu**
une sorcière aussi laide que moi. **J'ai eu** ma photo sur la couverture de tous les magazines de la région.

La Grande Fête de la sorcière Camomille

I <u>*ils*</u>   *n'*<u>*avaient*</u>   *jamais* <u>*vu*</u> **I**

sujet pluriel   auxiliaire *avoir*   participe passé invariable

I <u>*j'*</u>   <u>*ai*</u>   <u>*eu*</u> **I**

sujet singulier   auxiliaire *avoir*   participe passé invariable

Le participe passé employé avec avoir **est-il toujours invariable?**

Non! Le participe passé employé avec l'auxiliaire **avoir** **s'accorde** en genre et en nombre **avec le CD** quand celui-ci est **placé avant le verbe**. Mais il ne s'accorde pas si le CD est placé après le verbe!

Catastrophés, on s'est laissés tomber dans un coin. On ne savait plus quoi faire. On ne parlait plus. On contemplait les détritus qui jonchaient le sol.
Une voix de femme <u>nous</u> a tir**és** de notre torpeur:
– Comment t'appelles-tu, mon mignon?

Le Parc aux sortilèges

I <u>nous</u>	a	<u>tirés</u> **I**
CD		participe passé
pronom personnel		masculin pluriel
masculin pluriel		

résumé

L'accord du participe passé

■ Aux temps composés, le participe passé employé avec l'auxiliaire *être* s'accorde en genre et en nombre avec le **sujet**.

■ Le participe passé employé avec l'auxiliaire *avoir* ne s'accorde **jamais** avec le **sujet** du verbe.

■ Si le verbe a un **CD** placé **avant** le verbe, le participe passé employé avec *avoir* s'**accorde** en genre et en nombre avec le CD.

ACCORDER LES DÉTERMINANTS ET LES ADJECTIFS AVEC LE NOM

Pour accorder les différents éléments du groupe nominal, il faut savoir reconnaître le nom noyau.

172 ▶ Qu'est-ce qu'un groupe nominal ?

Le groupe nominal (GN) est un groupe de mots organisé autour d'un nom noyau. Il peut occuper différentes fonctions (sujet, CD, CI, CC, attribut du sujet). ▷ *paragraphe 36*

Je poursuis attentivement **ma route** sous **un ciel** de plus en plus inquiétant. **La neige** se lit comme **les pages** d'**un grand livre**. Je marche lentement tandis que **mes yeux**, comme **des radars**, balaient **le sol** et **les environs**.

La Ligne de trappe

▌ *ma*　　　　*route* ▌
└ déterminant　nom noyau ┘
　　　　GN

▌ *un*　　　　*ciel* ▌
└ déterminant　nom noyau ┘
　　　　GN

▌ *la*　　　　*neige* ▌
└ déterminant　nom noyau ┘
　　　　GN

173 ▶ *Quels mots peut-on trouver dans le GN?*

● **Les noms**   ▷ *paragraphes 35 à 44*

● **Les déterminants**   ▷ *paragraphes 65 à 74*
– articles : *le, la, l', les, un, une, des, du, de la, des*
– adjectifs possessifs : *mon, ma, notre, votre, leur, leurs...*
– adjectifs démonstratifs : *ce, cette, ces...*
– adjectifs indéfinis : *certains, quelques, tout, toute, tous...*
– adjectifs numéraux : *deux, vingt, cent, deuxième...*
– adjectifs interrogatifs : *quel?, quelle?, quels?, quelles?...*
– adjectifs exclamatifs : *quel!, quelle!, quels!, quelles!...*

● **Les adjectifs qualificatifs**   ▷ *paragraphes 55 à 61*

174 ▶ *Comment faire l'accord dans le GN?*

> Les déterminants et les adjectifs qualificatifs prennent le **genre** et le **nombre** du **nom noyau**.

Un petit chat bien élevé ne doit pas jouer avec une souris qui ne lui a pas été présentée.
                                                                    ▪Fatras

un	**petit**	**chat** bien	**élevé**
article indéfini	adjectif qualificatif	nom noyau	adjectif qualificatif
masculin singulier	masculin singulier	masculin singulier	masculin singulier

«Quel bric-à-brac! s'exclame Jacques en se tenant la tête. **Ma maison est tellement pleine** que je ne sais plus où ranger les objets.»
                                                          ▪Le Bric-à-brac de Jacques

I *Ma*   *maison*   est   *tellement*   *pleine*. **I**
déterminant   nom noyau   adjectif qualificatif
adjectif possessif   féminin singulier   féminin singulier
féminin singulier

Un fantôme bien né n'appelle pas sa femme «**ma petite
veuve**».
                                                        Fatras

I   *ma*   *petite*   *veuve*   **I**
adjectif possessif   adjectif qualificatif   nom noyau
féminin singulier   féminin singulier   féminin singulier

Le roi est dans sa chambre; il se repose, allongé dans son lit.
«Je suis vieux et malade», pense-t-il en fixant **la flamme dorée**
de la bougie.
                                            Trois princes et une limace

I   *la*   *flamme*   *dorée*   **I**
article défini   nom noyau   adjectif qualificatif
féminin singulier   féminin singulier   féminin singulier

L'autocar soulevait derrière lui une colonne de sable et de poussière qui devait le signaler de loin aux nomades. À travers **les vitres
sales et grasses** du véhicule, les passagers pouvaient à peine distinguer **leurs grandes tentes** dressées au bord même de la route.
                                        Les 80 Palmiers d'Abbar Ben Badis

I   *les*   *vitres*   *sales*   *et*   *grasses* **I**
        article   nom   adjectif   conjonction de   adjectif
        défini   noyau   qualificatif   coordination   qualificatif
féminin pluriel féminin pluriel féminin pluriel invariable   féminin pluriel

I   *leurs*   *grandes*   *tentes* **I**
adjectif possessif   adjectif qualificatif   nom noyau
féminin pluriel   féminin pluriel   féminin pluriel

> Les adjectifs **numéraux** cardinaux *(deux, dix, trente, mille...)* sont **invariables sauf vingt** *(quatre-vingts)* et **cent**. **Cent** peut se mettre au pluriel s'il est multiplié et qu'il n'est pas suivi d'un autre adjectif numéral. ▷ *paragraphe 187*

Comment, dans les mois suivants, furent transformés en voitures, motos, costumes importés, ou jetés sur le tapis vert du casino de l'hôtel Aletti d'Alger **quatre-vingts** palmiers-dattiers qui auraient dû pousser drus et touffus à donner quelque **cinq cents** mètres carrés d'ombre?

Les 80 Palmiers d'Abbar Ben Badis

175 ▶ *Comment accorder un adjectif qui se rapporte à plusieurs noms?*

> Lorsque les noms sont **masculins**, l'adjectif s'accorde au **masculin pluriel**.

C'était un mélange **de poissons, d'oiseaux et de mammifères putréfiés**. Une odeur tout à fait insoutenable. Un peu comme celle qui s'exhalerait d'une porcherie-poissonnerie-basse-cour, si cela existait.

Le Chevalier désastreux

de	poissons,	d'oiseaux	et	de	mammifères	putréfiés
	nom masculin pluriel	nom masculin pluriel			nom masculin pluriel	adjectif masculin pluriel

> Lorsque les noms sont **féminins**, l'adjectif s'accorde au **féminin pluriel**.

Effrayées, Delphine et Marinette se mirent à pleurer. En voyant les larmes, le vieux cygne, perdant la tête, se mit à tourner en rond devant elles.

Les Contes bleus du chat perché

❙ *effrayées,*	*Delphine*	*et*	*Marinette* ❙
adjectif	nom		nom
féminin	féminin		féminin
pluriel	singulier		singulier

Lorsque les noms ont des genres **différents**, l'adjectif s'accorde au **masculin pluriel**.

À plat ventre dans le pré, Delphine et Marinette étudiaient leur géographie dans le même livre, et il y avait un canard qui allongeait le cou entre leurs deux têtes pour regarder les cartes et les images. C'était un joli canard. Il avait **la tête et le col bleus**, le jabot couleur de rouille et les ailes rayées bleu et blanc.
❙ Les Contes bleus du chat perché

❙ *la*	*tête*	*et*	*le*	*col*	*bleus* ❙
	nom			nom	adjectif
	féminin			masculin	masculin
	singulier			singulier	pluriel

résumé

L'accord dans le groupe nominal

■ Les déterminants et les adjectifs qualificatifs d'un groupe nominal s'accordent en genre et en nombre avec le nom noyau.

FORMER LE PLURIEL DES NOMS

La plupart des noms ont un pluriel en s. Mais il existe des exceptions à connaître.

▷ *paragraphes 188 à 190*

176 ▶ *Quel est, en général, le pluriel des noms ?*

En général, on forme le pluriel des noms en ajoutant un **s** à la forme du singulier.

le lièvre → les lièvres   un rat → des rats

177 ▶ *Comment se forme le pluriel des noms en -eu, -au, -eau ?*

La plupart des noms terminés au singulier par **-eu**, **-au**, **-eau** forment leur pluriel par l'ajout d'un **x**.

les chev**eux**   les drap**eaux**   les tuy**aux**

Les mots **landau**, **sarrau**, **pneu** et **bleu** forment leur pluriel par l'ajout d'un **s**.

les land**aus**   les pn**eus**
les sarr**aus**   les bl**eus**

178 ▶ *Comment se forme le pluriel des noms en -ou ?*

La plupart des noms terminés par **-ou** au singulier forment leur pluriel par l'ajout d'un **s**.

un sou → des sou**s**

Sept mots en **-ou** prennent un **x** au pluriel : **bijou**, **caillou**, **chou**, **genou**, **hibou**, **joujou**, **pou**.

un bijou → des bijou**x**

179 ▶ *Comment se forme le pluriel des noms en -s, -x ou -z ?*

Les noms déjà terminés au singulier par **-s**, **-x** ou **-z** ne changent pas de forme au pluriel.

le bois → les bois   le prix → les prix   le gaz → les gaz

180 ▶ *Quel est le pluriel des noms en -al ?*

La plupart des noms terminés par **-al** forment leur pluriel en **-aux**.

un anim**al** → des anim**aux**   un chev**al** → des chev**aux**

Quelques mots en **-al** forment leur pluriel par l'ajout d'un **s** : **bal**, **carnaval**, **chacal**, **festival**, **récital**, **régal**.

un carnav**al** → des carnav**als**

181 ▶ *Quel est le pluriel des noms en -ail?*

Certains mots terminés par **-ail** forment leur pluriel par l'ajout d'un **s**: **attirail, chandail, détail, épouvantail, gouvernail** et **portail**.

un port**ail** → des port**ails**   un dét**ail** → des dét**ails**

D'autres mots terminés par **-ail** ont un pluriel en **-aux**: **corail, émail, travail** et **vitrail**.

un cor**ail** → des cor**aux**   un ém**ail** → des ém**aux**

182 ▶ *Le pluriel peut-il changer la prononciation d'un nom?*

Oui! Au pluriel, dans quelques cas, on ne prononce pas les consonnes finales.

un œuf [œf] → des œufs [ø]

Attention: un œil, des yeux [zjø]

---

résumé

Le pluriel des noms

■ En général, la marque du pluriel est **s**.

■ Les noms en **-eu, -au, -eau, -ou, -al** et **-ail** forment leur pluriel selon des règles spéciales.

Les hiboux

Ce sont les mères des **hiboux**
Qui désiraient chercher les **poux**
De leurs enfants, leurs petits **choux**,
En les tenant sur les **genoux**.

Leurs yeux d'or valent des **bijoux**
Leur bec est dur comme **cailloux**,
Ils sont doux comme des **joujoux**,
Mais aux hiboux point de genoux!

Robert Desnos,
Chantefables et Chantefleurs,
Éditions Gründ.

Une histoire de chacals

Le propriétaire d'un zoo écrit à un de ses fournisseurs en Afrique:
« *Cher Monsieur, veuillez me faire expédier deux* chacals, *s'il vous plaît.* »
Il relit ce qu'il a écrit, se gratte la tête, puis déchire sa lettre et en fait une autre:
« *Cher Monsieur, veuillez me faire expédier deux* chacaux, *s'il vous plaît.* »
Il relit la lettre, hésite et se dit:
« *Décidément, je n'en sais rien.* »
Alors, il déchire la seconde lettre et en écrit une troisième:
« *Cher Monsieur, veuillez me faire expédier un chacal, s'il vous plaît. Post-scriptum: pendant que vous y êtes, mettez-m'en deux...* »

Hervé Nègre, *Dictionnaire des histoires drôles,*
Éditions Le Livre de Poche.

FORMER LE PLURIEL
DES ADJECTIFS

La plupart des adjectifs forment leur
pluriel en -s. Mais certains adjectifs
suivent d'autres règles qu'il faut
connaître.

183 ▶ *Comment se forme, en général, le pluriel des adjectifs ?*

La plupart des adjectifs forment leur pluriel par l'ajout d'un **s**.

important, importante → importants, importantes
joli, jolie → jolis, jolies
grand, grande → grands, grandes

184 ▶ *Comment se forme le pluriel des adjectifs en -s ou en -x ?*

Les adjectifs terminés par **-s** ou **-x** au singulier **ne changent pas** de forme au **masculin pluriel**.

un gâteau délicieu**x** → des gâteaux délicieu**x**
un gro**s** câlin → de gro**s** câlins

185 ▶ *Comment se forme le pluriel des adjectifs en -al?*

Les adjectifs terminés par **-al** forment généralement leur masculin pluriel en **-aux**.

vertic**al** → vertic**aux** (féminin pluriel: vertic**ales**)

Banal, bancal, fatal, natal et **naval** forment leur masculin pluriel par l'ajout d'un **s** à la forme du singulier.

nav**al** → nav**als**

186 ▶ *Quel est le pluriel des adjectifs de couleur?*

Lorsque la couleur est désignée par **un seul adjectif** *(blanc, jaune, vert...)*, celui-ci **s'accorde** en genre et en nombre avec le nom qu'il qualifie.

des   <u>murs</u>   <u>blancs</u>
  nom masculin pluriel   adjectif masculin pluriel

★ Lorsqu'un nom de **fruit** *(marron...)*, de **fleur** *(jonquille...)* ou de **pierre précieuse** *(émeraude...)* est employé comme adjectif de couleur, l'adjectif est **invariable**.

des   <u>chapeaux</u>   <u>marron</u>
    nom masculin pluriel   adjectif invariable

des   <u>mers</u>   <u>turquoise</u>
  nom féminin pluriel   adjectif invariable

★ Exceptions: des chemises **roses**, des pulls **mauves**.

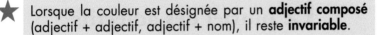

Lorsque la couleur est désignée par un **adjectif composé** (adjectif + adjectif, adjectif + nom), il reste **invariable**.

des   <u>vestes</u>   <u>bleu foncé</u>
     nom féminin pluriel   adjectif composé invariable

des   <u>camions</u>   <u>vert pomme</u>
     nom masculin pluriel   adjectif composé invariable

187 ▶ *Comment se forme le pluriel des adjectifs numéraux ?*

• Les adjectifs numéraux sont **invariables**, sauf, dans certains cas, **vingt** et **cent**.

• **Vingt** et **cent** se mettent au **pluriel** quand ils sont multipliés et qu'ils ne sont pas suivis d'un autre nombre.

quatre-vingt**s**, quatre-vingt-un, quatre-vingt-deux…
six cent**s**, six cent un, six cent deux, six cent trois…

résumé

Le pluriel de l'adjectif

■ En général, l'adjectif prend un **s** au pluriel et s'accorde avec le ou les noms qu'il qualifie.

■ Les adjectifs numéraux sont invariables, sauf **vingt** et **cent**.

199

Le pluriel des adjectifs de couleur

J'ai quatre cornes **citron**
et trois jolis yeux **turquoise**,
une moustache **framboise**,
un gentil visage rond.

Mon ventre est **vert véronèse**,
ma poitrine **vert wagon**,
mes cheveux sentent la fraise
et parfois le macaron.

J. Charpentreau,
Mon premier livre de devinettes,
© Petite Enfance heureuse,
Les Éditions ouvrières
et Pierre Zech, éditeur.

FORMER LE PLURIEL
DES NOMS COMPOSÉS

Pour mettre un nom composé au pluriel, il faut d'abord identifier la nature des mots qui le composent.

188 ▶ Qu'est-ce qu'un nom composé ?

Un nom composé est un nom formé de **deux** ou **trois mots**.

un oiseau-mouche   une pomme de terre

189 ▶ Quel est le pluriel d'un nom composé ?

• Le **verbe**, l'**adverbe** et la **préposition** sont **invariables** dans un nom composé. L'**adjectif s'accorde** toujours.

des **aide**-mémoire   des arcs-**en**-ciel   des basse**s**-cours

• Dans un nom composé, **en général**, le **nom s'accorde**.
• Mais si le nom composé est formé d'un verbe et d'un nom, le **nom peut ne pas s'accorder**. Cela dépend du **sens** du nom composé.

des lave-vaisselle
❙ On lave **la** vaisselle : *vaisselle* reste au singulier. ❙

des tire-bouchons
❙ On retire **des** bouchons : *bouchons* se met au pluriel. ❙

MOTS COMPOSÉS	EXEMPLES
nom + nom	un chou-fleur des choux-fleurs
adjectif + nom	une longue-vue des longues-vues
nom + préposition + nom	un gardien de but des gardiens de but
verbe + nom	un tire-bouchon des tire-bouchons un lave-vaisselle des lave-vaisselle
adverbe + nom	une avant-garde des avant-gardes

résumé

Le pluriel des noms composés

■ Dans un nom composé, seuls l'adjectif et le nom peuvent prendre la marque du pluriel.

■ Les autres éléments (verbe, adverbe, préposition) restent invariables.

Complainte du progrès

Autrefois s'il arrivait
Que l'on se querelle
L'air lugubre on s'en allait
En laissant la vaisselle
Aujourd'hui, que voulez-vous
La vie est si chère
On dit rentre chez ta mère
Et on se garde tout
Ah... Gudule... Excuse-toi...
*   ou je reprends tout ça*

Mon frigidaire
Mon armoire à cuillers
Mon évier en fer
Et mon poêl' à mazout
*Mon **cire-godasses***
*Mon **repasse-limaces***
Mon tabouret à glace
*Et mon **chasse-filou***
La tourniquette
À faire la vinaigrette
*Le **ratatine-ordures***
*Et le **coupe-friture***

Boris Vian, *Chansons*,
Éditions Gallimard.

DISTINGUER LES HOMOPHONES

Certains mots se prononcent de la même manière, mais ils ont une orthographe différente; pour bien les écrire, il faut apprendre à les reconnaître.

191 ▶ Qu'appelle-t-on des homophones?

Les **homophones** sont des mots qui se prononcent de façon **identique** mais **ne s'écrivent pas** de la même façon.

un ba**l**   une ba**lle**

Parfois, ces mots n'appartiennent pas à la même catégorie grammaticale; on les appelle alors des homophones grammaticaux.

le **lait** : nom
laid : adjectif
bien qu'il **l'ait** : pronom personnel + verbe *avoir* à la 3ᵉ personne du singulier du subjonctif présent

un **compte** : nom
il **compte** : verbe

192 ▶ *Comment distinguer* à *et* a*?**

On peut mettre les phrases à l'imparfait : **a** devient **avait**, **à** ne change pas.

– C'est toi qui **as** crié? demande Berthold **à** bout de souffle.
– Bien sûr que c'est moi! répond Lucrèce.
– Tu **as** mal? Tu t'es fait mal? Qu'est-ce qui se passe?
– Le chat!
– Quoi, le chat? Il t'**a** mordue?
– Mais non, il dort. Tu vois bien! Il est là, **à** ta place. Et parle moins fort, tu vas le réveiller.
■ Berthold et Lucrèce

❙ Si l'on met la phrase à l'imparfait, seul le verbe *avoir* change (tu as, il a).
→ *C'est toi qui <u>avais</u> crié?*
→ *demande Berthold <u>à</u> bout de souffle.*
→ *Tu <u>avais</u> mal?*
→ *Il t'<u>avait</u> mordue?*
→ *Il est là, <u>à</u> ta place.* ❙

Devant un infinitif, on écrit toujours **à**.

Tu n'as pas l'air sotte, contrairement **à** la plupart des vaches de Balanzategui qui ne pensent qu'**à** <u>manger</u> et **à** <u>dormir</u>. Elles sont **à** <u>vomir</u>.
■ Mémoires d'une vache

❙ <u>à</u>	*manger* ❙
préposition	infinitif

❙ <u>à</u>	*dormir* ❙
préposition	infinitif

❙ <u>à</u>	*vomir* ❙
préposition	infinitif

*Au Québec, la prononciation de [a] *pour à et* [a] *pour a peut suffire à distinguer ces deux mots.*

> **Se** est placé **devant un verbe**. Si l'on met la phrase à la première personne du singulier : **se** devient **me**.

Bénédict Barbelaid **se** déplaçait dans une vieille fourgonnette en ruine qu'il stationnait toujours à l'arrière du bureau de poste.

▪Alfred et la lune cassée

▎ *Bénédict Barbelaid <u>se</u> déplaçait...*
        pronom personnel

→ Bénédict Barbelaid <u>me</u> déplaçait... **▎**

> **Ce** peut se trouver **devant** un **nom masculin**. **Ce** devient **cette** devant un nom féminin.

Ce livre est infesté de sorcières! Elles se sont cachées dans l'encre et elles mettent leur désordre partout.

▪Les sorcières sont NRV

▎ *<u>Ce</u> livre est infesté de sorcières !*
adjectif démonstratif

→ <u>Cette</u> maison est infestée de sorcières ! **▎**

> **Ce** (pronom démonstratif) peut se trouver **devant** un **verbe**. Dans ce cas, on ne peut pas mettre la phrase à une autre personne.

À un moment, il y eut une dispute car le rosier rouge et l'hibiscus orange voulurent profiter de l'occasion pour déterminer lequel des deux était le plus beau. Le fromager intervint pour dire que la survie du village au bord du fleuve était plus importante qu'un concours de beauté. Enfin, les plantes se mirent d'accord. **Ce** <u>fut</u> le fromager qui transmit leur décision au roi Baobab.

▪Pourquoi les plantes ne se déplacent pas

194 ▶ *Comment distinguer* ces *et* ses ?

> On peut mettre les phrases au singulier : **ces** devient **ce** ou **cette**, **ses** devient **son** ou **sa**.

Courageux comme un timbre-poste
il allait son chemin
en tapant doucement dans **ses** mains
pour compter **ses** pas   ▪Poésies

❙ *en tapant doucement dans <u>ses</u> mains*
  adjectif possessif

➙ en tapant doucement dans <u>sa</u> main **❙**

Écoute, Abbar ! (Et écoutez vous aussi !) Tous **ces** noms de pays
qui furent sous notre loi et qui passent toujours dans nos gorges
avec la douceur sucrée du loukoum : Kairouan, Tunisie, Tripoli,
Zanzibar, Oman, Comores, Madagascar...
                              ▪Les 80 Palmiers d'Abbar Ben Badis

❙ <u>ces</u> *noms de pays*
adjectif démonstratif

➙ <u>ce</u> nom de pays **❙**

> **Ses** est un adjectif possessif ; il indique à qui appartient quelque chose.

Ce jour-là, vers midi, la faim réveilla le dragon.
Il chaussa **ses** pantoufles et s'essaya à cracher un peu de feu.
Juste pour voir s'il était en forme.   ▪Dragon l'ordinaire

❙ *Il chaussa <u>ses</u> pantoufles :* les pantoufles du dragon. **❙**

> On peut mettre les phrases à la 1ʳᵉ personne du singulier, par exemple : **s'est** devient **me suis**, **c'est** ne change pas.

Alors Maixent **s'est** levé, et il **s'est** mis à pleurer, et la maîtresse a dit à Clotaire et à Maixent de conjuguer à tous les temps de l'indicatif et du subjonctif le verbe : « Je dois être attentif en classe, au lieu de me distraire en y faisant des niaiseries, car je suis à l'école pour m'instruire, et non pas pour me dissiper ou m'amuser. »

▪Joachim a des ennuis

❙ *Alors Maixent* <u>s'</u> <u>est</u> *levé.* ➙ Alors je <u>me suis</u> levé. ❙
pronom   verbe
personnel   *être*

Moi j'étais drôlement content, parce que j'aime bien sortir avec mon Papa, et le marché, **c'est** chouette. Il y a du monde et ça crie partout, c'est comme une grande récré qui sentirait bon.

▪Joachim a des ennuis

❙ <u>*C'*</u>   <u>*est*</u>   *chouette.* ❙
pronom   verbe
démonstratif   *être*

> On peut aussi mettre les phrases à la forme négative : **s'est** devient **ne s'est pas**, **c'est** devient **ce n'est pas**.

❙ *Alors Maixent <u>s'est</u> levé, et il <u>s'est</u> mis à pleurer.*

➙ Maixent <u>ne s'est pas</u> levé, et il <u>ne s'est pas</u> mis à pleurer. ❙

❙ <u>*C'est*</u> *chouette.* ➙ <u>Ce n'est pas</u> chouette. ❙

196 ▶ Comment distinguer *c'était* et *s'était* ?

On peut mettre les phrases à la première personne du sin-gulier, par exemple : **s'était** (ou **s'étaient**) devient **m'étais**, **c'était** (ou **c'étaient**) ne change pas.

« Pour avoir peur d'un fantôme, mon petit John, attends qu'il te pince de ses doigts crochus. Cela ne m'est pas encore arrivé. Tous les fantômes que j'ai pu voir se bornaient à voleter et à bavarder, comme des papillons ou des rossignols. **C'étaient** de vrais gentlemen, tout à fait inutiles et pas méchants du tout, qui semblaient s'ennuyer dans l'autre monde comme ils **s'étaient** déjà ennuyés dans celui-ci… » ▪ Un métier de fantôme

▮ <u>C'</u>   <u>étaient</u> *de vrais gentlemen.* ▮
pronom   verbe *être*
démonstratif

▮ *Ils* <u>s'</u>   <u>étaient</u> *déjà ennuyés.* → *Je* <u>m'étais</u> *déjà ennuyé.* ▮
pronom   verbe *être*
personnel

On peut aussi mettre les phrases à la forme négative : **s'était** devient **ne s'était pas**, **c'était** devient **ce n'était pas**.

▮ *C'étaient de vrais gentlemen.*

→ <u>Ce n'étaient pas</u> *de vrais gentlemen.* ▮

▮ *Ils* <u>s'étaient</u> *déjà ennuyés.* → *Ils ne s'étaient pas déjà ennuyés.* ▮

Dans introduit un nom ou un groupe nominal.

– On ne peut pas discuter avec vous, soupira le bœuf, vous êtes des enfants.
Et il se replongea **dans** <u>un chapitre de géographie</u>, en faisant remuer sa queue pour témoigner aux petites que leur présence l'impatientait.
▪Les Contes rouges du chat perché

▌ *Et il se replongea*   <u>*dans*</u> *un chapitre de géographie.* ▌
                 préposition
          ⌊ GROUPE NOMINAL CC DE LIEU ⌋

D'en ne se trouve jamais devant un nom. **En** remplace un complément.

Où trouver une marmite assez grande pour y mettre à cuire la nourriture pour cinq mille six cent vingt-trois personnes ? Je n'avais qu'une solution : avec l'aide d'Allah, la construire ! N'essayez pas **d'en** imaginer la taille, la portée de votre regard n'y suffirait pas !
▪Les 80 Palmiers d'Abbar Ben Badis

▌ *N'essayez pas* <u>*d'en*</u> *imaginer* : n'essayez pas d'imaginer <u>la taille</u> (<u>de la marmite</u>). ▌

Attention : Pense aussi au nom féminin **dent**.

L'idée que mon père allait vraiment me traîner à proximité de ces êtres effroyables qu'étaient les hommes, et m'obliger à leur faire peur avec des Hou-hou-hou ! des Ha-ha-ha !, à grincer **des dents** et à rouler de gros yeux, cette idée me plongeait dans une telle panique que j'étais bel et bien près de crever de peur.
▪Les temps sont durs pour les fantômes !

198 ▸ *Comment distinguer et et est ?**

On peut mettre les phrases à l'imparfait : **est** devient **était**,
et ne change pas.

Le chien du boulanger
Est maigre comme un clou,
Mais celui du boucher
Est gras **et** rond comme une pomme de terre.

■ À dos d'oiseau

I *Le chien du boulanger <u>était</u> maigre comme un clou, mais celui*
                           verbe *être*

du boucher <u>était</u>   gras   <u>et</u>   rond comme une pomme de terre. **I**
     verbe *être*   conjonction
                    de coordination

199 ▸ *Comment distinguer la, l'a et là ?*

La se trouve **devant un nom** féminin singulier. Si l'on met
le nom au masculin ou au pluriel, **la** devient **le** ou **les**.

Quand **la** poussière s'est envolée, j'ai vu le Deuxième Petit
Cochon – mort comme une bûche. Parole de Loup.
Mais tout le monde sait que la nourriture s'abîme si on **la**
laisse traîner dehors. Alors j'ai fait mon devoir. J'ai redîné.

■ La Vérité sur l'affaire des trois petits cochons

I *<u>La</u> poussière s'est envolée.*
article défini

→ <u>Le</u> petit cochon s'est envolé.

→ <u>Les</u> poussières se sont envolées. **I**

---

*Au Québec, la prononciation de [e] pour et et [ɛ] pour est peut suffire à
distinguer ces deux mots.

❚ *La nourriture s'abîme si on* <u>*la*</u>   <u>*laisse*</u> *traîner dehors :*
                     pronom personnel   verbe

si on laisse <u>la nourriture</u> traîner dehors. ❚

Et au beau milieu du tas de paille, j'ai vu le Premier Petit Cochon – mort comme une bûche. Il était **là** depuis le début. Ç'aurait été trop bête de laisser une belle assiette de charcuterie comme ça sur la paille. Alors j'ai tout mangé.

La Vérité sur l'affaire des trois petits cochons

❚ *il était* <u>*là*</u> *depuis le début :* il était <u>sur la paille</u>. ❚
   adverbe   CC de lieu

– Eudes ! a crié Eudes, et M. Pierrot a enlevé les choses qu'il avait sur les oreilles.
– Pas si fort, a dit M. Kiki. C'est pour ça qu'on a inventé **la** radio ; pour se faire entendre très loin sans crier. Allez, on recommence… Comment t'appelles-tu, mon petit ?
– Ben, Eudes, je vous l'ai déjà dit, a dit Eudes.
– Mais non, a dit M. Kiki. Il ne faut pas me dire que tu me **l'as** déjà dit. Je te demande ton nom, tu me le dis, et c'est tout.

Le Petit Nicolas et les Copains

I *Il ne faut pas me dire que tu me* **l'** **as** *déjà dit.*

pronom   verbe
personnel   *avoir*

→ Il ne fallait pas me dire que tu me l'<u>avais</u> déjà dit. **I**

200 ▶ *Comment distinguer leur et leurs ?*

> **Leur** reste invariable quand il se trouve **devant un verbe**. **Leur**
> s'accorde en nombre **(leurs)** s'il se trouve **devant un nom** pluriel.

Après que le soleil se soit couché, un frugal repas **leur** <u>fut</u> servi
dans **leur** <u>cabine</u>. Mais Pierre, qui n'avait pas très faim, ne tou-
cha pas au bouillon, au riz et aux quelques biscuits que le
marin avait déposés sur la table, et c'est Lygaya, mis en appétit par l'air du large, qui termina son repas.

Lygaya à Québec

I *leur cabine* → leurs cabines (au pluriel) **I**

adjectif possessif

Si l'on peut remplacer **leur** par **lui, leur** reste invariable.

▌*Après que le soleil se soit couché, un frugal repas <u>leur</u> fut servi.*

pronom personnel

→ Après que le soleil se soit couché, un frugal repas <u>lui</u> fut servi. ▌

201 ▶ *Comment distinguer* même *adverbe et* même(s) *adjectif?*

Même est invariable s'il signifie: *aussi, de plus, encore*

Je fume souvent la pipe
m'a dit le printemps
et je gonfle de jolis nuages
parfois **même** je réussis
un arc-en-ciel
ce qui n'est pas si facile

▪Poèmes et poésies

▌*parfois <u>même</u> je réussis un arc-en-ciel* = parfois <u>aussi</u> ▌

adverbe

Même s'accorde en nombre avec le nom qu'il détermine si l'on ne peut pas le changer de place.

Cet autobus avait un certain goût. Curieux mais incontestable. Tous les autobus n'ont pas le **même** goût. Ça se dit, mais c'est vrai. Suffit d'en faire l'expérience. Celui-là – un S – pour ne rien cacher – avait une petite saveur de cacahouète grillée je ne vous dis que ça.

▪Exercices de style

▌On ne peut pas changer l'adjectif *même* de place → les <u>mêmes</u> goûts. ▌

202 ▶ *Comment distinguer* **ni** *et* **n'y** ?

> Si l'on met la phrase à la forme affirmative, **ni** (conjonction de coordination) devient **et**, **n'y** (ne + y) devient **y**.

Une limace, c'est mou. C'est flasque. C'est gélatineux. Ça n'a **ni** queue **ni** tête. **Ni** tête **ni** queue. Ça finit comme ça commence et ça ne commence pas très bien! ▎Un vilain petit loup

▎Ça n'a <u>ni</u> queue <u>ni</u> tête. → Ça a une queue <u>et</u> une tête. ▎

– Mon dieu que vous êtes susceptible pour un chevalier qui sauve douze princesses par mois, pousse Diana. Il n'y a pas là de quoi fouetter un chat.

▎Le Chevalier de Chambly

▎Il   n'   y a pas là de quoi fouetter un chat.
négation   pronom personnel

→ Il y a là de quoi fouetter un chat. ▎

203 ▶ *Comment distinguer* **notre** *et* **(le) nôtre** ?

> Au pluriel, **notre** devient **nos** et **nôtre** devient **nôtres**. De plus, **nôtre** n'apparaît jamais sans **le** ou **la** (ou **du, des**).

– Je crains que le fantôme n'existe bel et bien, dit Lord Canterville en souriant, et qu'il puisse résister aux propositions de vos imprésarios, si entreprenants soient-ils. Il est bien connu depuis 1584, et il fait toujours son apparition avant la mort d'un membre de **notre** famille.

215

— Ma foi, il en est de même du médecin de famille, tout bien considéré, Lord Canterville.

I *un membre de <u>notre</u> famille* → un membre de <u>nos</u> familles **I**
adjectif possessif

Elle habitait l'appartement à côté **du nôtre**; c'était notre voisine.

I *Elle habitait l'appartement à côté <u>du nôtre</u>.*
pronom possessif

→ Elle habitait les appartements à côté <u>des nôtres</u> (du = de + le; au pluriel = des). **I**

204 ▶ *Comment distinguer* on *et* ont ?

On peut mettre les phrases à l'imparfait: **ont** devient **avaient**, **on** ne change pas.

— Moi aussi, j'ai été littéralement estomaquée, fait remarquer Grissol. Je n'en revenais tout simplement pas de voir que ce vieillard de chien avait eu une vie aussi trépidante, aussi emballante et excitante. Une vie exceptionnelle, quoi!
— **On** oublie souvent, dit Balthazar, que les vieux **ont** déjà **été** jeunes.

I <u>*On*</u> *oublie souvent*: <u>on</u> ne change pas. **I**
pronom personnel

I *que les vieux <u>ont</u> été jeunes*
auxiliaire *avoir*
→ que les vieux <u>avaient</u> été jeunes **I**

216

205 ▶ *Comment distinguer* ou *et* où *?*

On peut remplacer **ou** par **ou bien**.

Je n'ai pas l'habitude d'écrire. Je ne sais pas. J'aimerais bien écrire une tragédie **ou** un sonnet **ou** une ode, mais il y a les règles. Ça me gêne.
▪Exercices de style

▎*une tragédie* <u>*ou*</u> *un sonnet* = une tragédie <u>ou bien</u> un sonnet ▎
    conjonction de coordination

Où permet de poser une question, ou de ne pas répéter un mot. Il indique le lieu. On ne peut pas le remplacer par *ou bien*.

Ah! dites, dites
Où sont passés les troglodytes?
▪Innocentines

▎<u>*Où*</u> *sont passés les troglodytes?*: on pose une question sur le lieu. ▎
    pronom interrogatif

Quand une souris
Vit **où** loge un chat,

Ce n'est pas pour elle
La vie de château,

Et bien rare est celle
Qui fait de vieux os.
▪«Matou mystère» *dans* Chats qui riment et rimes à chats

▎ *Quand une souris vit* <u>*où*</u> *loge un chat:* où remplace le logement
                pronom relatif
du chat. ▎

▶ **Comment distinguer** *peu, peux, peut* **?**

> On peut mettre les phrases à l'imparfait : **peux** devient
> **pouvais**, **peut** devient **pouvait**, **peu** ne change pas.

«Moi, ce que j'aimerais, c'est m'acheter un avion, un vrai.
– Tu ne **peux** pas, m'a dit Joachim, un vrai avion, ça coûte au
moins mille francs.
– Mille francs ? a dit Geoffroy, tu rigoles ! Mon papa a dit que
ça coûtait au moins trente mille francs, et un petit, encore.

▪Joachim a des ennuis

▌ *Tu ne peux pas.* → Tu ne pouvais pas. ▌
   verbe *pouvoir*

– N'ayez pas peur ! C'est une fausse grenade ! Venez voir ce qu'il y
avait à l'intérieur !
Assises par terre l'une contre l'autre, nous regardons la petite clé.
Nous n'osons pas y toucher. Madame Lumbago croit toujours que
la grenade peut exploser à tout moment.

▪La Clé de l'énigme

▌ *Madame Lumbago croit toujours que la grenade peut exploser.*
                                                verbe *pouvoir*

→ Madame Lumbago croit toujours que la grenade pouvait exploser. ▌

Alors j'ai marché jusque chez le voisin d'à côté. Ce voisin,
c'était le frère du Premier Petit Cochon. Il était **un peu** plus
malin, mais pas beaucoup. Il avait construit sa maison en
branches. ▪La Vérité sur l'affaire des trois petits cochons

▌ *Il était un peu plus malin.* ≠ Il n'était pas beaucoup plus malin. ▌
                  adverbe

▶ **Comment distinguer** *plutôt* **et** *plus tôt* **?**

> **Plus tôt** est le contraire de **plus tard**. **Plutôt** a le sens de
> **assez**, **de préférence**…

— Après tout, maintenant que le contrat est signé, je peux bien vous le dire… la maison est hantée!
— Hantée? Hantée par qui?
— Par la sorcière du placard aux balais!
— Vous ne pouviez pas le dire **plus tôt**?

La Sorcière de la rue Mouffetard

❘ Vous ne pouviez pas le dire <u>plus tard</u>? ❘

«Dire que je lançais parfois des pierres à Pirate! songe Mathieu. La prochaine fois que je le verrai, je lui lancerai **plutôt** des fleurs et je lui ferai une belle caresse. Quel chien, ce Pirate! […]»

La Nuit blanche de Mathieu

❘ Je lui lancerai <u>de préférence</u> des fleurs. ❘

208 ▶ Comment distinguer *près* et *prêt*?

> **Près** est une préposition qui introduit le lieu et demeure **invariable**. **Prêt** est un adjectif qui **s'accorde** en genre et en nombre avec le nom qu'il qualifie.

La sorcière Alice fait irruption **près** du dragon qui ronfle.
— Je ne vous dis pas bravo pour cette première réussite. Je ne suis pas ici pour vous féliciter, mais bien pour vous mettre des bâtons dans les roues et vous annoncer la deuxième épreuve. Et elle n'est pas piquée des vers, celle-là. C'est moi qui vous le dis.

Le Chevalier de Chambly

❘ **Où** est la sorcière Alice? *près du dragon qui ronfle* ❘

La loutre a levé sa jolie petite tête. Elle a parlé d'une voix douce:
— Maître des eaux! Par respect pour toi, je suis **prête** à te donner jusqu'au dernier poil de mes moustaches.

Cet endroit-là dans la taïga

▶ **Comment distinguer** *quand, quant* **et** *qu'en* **?**

> **Quand** peut être remplacé par **lorsque**. **Quant (à)** peut être remplacé par **en ce qui concerne...**

– **Quant** à vous autres, et bien que la pluie ait cessé, vous ne descendrez pas dans la cour de récréation aujourd'hui. Ça vous apprendra un peu le respect de la discipline; vous resterez en classe sous la surveillance de votre maîtresse!
Et **quand** le directeur est parti, **quand** on s'est rassis, avec Geoffroy et Maixent, à notre banc, on s'est dit que la maîtresse était vraiment chouette, et qu'elle nous aimait bien, nous qui, pourtant, la faisons quelquefois enrager. C'était elle qui avait l'air la plus embêtée de nous tous **quand** elle a su qu'on n'aurait pas le droit de descendre dans la cour aujourd'hui!

Le Petit Nicolas et les Copains

❙ *quant à vous autres* = <u>En ce qui vous concerne</u>, vous autres ❙

❙ *et <u>quand</u> le directeur est parti, <u>quand</u> on s'est rassis*
= et <u>lorsque</u> le directeur est parti, <u>lorsqu'on</u> s'est rassis ❙

❙ *<u>quand</u> elle a su* = <u>lorsqu'elle</u> a su ❙

> **Qu'en** se compose de la conjonction **que** et du pronom **en**. **En** remplace un complément introduit par **de**.

Hébétés et silencieux, nous sommes perdus dans nos pensées. J'imagine que chacun essaie de répondre aux mêmes questions. La lassitude se lit dans nos yeux sombres et nos visages tirés. L'eau frémit dans la casserole.
– O.K.! dis-je tout à coup. Assez ruminé! Je vous offre le thé! **Qu'en** dites-vous?

La Ligne de trappe

❙ *Qu'<u>en</u> dites-vous?* = Que dites-vous <u>de ma proposition</u>? ❙
pronom personnel

210 ▶ *Comment distinguer quel, quelle et qu'elle ?*

Pour distinguer **quelle(s)** et **qu'elle(s)**, on peut mettre la phrase au masculin : **qu'elle(s)** devient **qu'il(s)**.

[...] Et d'abord, à quoi bon rester ici à faire des problèmes quand il fait si beau dehors ? Les pauvres petites seraient bien mieux à jouer.
– C'est ça. Et plus tard, quand elles auront vingt ans, **qu'elles** seront mariées, elles seront si bêtes que leurs maris se moqueront d'elles.
– Elles apprendront à leurs maris à jouer à la balle et à saute-mouton. N'est-ce pas, petites ?   Les Contes rouges du chat perché

❙ *Et plus tard, quand elles auront vingt ans,*
qu'   elles seront mariées, elles seront si bêtes...
conjonction   pronom
de subordination   personnel

→ Et plus tard, quand ils auront vingt ans, <u>qu'ils</u> seront mariés, ils seront si bêtes... ❙

Quel bonheur, **quelle** joie donc d'être un escargot.
                                                Le Parti pris des choses

❙ *Quel, quelle sont des adjectifs exclamatifs.* ❙

TOPAZE. – Élève Séguédille, voulez-vous me dire **quel** est l'état d'esprit de l'honnête homme après une journée de travail ?
ÉLÈVE SÉGUÉDILLE. – Il est fatigué.
                                                Topaze

❙ *Quel est un adjectif interrogatif.* ❙

221

Sans est le contraire de **avec**.

Chat qui vit en ville
Est un chat pacha.

Il vit **sans** idylle
Et **sans** odorat.

Beaucoup de sourires,
Jamais de souris

«Chat de ville» *dans* Chats qui riment et rimes à chats

❙ *sans* <u>idylle</u>, *sans* <u>odorat</u> ≠ avec idylle; avec odorat ❙
préposition nom   préposition nom

Attention: Souviens-toi de cette règle simple: après **à**, **de**, **par**, **pour**, **sans**, le verbe est toujours à l'**infinitif**.

placer ensuite la toile contre un arbre
dans un jardin
dans un bois
ou dans une forêt
se cacher derrière l'arbre
sans rien dire
sans bouger…

Paroles

❙ <u>sans</u> rien <u>dire</u> ❙

préposition   infinitif

❙ <u>sans</u> <u>bouger</u> ❙

préposition infinitif

(Je) **sens**, (il) **sent** sont des formes conjuguées du verbe **sentir**.

– Je dis que je **sens** ici une odeur de cerf!
Feignant d'être réveillé en sursaut, le chat se dressa sur ses
pattes, regarda le chien d'un air étonné et lui dit:
– Qu'est-ce que vous faites ici? En voilà des façons de venir
renifler à la porte des gens!
Les Contes bleus du chat perché

Le pauvre radiateur
raide comme une grille
se **sent** triste et rêveur.
Enfantasques

> **S'en** (se + en) s'écrit en deux mots. Il ne se trouve jamais
> devant un nom. **En** remplace un complément introduit par
> **de**.   ▷ *paragraphe 80*

Certainement c'est parfois une gêne d'emporter partout avec
soi cette coquille mais [les escargots] ne **s'en** plaignent pas et
finalement ils en sont bien contents. Il est précieux, où que l'on
se trouve, de pouvoir rentrer chez soi et défier les importuns.
Le Parti pris des choses

❙ *Les escargots ne s'en plaignent pas:* ils ne se plaignent pas
d'emporter cette coquille avec soi. ❙

Ⓐ**ttention:** Pense aussi au nom **sang** et au numéral **cent**.

Les serpents sont des créatures à **sang** froid. Or le froid est une
rareté sans prix dans les pays chauds.
Je ne m'y déplace jamais sans ma couleuvre-garde-manger-
réfrigérateur.
Réponses bêtes à des questions idiotes

L'autruche Paméla naquit au Sénégal
Son père était célèbre à **cent** lieues à la ronde
Et sa mère, dit-on, la plus belle du monde.
Paméla possédait un charme sans égal.
Cent sonnets

212 ▸ *Comment distinguer son et sont* ?

On peut mettre les phrases à l'imparfait ; **sont** devient **étaient**, **son** ne change pas.

Gaspard était d'origine écossaise par son père, un célèbre chat de la race des Anglais bleus, qui **sont** gris comme leur nom ne l'indique pas et qu'on appelle en France des Chats des Chartreux.

▪ Le chat qui parlait malgré lui

❙ *qui son gris* → qui étaient gris ❙
  verbe *être*

– Je pense que le chat peut attendre encore une nuit avant d'avoir un nom, n'est-ce pas, Berthold ?
– Je pense que oui.
Berthold pose le dictionnaire à côté de **son** lit, embrasse Lucrèce et éteint la lumière. Lucrèce va se mettre à ronfler, il le sait, mais depuis le temps, il s'y est habitué.

▪ Berthold et Lucrèce

❙   *son*   *lit* ❙
adjectif possessif   nom

🅐**ttention :** Pense aussi au nom **son** qui peut désigner un bruit ou l'enveloppe des grains des céréales.

213 ▸ *Comment distinguer si et s'y* ?

Si signifie : **oui, à condition que, au cas où, tellement**.

– Tes fleurs sont allées cette nuit au bal, et voilà pourquoi leurs têtes sont ainsi penchées.

224

– Cependant les fleurs ne savent pas danser, dit la petite Ida.
– Si, répondit l'étudiant. Lorsqu'il fait noir et que nous dormons, nous, elles dansent et s'en donnent à cœur joie, presque toutes les nuits.

Cinq contes

❙ _si_ = oui ❙
adverbe

– Si jamais tu te transformes en cochon, mon chéri, déclara Alice d'un ton sérieux, je ne m'occuperai plus de toi. Fais attention à mes paroles! [...]
Alice commençait à se dire: «Que vais-je faire de cette créature quand je l'aurai emmenée à la maison?» lorsque le bébé poussa un nouveau grognement, si fort, cette fois, qu'elle regarda son visage non sans inquiétude. Il n'y avait pas moyen de s'y tromper: c'était bel et bien un cochon, et elle sentit qu'il serait parfaitement absurde de le porter plus loin.

Alice au pays des merveilles

❙ _Si jamais tu te transformes en cochon..._
conjonction de subordination

= _au cas où_ tu te transformerais en cochon ❙

❙ _si_   _fort_ = _tellement_ fort ❙
adverbe

> **S'y** (= se + y) s'écrit en deux mots. On peut mettre la phrase à la première personne du singulier, par exemple: **s'y** devient **m'y**, **si** ne change pas.

❙ _Il n'y avait pas moyen de s'y tromper._
→ Il n'y avait pas moyen de _m'y_ tromper.

❙ _Le bébé poussa un nouveau grognement, si fort._
→ Je poussai un nouveau grognement, _si_ fort. ❙

225

Au pluriel, **votre** devient **vos**; **vôtre** devient **vôtres**. De plus, **vôtre** n'apparaît jamais sans **le** ou **la** (ou **du**, **des**).

La sorcière Alice est toute souriante. Les épreuves qu'elle a mijotées sortent de l'ordinaire. D'un geste large, avec sa cape... noire, elle fait apparaître dans les bras du bouffon un magnifique poupon. Tout rose, tout dodu. Beau comme un ange.
— C'est **votre** enfant? questionne le chevalier.
— Vous voulez rire. Je déteste les enfants. Je les mettrais en conserve ou dans le placard des vilains cauchemars durant trois mois.

Le Chevalier de Chambly

I *C'est <u>votre</u> enfant?* ➞ *Ce sont <u>vos</u> enfants?* **I**
adjectif possessif

Tout le monde le sait, un visage sans barbe, comme le **vôtre** ou le mien, se salit si on ne le lave pas régulièrement.

Les Deux Gredins

I *un visage sans barbe, comme <u>le vôtre</u>* ➞ *comme <u>les vôtres</u>* **I**
pronom possessif

226

ORTHOGRAPHE
D'USAGE

On appelle orthographe d'usage l'orthographe des mots telle qu'elle est proposée par le dictionnaire, sans considérer les modifications entraînées par les accords.

ÉCRIRE a

LES GRAPHIES DES SONS [a] ET [ɑ]

215 ▶ **Les sons** [a] **et** [ɑ] **s'écrivent** a   **a**bri   b**a**r   bo**a**

On trouve **a** en toute position dans le mot.

DÉBUT: **a**bri, **a**ccès, **a**cteur, **a**ffaire.

INTÉRIEUR: b**a**r, cauchem**a**r, g**a**re, guit**a**re.

FIN: atoc**a**, bo**a**, camér**a**, ciném**a**, opér**a**, panoram**a**, tombol**a**, vérand**a**.

> **A**ttention: On peut aussi trouver **ha** au début ou à l'intérieur d'un mot.
>
> **ha**bile   **ha**bitant   **ha**bitude   **ha**meçon   **ha**sard   in**ha**bité   in**ha**ler

216 ▶ **Le son** [ɑ] **s'écrit** â   **â**ge   ch**â**teau

On ne trouve **â** qu'au début et à l'intérieur des mots.

DÉBUT: **â**ge, **â**me, **â**ne.

INTÉRIEUR: b**â**timent, b**â**ton, c**â**ble, ch**â**teau, cr**â**ne, gr**â**ce, h**â**te, inf**â**me, théâtre.

> **A**ttention: Certains mots commencent par **hâ**.
>
> **hâ**lé   **hâ**te

217 ▶ **Le son** [ɑ] **s'écrit** à **voil**à ; **le son** [a] **s'écrit** à **dans le mot** à

On ne trouve **à** qu'à la fin des mots.

FIN: au-delà, celle-là, celui-là, ceux-là, déjà, là, voilà.

218 ▶ **Le son** [a] **s'écrit e(mm) femme prudemment**

On trouve **-emm** dans le mot **femme** et dans les adverbes terminés par **-emment** et formés à partir d'adjectifs en **-ent**.

ADJECTIFS (-ent)	ADVERBES (-emment)
ard**ent**	ard**emm**ent
consci**ent**	consci**emm**ent
différ**ent**	différ**emm**ent
imprud**ent**	imprud**emm**ent
prud**ent**	prud**emm**ent
réc**ent**	réc**emm**ent
viol**ent**	viol**emm**ent

Attention aux adverbes formés sur les adjectifs en **-ant**.

ADJECTIFS (-ant)	ADVERBES (-amment)
abond**ant**	abond**amm**ent
brill**ant**	brill**amm**ent

219 ▶ **Le son** [a] **s'écrit as, at lilas climat**

Le son **[a]** peut s'écrire **a + une consonne** que l'on n'entend pas (une consonne **muette**) : **s** ou **t** ; **as** et **at** n'apparaissent qu'à la fin des mots.

FIN (as) : br**as**, c**as**, frac**as**, lil**as**, matel**as**, rep**as**.
FIN (at) : candid**at**, ch**at**, clim**at**, pl**at**, résult**at**, syndic**at**.

220 ▶

Tableau des graphies des sons [a] et [ɑ]			
	DÉBUT	INTÉRIEUR	FIN
a	atelier	guitare	opéra
ha	habitant	inhaler	
â	âge	château	
hâ	hâle		
à			déjà
as			lilas
at			chat

À la découverte des mots

221 ▶ **Le vocabulaire de la médecine**

Dans les mots composés du suffixe **-iatre**, qui signifie *médecin* en grec, le son [a] s'écrit **a**, sans accent.

péd**iatre**, psych**iatre**

222 ▶ **Apprendre les homophones**

Certains mots (les homophones) se prononcent de la même façon, mais s'écrivent différemment. L'accent circonflexe peut permettre de les distinguer.

une t**a**che (d'encre) – une t**â**che (un travail à faire)

ÉCRIRE è

LES GRAPHIES DU SON [ɛ]

223▶ Le son [ɛ] s'écrit è   crème

On ne trouve **è** qu'à l'intérieur des mots.
INTÉRIEUR : alg**è**bre, ch**è**que, client**è**le, cr**è**me, esp**è**ce, fid**è**le,
mod**è**le, pi**è**ce, po**è**me, si**è**ge, syst**è**me, ti**è**de.

224▶ Le son [ɛ] s'écrit ès   succès

À la fin des mots, **è** peut être suivi d'une consonne qui ne
se prononce pas, une consonne muette.
FIN : abc**ès**, acc**ès**, déc**ès**, exc**ès**, proc**ès**, succ**ès**.

225▶ Le son [ɛ] s'écrit ê   chêne

On ne trouve **ê** qu'à l'intérieur des mots.
INTÉRIEUR : anc**ê**tre, b**ê**te, ch**ê**ne, fen**ê**tre, f**ê**te, r**ê**ve.

Exception : Le verbe **être** commence par **ê**.

Attention : Le nom **hêtre** commence par **hê**.

226▶ Le son [ɛ] s'écrit et, êt, es   sujet   arrêt   mes

On ne trouve **et, êt, es** qu'à la fin des mots.
FIN (et) : alphab**et**, compl**et**, eff**et**, suj**et**, vol**et**.
FIN (êt) : arr**êt**, intér**êt**.
FIN (es) : c**es**, d**es**, l**es**, m**es**, s**es**, t**es**.

231

227 ▶ Le son [ε] s'écrit ei   neige

On trouve **ei** à l'intérieur des mots.
INTÉRIEUR : bal**ei**ne, n**ei**ge, p**ei**gne, r**ei**ne, tr**ei**ze.

228 ▶ Le son [ε] s'écrit ai   aigle   fontaine   balai

On trouve **ai** en toute position dans le mot.
DÉBUT : **ai**de, **ai**gle, **ai**guille, **ai**le.
INTÉRIEUR : font**ai**ne, fr**ai**se, vingt**ai**ne.
FIN : bal**ai**, dél**ai**, ge**ai**.

Ⓐ**ttention :** Le nom **haine** commence par h**ai**.

229 ▶ Le son [ε] s'écrit aî   chaîne

On ne trouve **aî** qu'à l'intérieur des mots.
INTÉRIEUR : ch**aî**ne, m**aî**tre, tr**aî**ne, tr**aî**tre.

Exception : Le nom **aî**né commence par **aî**.

230 ▶ Le son [ε] s'écrit aie, ais, ait, aix   lait   paix

À la fin des mots, le son [ε] peut s'écrire **ai + une voyelle**
ou **une consonne** que l'on n'entend pas : **e, s, t, x.**
FIN : b**aie**, r**aie**, irland**ais**, l**ait**, p**aix**.

Ⓐ**ttention :** Les noms **haie** et **haine** commencent par h.

232

231 ▶ **Le son [ɛ] s'écrit e(ll, nn, ss, tt)e   vaisselle**

Le son [ɛ] peut s'écrire **e + une consonne qui se répète** (une consonne double: ll, nn...), à la fin des mots.
FIN (elle): chap**elle**, dent**elle**, vaiss**elle**.
FIN (enne): anci**enne**, ant**enne**, ontari**enne**.
FIN (esse): faibl**esse**, princ**esse**, séch**er**esse**.
FIN (ette): bagu**ette**, raqu**ette**, squel**ette**.

Exception: Le nom **enne**mi commence par **enn**.

232 ▶ **Le son [ɛ] s'écrit e(s), e(x)   escargot   texte**

On trouve **es**, **ex** au début et à l'intérieur des mots.
DÉBUT (es): **es**cabeau, **es**calier, **es**cargot, **es**clave, **es**crime, **es**pace, **es**t.
INTÉRIEUR (es): ou**es**t, p**es**te, si**es**te.
DÉBUT (ex): **ex**amen, **ex**cellent, **ex**emple, **ex**ercice.
INTÉRIEUR (ex): l**ex**ique, t**ex**te.

233 ▶ **Le son [ɛ] s'écrit e + consonne   ciel   mer**

On écrit **e** devant la plupart des consonnes (**c, f, l, m, n, p, r, t, z**), toujours à l'intérieur des mots.
INTÉRIEUR: s**ec**, ch**ef**, ci**el**, tot**em**, abdom**en**, c**ep**, s**ept**, conc**ert**, m**er**veilleux, n**et**, Su**ez**.

Attention: Certains mots commencent par **hec**, **her**.
hectare   **hec**tolitre   **her**be

	DÉBUT	INTÉRIEUR	FIN
Tableau des graphies du son [ɛ]			
è		crème	
ès			succès
ê	être	chêne	
hê	hêtre		
ai	aigle	fraise	balai
hai	haine		
ei		baleine	
et			filet
êt			forêt
es			ces
aî	aîné	chaîne	
aie			baie
ais			irlandais
ait			lait
aix			paix
elle			vaisselle
enne	ennemi		antenne
henn	hennir		
esse			princesse
ette			baguette
es	escargot	peste	
ex	exercice	texte	
ec			sec
hec	hectare		
her	herbe	désherber	

À la découverte des mots

235 ▶ **Comment trouver la lettre muette
à la fin des mots ?**

Pour savoir quelle est la lettre muette finale d'un mot, tu
peux t'aider des mots de la même famille.

laitier → lai**t**   irlandai**se** → irlandai**s**

236 ▶ **Les noms de nationalité**

Souvent, les noms ou adjectifs de nationalité se terminent
par **-ais**.

un Sénégal**ais** → une Sénégal**aise**   angl**ais** → angl**aise**

237 ▶ **Construire le féminin des mots**

-enne est très utilisé pour obtenir le féminin des noms et
des adjectifs en **-ien**.

pharmac**ien** → pharmac**ienne**   anc**ien** → anc**ienne**

238 ▶ **L'accent sur le** e

Devant une double consonne, **e** ne prend pas d'accent.

il g**è**le, *mais* j'app**e**lle

239 ▶ **La terminaison des verbes**

Le son [ɛ] s'écrit **-aie**, **-ais**, **-ait**, **-aient** dans les terminaisons des verbes.

je part**ais**, que j'**aie** soif, il chanter**ait**, ils ri**aient**

ÉCRIRE é

LES GRAPHIES DU SON [e]

240 ▶ **Le son [e] s'écrit é** pré

On trouve **é** en toute position dans le mot.

DÉBUT : **é**clat, **é**lectrique, **é**quipe.
INTÉRIEUR : c**é**lèbre, g**é**n**é**ral, t**é**l**é**vision.
FIN (dans des noms masculins et féminins) : côt**é**, pr**é**, th**é**, beaut**é**, gaiet**é**.

**ttention :** De nombreux mots commencent par **hé**.

héberger	**hé**licoptère	**hé**riter
hélas	**hé**misphère	**hé**ros
hélice	**hé**risson	**hé**siter

241 ▶ **Le son [e] s'écrit ée** fée

On trouve **ée** en fin de mot.

FIN : bouch**ée**, bou**ée**, chauss**ée**, dur**ée**, ép**ée**, f**ée**, fus**ée**, id**ée**, mar**ée**, mus**ée**, pât**ée**, plong**ée**, travers**ée**.

242 ▶ **Le son [e] s'écrit er** jou**er** étrang**er** boulang**er**

À la fin des mots, le son [e] s'écrit très souvent **-er** dans les verbes à l'infinitif, les adjectifs et les noms masculins.

FIN : all**er**, boulang**er**, chant**er**, derni**er**, escali**er**, premi**er**.

243 ▶ **Le son** [e] **s'écrit** e(ff), e(ss) **eff**rayer **ess**ai*

Le son [e] s'écrit **e devant** une **consonne double**, au début des mots.
DÉBUT (eff-) : **eff**et, **eff**icace, **eff**ort.
DÉBUT (ess-) : **ess**ai, **ess**aim, **ess**ence.

244 ▶ **Le son** [e] **s'écrit** ed, ez pi**ed** n**ez**

On trouve **ed, ez** à la fin des mots.
FIN (-ed) : pi**ed**.
FIN (-ez) : ass**ez**, ch**ez**, n**ez**.

245 ▶

Tableau des graphies du son [e]			
	DÉBUT	INTÉRIEUR	FIN
é	**é**quipe	tél**é**vision	beaut**é**
hé	**h**élicoptère		
ée			fus**ée**, mus**ée**
er			prem**ier**
ez			ass**ez**
ed			pi**ed**
e(ff)	**eff**ort		
e(ss)	**ess**ai		

---

* Au Québec, on entend souvent ces mots avec le son [ɛ].

À la découverte des mots

246 ▸ **Les noms féminins en** -é **et en** -ée

■ La plupart des noms féminins en [e] s'écrivent **-ée**.
■ Mais, dans les noms féminins qui se terminent par **-té**, le son [e] s'écrit **-é**.   ▷ *paragraphe 415*

la beau**té**   la bon**té**   la gaie**té**   la socié**té**

247 ▸ **Les noms masculins en** -ée

Quelques noms masculins aussi se terminent par **-ée**.
                                              ▷ *paragraphe 409*

un mus**ée**   un scarab**ée**

248 ▸ **Les mots en** -er

De nombreux mots en [e] se terminent par **-er**. Ce sont :
– des noms de métiers ;
bouch**er**   cordonni**er**   plombi**er**   polici**er**
– tous les infinitifs du premier groupe, et le verbe **aller** ;
amus**er**   baiss**er**   décid**er**   lev**er**   travaill**er**
– des adjectifs numéraux ;
premi**er**   derni**er**
– des adjectifs exprimant une qualité ou un défaut ;
lég**er**   grossi**er**

Attention : Le féminin de ces noms et de ces adjectifs se termine en **-ère**.
bouch**ère**   grossi**ère**   premi**ère**

ÉCRIRE i

LES GRAPHIES DU SON [i]

249▶ Le son [i] **s'écrit** i   id**é**e   cant**i**ne   fourm**i**

Le son [i] peut s'écrire i en toute position dans le mot.
DÉBUT : **i**ci, **i**dée, **i**tinéraire.
INTÉRIEUR : alp**i**niste, cant**i**ne, c**i**me, hum**i**de.
FIN : abr**i**, ains**i**, apprent**i**, appu**i**, ép**i**, fourm**i**, parm**i**, tr**i**.

Attention : On écrit aussi souvent **hi**.
hibou   **hi**rondelle   enva**hi**r   tra**hi**r

250▶ Le son [i] **s'écrit** î   î**le**   d**î**ner

On trouve î dans quelques noms.
ab**î**me   d**î**ner   g**î**te   hu**î**tre   **î**le   presqu'**î**le

251▶ Le son [i] **s'écrit** y   st**y**le

On trouve **y** en toute position.
DÉBUT : **y**, **Y**ves.
INTÉRIEUR : abba**y**e, bic**y**clette, catacl**y**sme, mart**y**r, pa**y**s,
pol**y**gone, st**y**le, s**y**non**y**me.
FIN : rugb**y**.

Attention : Certains mots commencent par **hy**.
hydravion   **hy**giène   **hy**perlien

252 ▶ Le son [i] s'écrit ï   naïf   égoïste

On trouve **ï** après **a, o, u** et **ou**, à l'intérieur ou à la fin des mots.
INTÉRIEUR : ambigu**ï**té, héro**ï**que, ma**ï**s, na**ï**f, ou**ï**e.
FIN : inou**ï**.

253 ▶ Le son [i] s'écrit ie, id, is, it, ix   pie   nid

Le son [i] peut s'écrire **i + e muet** (qui ne s'entend pas) à la fin ou à l'intérieur de certains mots. Il peut s'écrire aussi **i + consonne muette : d, s, t, x**... à la fin des mots.
INTÉRIEUR : remerc**ie**ment.
FIN : n**id**, nu**it**, p**ie**, pr**ix**, pu**is**, pu**its**, tap**is**.

254 ▶

	DÉBUT	INTÉRIEUR	FIN
	Tableau des graphies du son [i]		
i	**i**dée	can**ti**ne	parm**i**
hi	**hi**rondelle	tra**hi**r	envah**i**
î	**î**le	d**î**ner	
ï		ma**ï**s	inou**ï**
y	**Y**ves	c**y**cle	rugb**y**
hy	**hy**giène		
i(d, s, t, x)			n**id**
i(e muet)		remerc**ie**ment	v**ie**

À la découverte des mots

255 ▶ **Comment trouver la lettre muette à l'intérieur ou à la fin des mots?**

Pour ne pas oublier d'écrire une lettre qui ne s'entend pas, tu peux t'aider de mots de la même famille.

tapisser → tapis
remercier → remerciement

256 ▶ **Savoir écrire *y* dans les mots d'origine grecque**

Les mots où [i] s'écrit **y** viennent presque toujours du **grec**.

bicyclette   hydroélectricité
lyre   sympathie

257 ▶ **Le ï tréma**

■ On appelle tréma les deux points placés sur les voyelles **e**, **i**, **u**. Le tréma indique que l'on doit prononcer la voyelle qui précède.

■ La voyelle qui précède le **ï** tréma doit être prononcée séparément.

as-té-ro-ï-de : 5 syllabes   ma-ïs : 2 syllabes
é-go-ïs-te : 4 syllabes   na-ïf : 2 syllabes

ÉCRIRE o

LES GRAPHIES DES SONS [ɔ] ET [o]

258 ▶ **Le son [ɔ] s'écrit o   olive   pomme**

On trouve **o** au début et à l'intérieur des mots.
DÉBUT : **o**céan, **o**deur, **o**live.
INTÉRIEUR : g**o**mme, p**o**mme.

> Exception : Le son [ɔ] s'écrit **au** et **u**(m) dans quatre mots.
> P**au**l   alb**um**
> (hareng) s**au**r   rh**um**

Attention :

● De nombreux mots commencent par **ho**.

hobby	**ho**llandais	**ho**monyme	**ho**raire
hochet	**ho**mard	**ho**nnête	**ho**rizon
hockey	**ho**mme	**ho**quet	**ho**rrible

● Dans les adjectifs mal**ho**nnête, in**ho**spitalier, **ho** se trouve à l'intérieur du mot.

259 ▶ **Le son [o] s'écrit o   chose   lavabo**

Le son [o] peut s'écrire **o** à l'intérieur et à la fin des mots.
INTÉRIEUR : ch**o**se, d**o**se, p**o**se, r**o**se.
FIN : carg**o**, casin**o**, domin**o**, éch**o**, jud**o**, lavab**o**, pian**o**, scénari**o**.

242

260 ▶ Le son [o] s'écrit au, eau   aube   bateau

On trouve **au** en toute position dans le mot ; **au** apparaît peu à la fin des mots ; **eau** apparaît surtout à la fin des mots.

au
DÉBUT : **au**be, **au**dace, **au**près, **au**tocollant, **au**tomne, **au**toroute.
INTÉRIEUR : astron**au**te, ch**au**de, ép**au**le, g**au**fre, j**au**ne, p**au**se.
FIN (rare) : joy**au**, land**au**, sarr**au**, tuy**au**.

Attention :
• Dans le mot **automne**, on retrouve les deux sons [o] et [ɔ].
• Dans les mots **hau**t, **hau**teur, **hau**ssement, **hau**sser, on trouve la graphie **hau**.

eau
INTÉRIEUR : B**eau**ceron, b**eau**coup, b**eau**té.
FIN : ann**eau**, barr**eau**, bat**eau**, cad**eau**, cerc**eau**, cis**eau**, **eau**, escab**eau**, ham**eau**, lionc**eau**, pinc**eau**, rid**eau**, s**eau**, traîn**eau**, vaiss**eau**.

261 ▶ Le son [o] s'écrit ô   clôture

On trouve **ô** à l'intérieur des mots seulement.
INTÉRIEUR : ap**ô**tre, ar**ô**me, ch**ô**mage, cl**ô**ture, contr**ô**le, c**ô**te, fant**ô**me, h**ô**te, pyl**ô**ne, r**ô**le, r**ô**ti, sympt**ô**me, t**ô**le.

Attention : Certains mots commencent par **hô**.
hôpital   **hô**tel

Exception : **ô**ter

262 ▶ **Le son [o] s'écrit ôt, o(t, p, s, c)** bientôt sirop

Le son [o], en fin de mot, peut s'écrire **ôt** et **o + consonne muette** (une consonne que l'on n'entend pas : **t, p, s, c**).

ôt
FIN : aussit**ôt**, bient**ôt**, dép**ôt**, entrep**ôt**, imp**ôt**, plut**ôt**, sit**ôt**, tant**ôt**, t**ôt**.

o + consonne muette
FIN (ot) : arg**ot**, chari**ot**, coquelic**ot**, escarg**ot**, goul**ot**, haric**ot**, hubl**ot**, javel**ot**, palet**ot**, sab**ot**, tr**ot**.
FIN (op) : gal**op**, sir**op**, tr**op**.
FIN (os) : d**os**, rep**os**, tourned**os**.
FIN (oc) : accr**oc**, cr**oc**.

263 ▶ **Le son [o] s'écrit au(d, t, x)** crapaud artichaut

Le son [o] peut s'écrire **au + consonne muette (d, t, x)** en fin de mot.
FIN (aud) : bad**aud**, crap**aud**, réch**aud**.
FIN (aut) : artich**aut**, déf**aut**, s**aut**.
FIN (aux) : ch**aux**.

264 ▶

Tableau des graphies du son [ɔ]			
[ɔ]	DÉBUT	INTÉRIEUR	FIN
o	océan	pomme	
ho	horizon	malhonnête	
au		Paul	
u(m)			album

Tableau des graphies du son [o]			
[o]	DÉBUT	INTÉRIEUR	FIN
o		rose	piano
au	automne	gaufre	landau
eau	eau	beauté	rideau
hau	hauteur		
ô		rôti	
o(t, p, s, c)			haricot
ô(t)			bientôt
au(d, t, x)			crapaud

À la découverte des mots

265 ▸ **Comment trouver la lettre muette à la fin des mots?**

■ Tu peux t'aider d'un mot de la même famille pour savoir quelle est la consonne muette finale d'un mot.

galoper → galop   accrocher → accroc   sauter → saut

■ Tu peux aussi t'aider du féminin des adjectifs.

chaude → chaud

266 ▸ **Apprendre les homophones**

Certains mots (les homophones) se prononcent de la même façon, mais s'écrivent différemment.

sot   saut   seau   sceau   do   dos

ÉCRIRE an, en

LES GRAPHIES DU SON [ã]

267 ▶ **Le son** [ã] **s'écrit an**   ange   **vacan**ces   océ**an**

On trouve **an** en toute position dans le mot.

DÉBUT : **an**cien, **an**ge, **an**glais, **an**goisse, **an**tenne, **an**tique.
INTÉRIEUR : b**an**que, m**an**che, p**an**talon, tr**an**quille, vac**an**ces.
FIN : artis**an**, cadr**an**, écr**an**, océ**an**, rub**an**, volc**an**.

Ⓐ**ttention :** Certains mots commencent par **han** et **ham**.
hampe   **han**che   **han**dball   **han**dicap   **han**gar   **han**té

268 ▶ **Le son** [ã] **s'écrit en**   **en**cre   cal**en**drier

On trouve **en** au début et à l'intérieur des mots.

DÉBUT : **en**chanteur, **en**cre, **en**fant, **en**jeu, **en**nui, **en**quête.
INTÉRIEUR : att**en**tion, cal**en**drier, c**en**dre, c**en**tre, t**en**dre,
t**en**sion.

Ⓐ**ttention :** Dans quelques noms propres, on trouve **en** à la
fin des mots.
Ca**en**   Rou**en**

269 ▶ **Le son** [ã] **s'écrit am, em**   j**am**be   t**em**ps

Devant les consonnes **b**, **m**, **p**, le son [ã] ne s'écrit pas **an**
ou **en**, mais **am** ou **em**.

AM : **am**biance, c**am**p, ch**am**pion, j**am**be.
EM : **em**barqué, **em**mené, **em**pêché, ens**em**ble, t**em**ps.

270 ▶ **Le son [ã] s'écrit ant, ent   croissant   aliment**

À la fin des mots, le son [ã] s'écrit le plus souvent **ant** ou **ent**.

FIN (ent) : abs**ent**, alim**ent**, arg**ent**, bâtim**ent**, cont**ent**, d**ent**, équival**ent**, heureusem**ent**, insol**ent**, régim**ent**, sentim**ent**, supplém**ent**, urg**ent**, vêtem**ent**.

FIN (ant) : aim**ant**, carbur**ant**, croiss**ant**, vol**ant**.

271 ▶ **Le son [ã] s'écrit an(c, d, g)   blanc   marchand**

À la fin des mots, le son [ã] s'écrit **an + consonne muette** (une consonne que l'on n'entend pas) : **c**, **d** ou **g**.

FIN (anc) : b**anc**, bl**anc**, fl**anc**.

FIN (and) : flam**and**, goél**and**, march**and**.

FIN (ang) : ét**ang**, r**ang**, s**ang**.

Attention : **faon, paon, taon.**

272 ▶

Tableau des graphies du son [ã]			
	DÉBUT	INTÉRIEUR	FIN
an	antenne	langage	écran
han	hanche		
ham	hampe		
en	ennui	tendre	Rouen
am(b, m, p)	ambiance	jambe	camp
em(b, m, p)	embarqué	ensemble	
ant			croissant
ent			argent
and			marchand
ang			étang
anc			blanc

À la découverte des mots

273 ▶ **S'aider des familles de mots pour écrire** *an* **ou** *en*

Pour choisir la bonne orthographe dans les finales **-ance**, **-anse**, **-ande**, **-ante** et **-ence**, **-ense**, **-ende**, **-ente**, tu peux rapprocher ce mot d'un autre mot de la même famille que tu sais écrire *(danseur → danse)*.

-ance : abond**ance**, alli**ance**, dist**ance**.
-anse : d**anse**, p**anse**.
-ande : comm**ande**, dem**ande**, guirl**ande**.
-ante : épouv**ante**, soix**ante**.

-ence : abs**ence**, afflu**ence**, concurr**ence**.
-ense : d**ense**, dép**ense**, récomp**ense**.
-ende : am**ende**, lég**ende**.
-ente : att**ente**, f**ente**, tr**ente**.

274 ▶ **Les adverbes en** -ment

Tous les adverbes formés à partir d'adjectifs se terminent par **-ment.**   ▷ *paragraphe 99*

courageux → courageuse**ment**
rapide → rapide**ment**
prudent → prudem**ment**
constant → constam**ment**

275 ▶ **La terminaison** -ant **dans les participes présents**

Au participe présent, les verbes se terminent tous par **-ant.**

INFINITIF	PARTICIPE PRÉSENT
boire	buvant
dormir	dormant
écrire	écrivant
finir	finissant
lire	lisant
sauter	sautant

276 ▶ Apprendre les homophones

Certains mots (les homophones) se prononcent de la même manière, mais s'écrivent différemment.

Les amandes sont des fruits.

L'agent a imposé une amende au propriétaire du camion.

Je pense que j'ai raison.

L'infirmier panse un blessé.

277 ▶ Comment trouver la lettre muette à la fin d'un mot?

Connaître des mots de la même famille aide parfois à écrire correctement un mot.

ranger → rang
sanglant → sang

ÉCRIRE in

LES GRAPHIES DU SON [ɛ̃]

278▶ Le son [ɛ̃] s'écrit in international jardin fin

On trouve **in** en toute position dans le mot.
DÉBUT : **in**dividuel, **in**juste, **in**térêt.
INTÉRIEUR : c**in**q, d**in**de, p**in**ceau.
FIN : br**in**, jard**in**, mat**in**.

Attention : Le mot **hindou** commence par h**in**.

279▶ Le son [ɛ̃] s'écrit im(b, m, p) timbre impossible

Devant **b**, **m** et **p**, le son [ɛ̃] s'écrit **im**. On trouve **im** au
début et à l'intérieur des mots.
DÉBUT : **im**battable, **im**mangeable, **im**perméable.
INTÉRIEUR : l**im**pide, s**im**ple, t**im**bre.

280▶ Le son [ɛ̃] s'écrit en cégépien moyen européen

On trouve **en** à la fin des mots, après les voyelles **i**, **y** et **é**.
APRÈS **i** : aéri**en**, anci**en**, bi**en**, chi**en**, chirurgi**en**, cégépi**en**,
combi**en**, électrici**en**, li**en**, magici**en**.
APRÈS **y** : citoy**en**, moy**en**.
APRÈS **é** : europé**en**, méditerrané**en**.

Exception : On trouve **en** à l'intérieur du mot ag**en**da.

281 ▶ **Le son [ɛ̃] s'écrit** ain, ein **terrain** **plein**

On trouve **ain**, **ein** après une consonne.
INTÉRIEUR : cr**ain**te, m**ain**tenant, pl**ain**te, c**ein**ture, p**ein**ture.
FIN : b**ain**, gr**ain**, m**ain**, n**ain**, p**ain**, pl**ein**, s**ein**.

282 ▶ **Le son [ɛ̃] s'écrit** aint, eint **pl**aint **dét**eint

On trouve **aint**, **eint** après une consonne, à la fin des mots.
FIN : contr**aint**, s**aint**, ét**eint**, p**eint**.

283 ▶ **Le son [ɛ̃] s'écrit** aim, ym, yn **f**aim **th**ym **l**ynx

On peut écrire **aim** et **ym** à la fin des mots ; **yn** ne se trouve
qu'à l'intérieur des mots.
INTÉRIEUR : l**yn**x.
FIN : d**aim**, ess**aim**, f**aim**, th**ym**.

284 ▶

Tableau des graphies du son [ɛ̃]			
	DÉBUT	INTÉRIEUR	FIN
hin	**hin**dou		
in	**in**juste	c**in**q	jar**din**
im(b, m, p)	**im**perméable	s**im**ple	
en		ag**en**da	ch**ien**
ain, ein	**ain**si	p**ein**ture	p**ain**
aint, eint			s**aint**
aim			f**aim**
yn, ym		l**yn**x	th**ym**

À la découverte des mots

285 ▸ **Comment trouver une lettre muette?**

Pour savoir quand écrire **aint** et **eint**, tu peux t'aider du féminin des mots.

sainte → saint   éteinte → éteint

286 ▸ **Apprendre les homophones**

Certains mots se prononcent de la même manière, mais s'écrivent différemment.

Les exemples suivants se distinguent par la graphie du son [ɛ̃] (**ain**, **in**, **ein**) et par les consonnes muettes.

pain	pin	peint	
vain	vin	vingt	(il) vint
teint	tain	thym	(il) tint

ÉCRIRE oi

LES GRAPHIES DU SON [wa]

287 ▶ **Le son** [wa] **s'écrit** oi   oiseau   poignée   moi

Le son [wa] s'écrit le plus souvent **oi**, et se trouve en toute
position dans le mot.

DÉBUT : **oi**seau, **oi**seleur, **oi**sif.
INTÉRIEUR : b**oi**sson, p**oi**gnée, s**oi**rée.
FIN : l**oi**, m**oi**, qu**oi**.

Attention : Parfois le **i** de **oi** prend un accent circonflexe.
boîte   Benoît

288 ▶ **Le son** [wa] **s'écrit** oy   voyage   envoyer

On trouve aussi **oy** à l'intérieur des mots.
INTÉRIEUR : ab**oy**er, m**oy**en, n**oy**ade, r**oy**al, r**oy**aume.

289 ▶ **Le son** [wa] **s'écrit** oi(e, s, t, x, d, ds)   endroit

On trouve aussi **oi** + une ou deux **lettres muettes** (que l'on
n'entend pas : **e, s, t, x, d, ds**) à la fin des mots.

OIE : f**oie**, j**oie**, **oie**, v**oie**.
OIS : b**ois**, cham**ois**, f**ois**.
OIT : adr**oit**, endr**oit**, étr**oit**.
OIX : cr**oix**, n**oix**, v**oix**.
OID : fr**oid**.
OIDS : p**oids**.

ttention :

• Le son [wa] peut s'écrire **w** dans des mots d'origine étrangère.

wapiti   **w**att

• Le son [wa] s'écrit **oê** dans **poêle**.

290 ▶ **Le son [wa] s'écrit ua, oua   squale   douane**

On trouve la graphie **ua**, **oua** dans quelques mots.

UA : aq**ua**rium, éq**ua**teur, sq**ua**le.
OUA : d**oua**ne, p**oua**h, z**oua**ve.

291 ▶

Tableau des graphies du son [wa]			
	DÉBUT	INTÉRIEUR	FIN
oi	**oi**seau	s**oi**rée	m**oi**
oy		v**oy**age	
oi(e)			j**oi**e
oi(s)			autref**oi**s
oi(t)			t**oi**t
oi(x)			n**oi**x
oi(d)			fr**oi**d
oi(ds)			p**oi**ds
oê		p**oê**le	
oua		d**oua**ne	
ua		sq**ua**le	
wa	**wa**piti		

À la découverte des mots

292 ▶ Apprendre les homophones

La lettre muette à la fin des mots permet de distinguer les mots qui se prononcent de la même façon.

t**oi** – un t**oit**
la f**oi** – le f**oie** – une f**ois**
(je) cr**ois** – (il) cr**oit** – (il) cr**oît** – la cr**oix**
la v**oie** – (je) v**ois** – (elle) v**oit** – la v**oix**

293 ▶ Les noms masculins en -oi

Les mots masculins qui se terminent par [wa] s'écrivent souvent en -**oi**.

un env**oi**   un tourn**oi**   l'effr**oi**

Exceptions : endr**oit**, t**oit**, b**ois**, m**ois**, ch**oix**, f**oie**, d**oigt**.

294 ▶ Les noms féminins en -oie

Les mots féminins qui se terminent par [wa] s'écrivent souvent en -**oie**.

la j**oie**   une **oie**

Exceptions : l**oi**, f**oi**, f**ois**, cr**oix**, n**oix**, v**oix**.

295 ▶ Les verbes en -oyer

Dans les verbes en -**oyer**, le son [wa] s'écrit de plusieurs façons. Apprends à bien écrire toutes ces formes.

j'env**oie**, tu nett**oies**, il ab**oie**, elles empl**oient**
je nett**oie**rai, vous empl**oie**rez, ils ab**oie**ront   ▷ *paragraphe 438*

ÉCRIRE y

LES GRAPHIES DU SON [j]

296 ▶ **Le son [j] s'écrit y** y yeux voyage

On trouve **y** au début et à l'intérieur des mots.

DÉBUT : **y**ogourt, **y**éti, **y**eux, **y**oga, **y**o-**y**o.

INTÉRIEUR : attra**y**ant, bru**y**ant, cra**y**on, emplo**y**eur, ennu**y**eux, essa**y**age, fra**y**eur, jo**y**eux, mo**y**en, netto**y**age, pa**y**ant, ra**y**on, vo**y**age.

Attention : Le nom **hyène** commence par **h**.

297 ▶ **Le son [j] s'écrit i** iode cahier

On trouve **i** au début et à l'intérieur des mots.

DÉBUT : **i**ode, **i**ota.

INTÉRIEUR : all**i**ance, antér**i**eur, bijout**i**er, commerc**i**al, conf**i**ance, extér**i**eur, glac**i**al, intér**i**eur, méf**i**ance, pap**i**er, soc**i**été, spéc**i**al, supér**i**eur, v**i**eille, v**i**eux.

Attention :

- Les noms **hier**, **hiéroglyphe** commencent par **h**.
- Dans le nom **cahier**, on écrit **hi**.

298 ▶ Le son [j] s'écrit ill   coqui**ll**age   fami**ll**e

On trouve **ill** à l'intérieur des mots seulement.

INTÉRIEUR : coqui**ll**age, feui**ll**age, gri**ll**age, outi**ll**age, pi**ll**age, broui**ll**on, cari**ll**on, échanti**ll**on, orei**ll**ons, révei**ll**on.

DEVANT UN e FINAL : abei**ll**e, batai**ll**e, bi**ll**e, cheni**ll**e, fami**ll**e, fi**ll**e, grosei**ll**e, orei**ll**e, feui**ll**e, tai**ll**e.

> Exception : Dans **mille**, les lettres **ill** se prononcent [l].

299 ▶ Le son [j] s'écrit il   bétai**l**   révei**l**   fauteui**l**

On trouve **il** à la fin des mots seulement.

FIN : ai**l**, bai**l**, bétai**l**, soupirai**l**, apparei**l**, révei**l**, ortei**l**, solei**l**, parei**l**, chevreui**l**, fauteui**l**, seui**l**, accuei**l**, cercuei**l**, orguei**l**, recuei**l**.

300 ▶

	DÉBUT	INTÉRIEUR	DEVANT e FINAL	FIN
	Tableau des graphies du son [j]			
y	**y**ogourt	no**y**er		
hy	**hy**ène			
i	**i**ode	bijout**i**er		
hi	**hi**er	ca**hi**er		
ill		bou**ill**on		
il			ore**ill**e	sole**il**

À la découverte des mots

301 ▸ *Les verbes en -ailler et -eiller*

La graphie **ill** apparaît dans la conjugaison des verbes en **-ailler** et **-eiller**.

-ailler: trav**ailler**
-eiller: cons**eiller**, rév**eiller**

Attention: Il ne faut pas oublier d'écrire le i de la terminaison de l'imparfait, même si, dans ces verbes, on ne l'entend pas.

nous trav**aill**ions   vous rév**eill**iez

302 ▸ *il et ill dans les mots de la même famille*

Dans les mots de la même famille, on écrit **il** dans les noms et **ill** dans les verbes.

accueil → accueillir
réveil → réveiller
travail → travailler

303 ▸ *Le genre des mots en -il et -ille*

À la fin des mots, on écrit **il** dans les mots masculins et **ille** dans les mots féminins.

un écureuil   une bille   un orteil   une abeille
un fauteuil   une fille   pareil   pareille

ÉCRIRE p

LES GRAPHIES DU SON [p]

304▶ Le son [p] s'écrit p page   ampoule   ketchup

Le son [p] peut s'écrire **p** en toute position.

DÉBUT : **p**age, **p**ain, **p**ile, **p**oule, **p**reuve, **p**rovince, **p**ublicité.
INTÉRIEUR : am**p**oule, a**p**ogée, é**p**ée, é**p**i, la**p**in, o**p**éra.
DEVANT UN e FINAL : antilo**p**e, ca**p**e, cou**p**e, princi**p**e, ty**p**e.
FIN : ca**p**, ce**p**, cli**p**, handica**p**, ketchu**p**, scal**p**.

305▶ Le son [p] s'écrit pp appareil   enveloppe

On écrit **pp** à l'intérieur des mots seulement.

INTÉRIEUR : a**pp**areil, a**pp**orter, a**pp**renti, a**pp**rocher, a**pp**ui,
hi**pp**ique, hi**pp**opotame, na**pp**eron, su**pp**lice.
DEVANT UN e FINAL : envelo**pp**e, fra**pp**e, gra**pp**e, na**pp**e, tra**pp**e.

306▶

	Tableau des graphies du son [p]			
	DÉBUT	INTÉRIEUR	DEVANT e FINAL	FIN
p	poule	lapin	soupe	cap
pp		appui	nappe	

À la découverte des mots

307 **Quand écrit-on un seul p ?**

- On écrit un seul **p** après **é**, **am**, **im** et **om**.

mépris   ampoule   imperméable   pompier

- On écrit généralement **p** dans les mots commençant par la voyelle **o**.

opéra   opérer   opinion   optimiste

Exceptions : o**pp**oser, o**pp**osition, o**pp**osant...
o**pp**rimer, o**pp**ression, o**pp**resseur...
o**pp**ortunité, o**pp**ortun, o**pp**ortuniste...

308 **Quand écrit-on pp ?**

La plupart des verbes commençant par [ap] prennent **deux p**.

appartenir	**app**laudir	**app**rendre
appeler	**app**orter	**app**rocher

Exceptions : a**p**aiser, a**p**ercevoir, a**p**eurer, s'a**p**itoyer, a**p**lanir, a**p**latir.

ÉCRIRE t

LES GRAPHIES DU SON [t]

309 ▶ **Le son** [t] **s'écrit** t   terrain   atelier   pilote   août

On trouve la graphie **t** en toute position dans le mot.

DÉBUT : ta bac, table, technique, terrain, trésor, tresse.
INTÉRIEUR : atelier, étanche, itinéraire, otage, otite.
DEVANT UN e FINAL : aromate, cravate, dispute, note, pilote.
FIN : août, but, correct, direct, est, granit, mazout, ouest, rapt, scout.

310 ▶ **Le son** [t] **s'écrit** tt   attaque   lettre   carotte

La graphie **tt** ne se trouve qu'à l'intérieur des mots.

INTÉRIEUR : attachant, attaque, attente, attirer, attitude, attribut, baguette, confetti, flatterie, flotter, lettre, lutteur, nettoyage, pittoresque, quitter, sottise.
DEVANT UN e FINAL :
-atte : chatte, natte.
-otte : biscotte, carotte, (je, il) flotte.
-ette : assiette, baguette, banquette, clarinette, galette, omelette, toilette.

Exception : watt

311 ▶ **Le son** [t] **s'écrit** th   thermomètre   orthographe

La graphie **th** peut se trouver au début, à l'intérieur des mots, plus rarement à la fin.

DÉBUT : théâtre, thermomètre, thorax, thym.
INTÉRIEUR : arithmétique, mathématique, mythologie, sympathie.
FIN : luth, zénith.

Tableau des graphies du son [t]				
	DÉBUT	INTÉRIEUR	DEVANT e FINAL	FIN
t	table	atelier	pilote	but
tt		lettre	carotte	watt
th	théâtre	orthographe	homéopathe	luth

À la découverte des mots

313 ▶ *Quand écrit-on tt?*

On trouve **tt** le plus souvent **entre deux voyelles** ou **devant r**.

attacher   natte   attirer   nette   sottise
attraction   attrait   attribut   attroupement

314 ▶ *Comment trouver une lettre muette?*

Le **t** ne s'entend pas dans certains mots. Pour ne pas l'oublier, pense à un mot de la même famille, ou bien au féminin du mot.

respectable → respect   chatte → chat

315 ▶ *Les lettres th dans les mots d'origine grecque*

Dans les mots d'origine grecque, [t] s'écrit souvent **th**.

athlète   théâtre   mathématique

Tentation

> *Ton*
> *tas de riz*
> *Tenta le rat*
> *Le rat tenté*
> *Le riz tâta*

C. Nadaud, dans *Mon premier livre de devinettes*,
© Petite Enfance heureuse,
Les Éditions Ouvrières
et Pierre Zech éditeur.

ÉCRIRE c, qu, k

LES GRAPHIES DU SON [k]

316 ▶ **Le son** [k] **s'écrit c** cadeau vacarme plastic

Le son [k] peut s'écrire **c** en toute position dans le mot.
DÉBUT: **c**abine, **c**adeau, **c**olère, **c**ombat, **c**ube, **c**ulotte.
INTÉRIEUR: a**c**ajou, a**c**robate, é**c**orce, sa**c**oche, va**c**arme.
FIN: ave**c**, cho**c**, la**c**, pi**c**, plasti**c**, trafi**c**.

317 ▶ **Le son** [k] **s'écrit qu** question paquet

On trouve la graphie **qu** au début et à l'intérieur des mots.
DÉBUT: **qu**ai, **qu**and, **qu**estion, **qu**i, **qu**oi, **qu**otidien.
INTÉRIEUR: atta**qu**er, bri**qu**et, pa**qu**et, pi**qu**ant, remar**qu**able.
DEVANT UN e FINAL: bibliothè**qu**e, dis**qu**e.

Attention: La lettre **q** n'est pas suivie de **u** dans **cinq**, **coq**.

318 ▶ **Le son** [k] **s'écrit cc** occasion acclamer

On ne trouve la graphie **cc** qu'à l'intérieur des mots.
INTÉRIEUR: a**cc**abler, a**cc**lamation, a**cc**ord, o**cc**asion.

319 ▶ **Le son** [k] **s'écrit k** kangourou moka kayak

On peut trouver la graphie **k** en toute position.
DÉBUT: **k**aki, **k**angourou, **k**épi, **k**ermesse, **k**ilo, **k**imono, **k**iosque.
INTÉRIEUR: mo**k**a.
FIN: anora**k**, kaya**k**.

320▶ Le son [k] s'écrit ch   chorale   or**ch**estre

On trouve la graphie **ch** en toute position dans le mot.
DÉBUT : **ch**aos, **ch**lore, **ch**oléra, **ch**orale, **ch**rome, **ch**rysalide.
INTÉRIEUR : é**ch**o, or**ch**estre, or**ch**idée.
FIN : kra**ch**.

321▶ Le son [k] s'écrit ck   bifteck

On trouve la graphie **ck** à l'intérieur et à la fin d'un mot.
INTÉRIEUR : co**ck**tail, jo**ck**ey, ti**ck**et.
FIN : bifte**ck**, sto**ck**.

322▶ Le son [k] s'écrit cqu   grecque

On trouve la graphie **cqu** à l'intérieur d'un mot seulement.
INTÉRIEUR : a**cqu**isition, a**cqu**ittement, gre**cqu**e.

323▶

		Tableau des graphies du son [k]		
	DÉBUT	INTÉRIEUR	DEVANT e FINAL	FIN
c	cadeau	écorce		cho**c**
q, qu	quai	paquet	disque	coq
cc		accord		
k	kilo	moka		anorak
ch	chorale	écho		krach
ck		jockey		bifteck
cqu		acquitter	grecque	

À la découverte des mots

324 ▸ **Comment écrire le son [k] devant e et i?**

■ Quand on entend le son [k] **devant i**, **e**, **é**, **è**, **ê**, il faut écrire **qu** ou, plus rarement, **k**, **ck**, **ch**, **cqu**.

qui   **qu**e   perro**qu**et   **qu**ébécois
(ils) pi**qu**èrent   **qu**ête

■ On ne peut pas écrire **c**, sinon on prononcerait [s].
cerveau   **c**igale

325 ▸ **La prononciation de cc**

■ Les lettres **cc** se prononcent [k] devant **a**, **o**, **u**, **l**, **r**.
a**cc**lamer   a**cc**ord   a**cc**rocher   o**cc**ulte   sa**cc**ade

■ Les lettres **cc** se prononcent [k + s] devant **i**, **e**, **é**, **è**.
co**cc**inelle   a**cc**ent   a**cc**ès
va**cc**in   a**cc**élérateur   su**cc**ès

326 ▸ **Les lettres k et ch**

■ On trouve la lettre **k** dans un petit nombre de mots, souvent d'origine étrangère.
kangourou *(australien)*   **k**ung-fu *(chinois)*   **k**ayak *(inuit)*

■ La graphie **ch** transcrit le son [k] dans les mots qui viennent du grec.
or**ch**estre   **ch**orale

266

Une baleine à bicyclette

Une baleine à bicyclette
rencontre un ya**k** dans un **k**aya**k**.

Elle fait sonner sa sonnette.
C'est pour **qu**e le ya**k** la remar**qu**e.

Elle sonne faux, ta sonnette,
dit le ya**k** à l'accent **c**ana**qu**e.

La baleine, la pauvre bête,
reçoit ces mots comme une cla**qu**e.

Une baleine à bicyclette
qu'un ya**k** a**cc**use de faire des **c**oua**c**s!

Elle sonne juste, ma sonnette,
dit la baleine du ta**c** au ta**c**.

Car ma sonnette a le son net
d'une jolie **c**loche de Pâ**qu**es.

Ne te fâche pas, baleinette,
répond le ya**k** qui a le tra**c**.

Claude Roy, *Enfantasques*,
Éditions Gallimard.

ÉCRIRE g

LES GRAPHIES DU SON [g]

327 ▶ **Le son** [g] **s'écrit** g   garage   règle   gag

On trouve **g** en toute position dans le mot.

DÉBUT : **g**adget, **g**ai, **g**arage, **g**lace, **g**luant, **g**oût, **g**ras, **g**rave, **g**rotte.
INTÉRIEUR : a**g**randissement, ba**g**arre, fi**g**ure, ra**g**oût, rè**g**le.
FIN : ga**g**, gro**g**.

328 ▶ **Le son** [g] **s'écrit** gu   guitare   baguette   langue

On trouve **gu** au début et à l'intérieur des mots.

DÉBUT : **gu**é, **gu**êpe, **gu**ère, **gu**érison, **gu**erre, **gu**eule, **gu**ide, **gu**ignol, **gu**itare.
INTÉRIEUR : ai**gu**ille, ba**gu**ette, fi**gu**ier.
DEVANT UN e FINAL : ba**gu**e, catalo**gu**e, di**gu**e, lan**gu**e, monolo**gu**e, va**gu**e.

329 ▶ **Le son** [g] **s'écrit** gg   jogging

Le son [g] s'écrit très rarement **gg**, et uniquement à l'intérieur des mots.

INTÉRIEUR : a**gg**lomération, a**gg**lutiné, a**gg**ravation, jo**gg**ing.

330 ▶

Tableau des graphies du son [g]				
	DÉBUT	INTÉRIEUR	DEVANT e FINAL	FIN
g	glace	figure		gag
gu	guitare	aiguille	langue	
gg		jogging		

À la découverte des mots

331 ▶ *Comment écrire le son* [g] *devant* e *et* i ?

■ Quand on entend le son [g] devant **e**, **é**, **ê**, **i** et **y**, il faut écrire **gu**.

guetter   **gu**érir   **gu**êpe   **gu**irlande

■ On ne peut pas écrire **g**, sinon on prononcerait [ʒ].

geste   **gi**rafe

332 ▶ *L'emploi du tréma sur* ë *et* ï

■ Le tréma (les deux points placés au-dessus d'une lettre) indique que l'on doit prononcer la voyelle qui précède.

■ Pour prononcer [gy] quand **gu** est suivi de **e** ou de **i**, il faut mettre un tréma sur le **e** ou le **i**.

ai**gu** → ai**guë**
ambi**gu** → ambi**guë** → ambi**guï**té

ÉCRIRE f

LES GRAPHIES DU SON [f]

333 ▶ Le son [f] s'écrit f   fantôme   gifle   girafe   chef

On trouve **f** en toute position dans le mot.

DÉBUT : **f**antaisie, **f**antôme, **f**arine, **f**emme, **f**iltre, **f**in.
INTÉRIEUR : a**f**ricain, dé**f**aite, gau**f**re, gi**f**le, in**f**âme, pla**f**ond.
DEVANT UN e FINAL : agra**f**e, cara**f**e, gira**f**e.
FIN : bœu**f**, che**f**, massi**f**, neu**f**, œu**f**, relie**f**, soi**f**.

334 ▶ Le son [f] s'écrit ff   affection   griffe   bluff

On ne trouve jamais **ff** au début d'un mot.

INTÉRIEUR : a**ff**aire, a**ff**ection, a**ff**luent, a**ff**reux, chi**ff**on, chi**ff**re, co**ff**re, e**ff**ort, gou**ff**re, o**ff**ense, sou**ff**le, su**ff**isant.
DEVANT UN e FINAL : coi**ff**e, éto**ff**e, gri**ff**e, tou**ff**e, tru**ff**e.
FIN (rare) : blu**ff**.

335 ▶ Le son [f] s'écrit ph   pharmacie   géographie

On trouve **ph** au début et à l'intérieur des mots, et devant un **e** muet final.

DÉBUT : **ph**armacie, **ph**rase, **ph**ysique.
INTÉRIEUR : géogra**ph**ie, magnéto**ph**one, saxo**ph**one, télé**ph**one.
DEVANT UN e FINAL : catastro**ph**e, orthogra**ph**e, triom**ph**e.

336 ▶

Tableau des graphies du son [f]			
	DÉBUT	INTÉRIEUR	DEVANT e FINAL	FIN
f	fantôme	plafond	girafe	soif
ff		coffre	touffe	bluff
ph	phrase	saxophone	catastrophe	

À la découverte des mots

337 ▶ **Former des adjectifs avec le suffixe -if (-ive)**

Le suffixe **-if** permet de former de nombreux adjectifs de qualité. Au féminin, le **f** se transforme en **v: -ive**.

fuite (n.) → fugit**if** (adj. masc.) → fugit**ive** (adj. fém.)
définir (v.) → définit**if** (adj. masc.) → définit**ive** (adj. fém.)
négation (n.) → négat**if** (adj. masc.) → négat**ive** (adj. fém.)

338 ▶ **Les lettres ph dans les mots grecs**

La graphie **ph** se trouve dans des mots d'origine grecque.

orthogra**phe** : – ortho (droit)
  – graphe (écrire)

271

ÉCRIRE s, x

LES GRAPHIES DU SON [s] ET DU SON [ks]

339 ▶ **Le son** [s] **s'écrit s soleil chanson as**

On trouve **s** en toute position dans le mot.
DÉBUT : **s**alade, **s**irop, **s**oleil, **s**tatue, **s**ûreté.
INTÉRIEUR : chan**s**on, ob**s**tacle.
DEVANT UN e FINAL : bour**s**e, cour**s**e, dépen**s**e, répon**s**e, tor**s**e.
FIN : a**s**, autobu**s**, cactu**s**, maï**s**, sen**s**.

340 ▶ **Le son** [s] **s'écrit c cette concert cigale**

Le son [s] ne s'écrit jamais **c** à la fin d'un mot.
DÉBUT : **c**eci, **c**éder, **c**igare, **c**ycle.
INTÉRIEUR : an**c**être, con**c**ert, mer**c**i, so**c**ial.
DEVANT UN e FINAL : auda**c**e, capri**c**e, dou**c**e, féro**c**e, pou**c**e, sau**c**e.

Attention : Le son [s] ne s'écrit jamais **c** devant **a**, **o**, **u**.

341 ▶ **Le son** [s] **s'écrit ç ça leçon déçu**

On n'écrit jamais **ç** à la fin d'un mot.
DÉBUT (rare) : **ç**a.
INTÉRIEUR : dé**ç**u, fa**ç**ade, le**ç**on, ma**ç**on, re**ç**u.

342 ▶ Le son [s] s'écrit x   di**x**   soi**x**ante

Le son [s] s'écrit **x** dans quelques mots.
di**x**   si**x**   soi**x**ante

343 ▶ Le son [s] s'écrit ss   poi**ss**on   écrevi**ss**e

• On ne trouve jamais **ss** en début de mot.
INTÉRIEUR : boi**ss**on, e**ss**ai, moi**ss**on, poi**ss**on, ti**ss**u.
FIN (rare) : stre**ss**.

• À la fin des mots, on trouve **sse** ou **ce**.
SSE : creva**sse**, impa**sse**, écrevi**sse**, sauci**sse**, bo**sse**, bro**sse**, adre**sse**, gentille**sse**, brou**sse**, secou**sse**, ru**sse**, fau**sse**.
CE : effica**ce**, ra**ce**, bénéfi**ce**, capri**ce**, atro**ce**, féro**ce**, Grè**ce**, niè**ce**, dou**ce**, pou**ce**, astu**ce**, pu**ce**, sau**ce**.

344 ▶ Le son [s] s'écrit sc   **sc**ience   pi**sc**ine

On trouve **sc** au début et à l'intérieur des mots devant les voyelles **e, é, è, i, y**.
DÉBUT : **sc**énario, **sc**ène, **sc**eptre, **sc**ie, **sc**ience, **sc**ientifique, **sc**ythe.
INTÉRIEUR : adole**sc**ence, con**sc**ience, di**sc**ipline, pi**sc**ine.

345 ▶ Le son [s] s'écrit t(ie)   démocra**tie**

Le son [s] peut s'écrire **t** dans des mots terminés par **-tie**.
acroba**tie**   démocra**tie**   minu**tie**
aristocra**tie**   idio**tie**   péripé**tie**

273

346 ▶ **Le son** [ks] **s'écrit cc, x, xc   va**cc**in   gala**x**ie**

Les consonnes **cc**, **x**, **xc** se trouvent presque toujours à l'intérieur des mots. Elles correspondent au son composé [ks].

cc : a**cc**ès, su**cc**ès, va**cc**in.
x : e**x**près, gala**x**ie, sa**x**ophone, se**x**e, ve**x**ant, inde**x**.
xc : e**xc**ellent, e**xc**ès, e**xc**itation.

347 ▶

Tableau des graphies du son [s]				
	DÉBUT	INTÉRIEUR	DEVANT e FINAL	FIN
s	soleil	chanson	réponse	cactus
c	cendre	concert	pouce	
ç	ça	maçon		
ss		boisson	adresse	stress
sc	scène	piscine		
t(ie)		démocratie		

348 ▶

Tableau des graphies du son [ks]				
	DÉBUT	INTÉRIEUR	DEVANT e FINAL	FIN
cc		accès		
x		galaxie	axe	index
xc		excellent		

À la découverte des mots

349 ▶ Comment expliquer la prononciation de mots comme *parasol*?

Si l'on écrit **s** entre deux voyelles, on entend le son [z]. Mais dans **certains mots** composés d'un **radical** et d'un **préfixe**, **s** entre deux voyelles se prononce [s].

▷ *paragraphes 354 et 507*

contr**ese**ns (radical: *contre* + radical: *sens*)
par**aso**l (préfixe: *para* + radical: *sol*)

350 ▶ Qu'est-ce que la cédille?

La cédille est un signe que l'on place uniquement sous la lettre **c**, devant **a**, **o**, **u**, pour représenter le son [s].

ça   leçon   déçu   nous plaçons   je plaçais

351 ▶ Les mots en *-sse* ou *-ce*

Tu peux t'aider des mots de la même famille que tu sais écrire pour choisir entre **-sse** et **-ce**.

pa**s** → impa**sse**
gre**c** → Grè**ce**

352 ▶ Les mots en *-tie*

Pour ne pas te tromper, pense aux mots de la même famille.

démocra**te** → démocra**tie**
aristocra**te** → aristocra**tie**
acroba**te** → acroba**tie**

Poème en x pour le lynx

Dans les Rocheuses vit le lynx
à l'œil brillant comme un silex
couleur de porcelaine de Saxe
énigmatique plus qu'un sphinx

parfois grondant en son larynx
il miaule et quoique loin de Sfax
fauche la chèvre qui fait « bêex »
au berger qui joue du syrinx

Pour fêter ça il boit sans toux
de la blanquette de Limoux
dans les Rocheuses c'est du luxe

puis ronronnant et les yeux fixes
regarde à sa télé Tom Mix
dans un western couleur « de Luxe »

Jacques Roubaud,
Les Animaux de tout le monde,
Éditions Seghers.

ÉCRIRE z

LES GRAPHIES DU SON [z]

353 ▶ **Le son** [z] **s'écrit** z   **zèbre   horizon   onze**

On trouve la graphie **z** en toute position dans le mot.

DÉBUT : **z**èbre, **z**éro, **z**one, **z**oo.

INTÉRIEUR : a**z**ur, ba**z**ar, bi**z**arre, di**z**aine, ga**z**elle, ga**z**on, hori**z**on, ri**z**ière.

DEVANT UN e FINAL : bron**z**e, dou**z**e, ga**z**e, on**z**e, quator**z**e, quin**z**e, sei**z**e, trei**z**e.

FIN : ga**z**.

354 ▶ **Le son** [z] **s'écrit** s   **paysage   ruse**

Le son [z] s'écrit **s** uniquement entre deux voyelles.

INTÉRIEUR : cou**s**in, mu**s**ée, pay**s**age, poi**s**on, sai**s**on, vi**s**age.

DEVANT UN e FINAL : bi**s**e, ru**s**e.

355 ▶ **Le son** [z] **s'écrit** x   **dixième**

Le son [z] s'écrit **x** dans les numéraux.

INTÉRIEUR : deu**x**ième, di**x**ième, si**x**ième, di**x**-huit, di**x**-neuf.

356 ▶ **Le son** [z] **s'écrit** zz   **jazz**

Il est très rare de trouver le son [z] écrit **zz**.

INTÉRIEUR : gri**zz**li.

FIN : ja**zz**.

277

357 ▶	Tableau des graphies du son [z]			
	DÉBUT	INTÉRIEUR	DEVANT e FINAL	FIN
z	zéro	lézard	onze	gaz
s		paysage	chanteuse	
x		dixième		dix (ans)
zz		grizzli		jazz

À la découverte des mots

358 ▶ Comment former les adjectifs en -eur et en -eux ?

La finale **-euse** permet de former le féminin des noms et des adjectifs en **-eur** et **-eux**.

chant**eur** → chant**euse**   moqu**eur** → moqu**euse**
vend**eur** → vend**euse**   audaci**eux** → audaci**euse**

359 ▶ Comment prononcer s entre deux voyelles ?

La lettre **s** se prononce [z] entre deux voyelles, sauf dans certains noms composés.

rose   visage
mais : para**s**ol (**s** se prononce [s])

360 ▶ Comment prononcer x en position finale ?

Devant une voyelle ou un **h** muet du mot qu'il précède, **x** se prononce [z].

di**x** ans   si**x** hommes

La complainte du Z

Un Z, à genoux, se mit à pleurer.

« Quoi, s'écria-t-il, encore rien pour moi? J'ai une femme, plusieurs enfants, et pas de travail! Je suis tou-jours au chômage!» Alice se sentit très émue par le sort du Z.

Elle chercha ce qu'elle pourrait dire pour le consoler, mais elle ne trouva rien. Cependant, le Z continuait d'une voix changée:

« Il n'y a pas assez d'assez
Pas assez de vous voyez
De vous mangez, de vous buvez
Pas assez de zèbres, de zébus
De zozos, de zazous, de zéthus
De Z il n'y en a pas assez
De Z il y en a zéro. »

Alice trouva le poème du Z joli, mais un peu compliqué.

Roland Topor, *Alice au pays des lettres,*
© Roland Topor, 1968,
Éditions du Seuil.

ÉCRIRE j

LES GRAPHIES DU SON [ʒ]

361▶ Le son [ʒ] s'écrit j   jambon   bijou

On ne rencontre jamais **j** à la fin des mots.

DÉBUT : **j**adis, **j**aloux, **j**ambon, **j**aponais, **j**eu, **j**eune, **j**ockey, **j**oie, **j**uste.

INTÉRIEUR : ad**j**ectif, ad**j**oint, bi**j**ou, con**j**onction, in**j**ure, ob**j**et, su**j**et.

362▶ Le son [ʒ] s'écrit g   gendarme   aubergine

On trouve **g** devant les voyelles **e** et **i**.

DÉBUT : **g**éant, **g**endarme, **g**entil, **g**ibier, **g**igot.

INTÉRIEUR : an**g**ine, auber**g**ine, indi**g**ène, ori**g**ine, oxy**g**ène, sans-**g**êne.

DEVANT UN **e** FINAL : baga**g**e, collè**g**e, dépanna**g**e, gara**g**e, manè**g**e, mar**g**e, maria**g**e, ména**g**e, nei**g**e, piè**g**e, siè**g**e.

363▶ Le son [ʒ] s'écrit ge   geai   pigeon

On trouve **ge** devant les voyelles **a** et **o**.

DÉBUT : **ge**ai, **ge**ôle.

INTÉRIEUR : bou**ge**oir, bour**ge**on, oran**ge**ade, pi**ge**on, plon**ge**on.

364 ▶

Tableau des graphies du son [ʒ]				
	DÉBUT	INTÉRIEUR	DEVANT e FINAL	FIN
j	jouet	objet		
g	girafe	origine	manège	
ge	geai	plongeon		

À la découverte des mots

365 ▶ *Quand peut-on écrire j, g ou ge ?*

■ On peut écrire **j devant toutes** les voyelles. Mais on n'écrit **ji** que dans quelques mots d'origine étrangère.

Japon   **j**eudi   mou**j**ik (paysan russe)   **j**oyeux   **j**ustice

■ On peut écrire **g devant** les voyelles **e** (é, è, ê) et **i** (y).

dan**g**er   **g**ilet

■ On peut aussi écrire **ge devant** les voyelles **a** et **o**.

oran**gea**de   pi**geo**n

366 ▶ *Les verbes en -ger*

Les verbes terminés par **-ger** présentent de nombreuses formes comportant la graphie **ge**.   ▷ *paragraphe 434*

na**ger** : je na**ge**ais, je na**ge**ai, nous na**ge**ons…

Le plus beau vers de la langue française

« *Le **ge**ai **gé**latineux **gei**gnait dans le **ja**smin* »
Voici, mes zinfints
Sans en avoir l'air
Le plus beau vers
De la langue française.

Ai, eu, ai, in
*Le **ge**ai **gé**latineux **gei**gnait dans le **ja**smin…*

Le poite aurait pu dire
Tout à son aise :
« *Le **ge**ai volumineux picorait des pois fins* »
Eh bien ! non, mes zinfints.
*Le poite qui a du **gé**nie*
Jusque dans son délire
D'une main moite
A écrit :

« *C'était l'heure divine où, sous le ciel gamin,*
*LE **GE**AI **GÉ**LATINEUX **GEI**GNAIT*
*DANS LE **JA**SMIN.* »

René de Obaldia, *Innocentines*,
Éditions Grasset.

ÉCRIRE r

LES GRAPHIES DU SON [r]

367 ▶ **Le son** [r] **s'écrit** r   récolte   parole   heure   car

On trouve **r** en toute position dans le mot.

DÉBUT : **r**acine, **r**adio, **r**ail, **r**écit, **r**écolte, **r**ivage, **r**oue, **r**ue.
INTÉRIEUR : ca**r**otte, di**r**ect, fé**r**oce, inté**r**esser, pa**r**ole, sou**r**is.
DEVANT UN e FINAL : ava**r**e, bordu**r**e, empi**r**e, heu**r**e.
FIN : ba**r**, ca**r**, nénupha**r**, che**r**, hive**r**, ve**r**, dési**r**, plaisi**r**, ti**r**,
éclai**r**, impai**r**, casto**r**, tréso**r**, futu**r**, mu**r**, su**r**, fou**r**, tambou**r**.

368 ▶ **Le son** [r] **s'écrit** rr   torrent   bagarre

On ne trouve **rr** qu'à l'intérieur des mots.

INTÉRIEUR : a**rr**anger, a**rr**ière, a**rr**osoir, co**rr**ect, déba**rr**asser,
de**rr**ière, e**rr**eur, fou**rr**ure, ho**rr**ible, te**rr**ible, to**rr**ent, ve**rr**ou.
DEVANT UN e FINAL : baga**rr**e, biza**rr**e, se**rr**e.

369 ▶ **Le son** [r] **s'écrit** r(d, s, t)   canard   alors   concert

On trouve **r + consonne muette** (qui ne s'entend pas : **d**, **s**, **t**)
à la fin de nombreux mots.

FIN (rd) : acco**rd**, bo**rd**, brouilla**rd**, cana**rd**, lou**rd**, reco**rd**.
FIN (rs) : alo**rs**, concou**rs**, discou**rs**, dive**rs**, velou**rs**, ve**rs**.
FIN (rt) : a**rt**, conce**rt**, confo**rt**, dépa**rt**, effo**rt**, to**rt**, ve**rt**.

Ⓐ **ttention :** On trouve **rh** dans **rh**inocéros, **rh**ume, en**rh**umé.

283

Tableau des graphies du son [r]				
	DÉBUT	INTÉRIEUR	DEVANT e FINAL	FIN
r	rue	parole	heure	décor
rr		torrent	bagarre	
r(d, s, t)				départ

À la découverte des mots

371 ▶ Comment trouver la lettre muette à la fin des mots?

Pour savoir s'il faut écrire une lettre muette à la fin d'un mot, tu peux t'aider des mots de la même famille, ou du féminin des adjectifs.

confor**t**able → confor**t**   lour**d**e → lour**d**   ver**t**e → ver**t**

372 ▶ Apprendre les homophones

Certains mots (les homophones) se prononcent de la même manière, mais s'écrivent différemment.

un ver *(de terre)*   vers *(préposition)*   vert *(adjectif)*
un verre *(de lait)*   le vair *(pantoufle de vair)*

373 ▶ rr dans les verbes

Certains verbes s'écrivent avec **rr** au futur de l'indicatif et au conditionnel présent.

je cour**r**ai   vous enve**rr**iez   ils ve**rr**aient   tu pou**rr**as

284

ÉCRIRE LE e MUET

374 ▶ Qu'appelle-t-on une lettre muette?

Dans certains mots, on ne prononce pas toutes les lettres. Ces lettres que **l'on n'entend pas** sont des lettres muettes.

oi**e**, crai**e**, jou**e** (on n'entend pas le **e**)
haltère, **h**orloge, **h**uile (on n'entend pas le **h**)
bra**s**, li**t**, pie**d** (on n'entend pas le **s**, le **t**, le **d**)

▷ paragraphes 384 à 398

375 ▶ Quand y a-t-il un e muet à l'intérieur des mots?

On trouve un **e** muet à l'intérieur de noms formés sur des verbes en **-ier**, **-yer**, **-uer**, **-ouer**.

balbuti**er** → balbuti**e**ment		remerci**er** → remerci**e**ment	
abo**yer** → aboi**e**ment		pa**yer** → pai**e**ment	
étern**uer** → éternu**e**ment		t**uer** → tu**e**rie	
dén**ouer** → dénou**e**ment		dév**ouer** → dévou**e**ment	

376 ▶ Quels noms féminins se terminent par un e muet?

● La plupart des noms féminins terminés par le son [i] s'écrivent en **-ie**.

bougi**e**   librairi**e**   pharmaci**e**
écuri**e**   modesti**e**   prairi**e**

Exceptions : brebi**s**, souri**s**, perdri**x**, fourm**i**, nu**it**.

• La plupart des noms féminins terminés par le son [wa] s'écrivent en **-oie**.

j**oie** **oie** pr**oie** s**oie** v**oie**

Exceptions: cr**oix**, f**oi**, f**ois**, l**oi**, n**oix**, v**oix**.

• Les noms féminins qui se terminent par le son [y] s'écrivent en **-ue**.

aven**ue** bienven**ue** étend**ue** r**ue** ten**ue**

• Les noms féminins qui désignent un contenu se terminent par **-ée**, ainsi que dict**ée** et jet**ée**.

cuiller**ée** port**ée**

Attention: Certains noms masculins se terminent aussi par **-ée**.

mus**ée** pygm**ée**

• Les autres noms féminins qui ne se terminent pas par une consonne ont souvent un **e** muet final.

AIE: b**aie**, cr**aie**, monn**aie**, pl**aie**, r**aie**.
OUE: j**oue**, m**oue**, r**oue**.
EUE: banli**eue**, li**eue**, qu**eue**.

377▶ *Quelle est la nature des mots qui se terminent par -re?*

On trouve aussi le **e** muet dans les mots qui se terminent par **-re**. Ces mots peuvent être des **noms** masculins ou féminins, ou des **adjectifs**.

NOMS MASCULINS: audit**oire**, laborat**oire**, territ**oire**, annivers**aire**, estu**aire**, sal**aire**, murm**ure**, folkl**ore**, emp**ire**, nav**ire**, r**ire**, sour**ire**, ph**are**, dinos**aure**.

NOMS FÉMININS : baign**oire**, balanç**oire**, hist**oire**, mol**aire**, capt**ure**, coiff**ure**, mes**ure**, ord**ure**, pel**ure**, fl**ore**, tirel**ire**, fanf**are**, g**are**, guit**are**, m**are**.

ADJECTIFS (masculins ou féminins) : illus**oire**, mérit**oire**, provis**oire**, respirat**oire**, aliment**aire**, nuclé**aire**, pol**aire**, sol**aire**, volont**aire**, carniv**ore**, incol**ore**, omniv**ore**, p**ire**, r**are**.

378 ▶

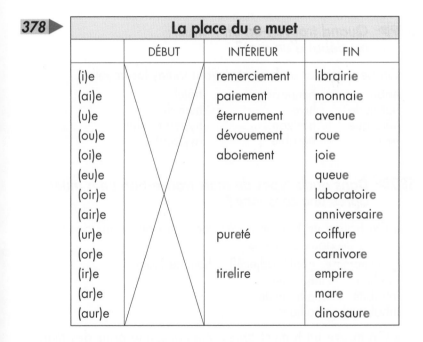

La place du e muet			
	DÉBUT	INTÉRIEUR	FIN
(i)e		remerciement	librairie
(ai)e		paiement	monnaie
(u)e		éternuement	avenue
(ou)e		dévouement	roue
(oi)e		aboiement	joie
(eu)e			queue
(oir)e			laboratoire
(air)e			anniversaire
(ur)e		pureté	coiffure
(or)e			carnivore
(ir)e		tirelire	empire
(ar)e			mare
(aur)e			dinosaure

ÉCRIRE LE h MUET
ET LE h ASPIRÉ

h muet

379▶ *Quand trouve-t-on un h muet*
au début d'un mot?

On peut trouver un **h** muet devant toutes les voyelles.

habit	**h**eureuse	**h**ôtel
habitude	**h**iver	**h**umide
héroïque	**h**orizon	**h**ypermarché
heure	**h**orrible	**h**ypocrite

380▶ *Dans quels types de mots trouve-t-on un h muet*
après une consonne?

• On trouve un **h** muet après une consonne dans des mots
formés de deux éléments.

gentil**h**omme : gentil (adjectif) + homme (nom)

bon**h**eur	in**h**umain
in**h**abité	mal**h**onnête
in**h**abituel	mal**h**eur

• On trouve un **h** muet après une consonne dans des mots
d'origine grecque.

t**h**éâtre	bibliot**h**èque
r**h**inocéros	épit**h**ète
sympat**h**ique	r**h**ume

h **aspiré**

381 ▶ *Qu'est-ce que le h «aspiré»?*

Le **h** «aspiré» permet de prononcer séparément deux voyelles ou de ne pas faire la liaison avec le mot précédent.

un **h**érisson   la pré**h**istoire
un **h**angar   un **h**éros
une maison **h**aute

382 ▶

	La place du h muet		
	DÉBUT	INTÉRIEUR	FIN
h	**h**abitude	men**h**ir	maharadja**h**

À la découverte des mots

383 ▶ *Apprendre les homophones*

Parfois, seul le **h** permet de faire la différence entre deux mots.

ton (nom ou adjectif possessif)   le t**h**on (le poisson)

ÉCRIRE LES CONSONNES MUETTES

Les consonnes que l'on n'entend pas sont appelées consonnes muettes. Elles se trouvent le plus souvent à la fin des mots.

s muet

384 ▶ *Où se trouve le s muet?*

● Le **s** muet se trouve à la fin des mots.

FIN : bra**s**, lila**s**, matela**s**, repa**s**, autrefoi**s**, bourgeoi**s**, foi**s**, moi**s**, quelquefoi**s**, avi**s**, brebi**s**, coli**s**, pui**s**, souri**s**, anglai**s**, jamai**s**, mai**s**, marai**s**, do**s**, enclo**s**, héro**s**, repo**s**, ju**s**, refu**s**.

● Le **s** muet peut apparaître après une autre consonne.

cor**ps**   poi**ds**   tem**ps**   volontier**s**

Ⓐ**ttention :** N'oublie pas le **s** muet à la fin des verbes : tu chante**s**, tu chantai**s**, nous chanton**s**, nous chanteron**s**.

385 ▶ *Quel est le genre des noms terminés par un s muet?*

La plupart des noms terminés par un **s** muet sont masculins.

un succè**s**   un avi**s**

Exceptions : la brebi**s**, une foi**s**, la souri**s**.

386 ▶ *Quel est le pluriel des noms terminés par* s *?*

Les mots terminés par **s** au singulier sont invariables.
la brebis → les brebis   le repas → les repas

387 ▶ *Comment savoir s'il faut écrire un* s *muet ?*

On peut s'aider d'un mot de la même famille.
confuse → confus   reposer → repos

---
t muet
---

388 ▶ *Où se trouve le* t *muet ?*

● On trouve le **t** muet à la fin d'un mot.
APRÈS UNE VOYELLE : mulet, achat, climat, plat, résultat,
appétit, circuit, fruit, lit, nuit, escargot, robot, sabot, tricot,
artichaut, défaut, saut, sursaut, adroit, détroit, endroit,
exploit, toit, début, bout.
APRÈS **r** : art, départ, écart, rempart, concert, désert, dessert,
transfert, confort, effort, support, tort.
APRÈS **c, p** : aspect, prompt, respect, suspect.

Attention : N'oublie pas le **t** muet à la fin des verbes :
ils ou elles chantaient, il ou elle bat, ils ou elles viendront.

389 ▶ *Comment savoir s'il faut écrire un* t *muet ?*

On peut s'aider d'un mot de la même famille ou bien du féminin.
tricoter → tricot   toute → tout   complète → complet

x muet

390 ▶ *Où se trouve le x muet ?*

● On trouve un **x** muet à la fin d'un mot.
FIN : choi**x**, croi**x**, deu**x**, dou**x**, épou**x**, fau**x**, hou**x**, jalou**x**, noi**x**, pai**x**, perdri**x**, pri**x**, tou**x**, voi**x**.

● On trouve aussi un **x** muet dans la terminaison de certains verbes.
pouvoir : je peu**x**, tu peu**x**   *vouloir* : je veu**x**, tu veu**x**

391 ▶ *Quel est le pluriel des noms terminés par x ?*

Les noms terminés par **x** au singulier sont invariables.
la noi**x** → les noi**x**   le pri**x** → les pri**x**

c, p muets

392 ▶ *Où trouve-t-on le c et le p muets ?*

Le **c** et le **p** muets se trouvent à l'intérieur et à la fin des mots.
INTÉRIEUR : aspe**c**t, respe**c**t, prom**p**t, (il) rom**p**t.
FIN : beaucou**p**, cham**p**, cou**p**, dra**p**, lou**p**, siro**p**, tro**p**, ban**c**, blan**c**, flan**c**, fran**c**.

393 ▶ *Comment savoir s'il faut écrire c ou p ?*

On peut s'aider de mots de la même famille.
cham**p**être → cham**p**   respe**c**ter → respe**c**t

b, d, g, l muets

394 ▶ *Où trouve-t-on les consonnes muettes b, d, g, l?*

On les trouve à la fin des mots.

B: aplom**b**, plom**b**.

D: crapau**d**, ni**d**, nœu**d**, pie**d**, bon**d**, accor**d**, bor**d**, brouillar**d**, canar**d**, épinar**d**, hasar**d**, lézar**d**, lour**d**, recor**d**, sour**d**.

G: étan**g**, lon**g**, poin**g**.

L: fusi**l**, genti**l**, outi**l**.

395 ▶ *Comment savoir s'il faut écrire b, d, g, l?*

On peut s'aider de mots de la même famille ou bien du féminin.

bon**d**ir → bon**d**   lon**g**ue → lon**g**   plom**b**ier → plom**b**

396 ▶

La place des consonnes muettes			
	DÉBUT	INTÉRIEUR	FIN
voyelle + s			repas
consonne + s			velours
voyelle + t			climat
consonne + t			respect
x			noix
d			pied
p			drap
c			banc
g			étang
b			plomb
l			outil

293

À la découverte des mots

397 **D'où viennent les lettres muettes ?**

La plupart des mots français viennent du latin ; les lettres muettes sont des lettres qui se trouvaient déjà dans le mot latin. On les a gardées en français, mais on ne les prononce plus.

Le mot latin vi**n**um a donné en français le mot vi**n**.
Le mot latin vi**gint**i a donné en français le mot vin**gt**.
Vingt se prononce comme **vin**, mais il a gardé les lettres **g** et **t** qui existaient en latin.

Le mot latin cur**s**us a donné le mot français cour**s**.
Le mot latin cur**t**us a donné le mot français cour**t**.
Cours et **court** se prononcent de la même manière, mais on continue à les écrire avec les lettres **s** et **t** qui existaient en latin.

398 **Apprendre les homophones**

la boue	le bout
le cou	le coup
le lait	laid (adjectif)
une roue	roux (adjectif)

ÉCRIRE LE DÉBUT DES MOTS

399 ► *Comment choisir entre ad- ou add-?*

On écrit le plus souvent **ad-**.
adieu   **ad**orable   **ad**ulte

Exception : Le nom **addition** s'écrit avec **dd**.

400 ► *Comment choisir entre aff- ou af-?*

On écrit le plus souvent **aff-**.
affaire   **aff**ection   **aff**iche   **aff**irmation

Exceptions : afin, africain, Afrique.

Attention : Les mots qui commencent par eff- ou off- s'écrivent toujours avec **ff**.
efficace   effort   effrayant
offense   officier   offrir

401 ► *Comment choisir entre ag- ou agg-?*

On écrit le plus souvent **ag-**.
agrafe   **ag**randir   **ag**réable   **ag**ressif   **ag**riculture

Exceptions : **agg**lomération, **agg**lutiner, **agg**raver.

402▶ *Comment choisir entre am- ou amm-?*

On écrit presque toujours **am-**.

amarre	**am**i	**am**our
amateur	**am**ont	**am**user

Exception : **amm**oniaque

403▶ *Comment choisir entre il- ou ill-?*

On écrit le plus souvent **ill-**.

illisible   **ill**uminé   **ill**usion   **ill**ustrer

Exceptions : **il, île**.

404▶ *Comment choisir entre ir- ou irr-?*

On écrit le plus souvent **irr-**.

irréalisable	**irr**emplaçable	**irr**espirable	**irr**igation
irréductible	**irr**éparable	**irr**esponsable	**irr**iter

Exceptions : **iranien, iris, ironie.**

ÉCRIRE LA FIN DES MOTS

405 ▶ *Comment choisir entre -ail ou -aille?*

- On écrit **-ail** à la fin des noms masculins.
un trav**ail**   un gouvern**ail**
- On écrit toujours **-aille** à la fin des noms féminins.
la p**aille**   une m**aille** (de tricot)

406 ▶ *Comment choisir entre -ciel ou -tiel?*

- On écrit **-ciel** après **i** et **an**.
Après **i** : logi**ciel**, superfi**ciel**.
Après **an** : circonstan**ciel**.
- On écrit **-tiel** après **en**.
essen**tiel**

407 ▶ *Comment choisir entre -cien, -tien ou -ssien?*

- On écrit souvent **-cien** dans des noms de métiers.
électri**cien**   magi**cien**   pharma**cien**
- On écrit **-tien** quand le mot est formé à partir de noms propres contenant un **t** dans la dernière syllabe.
Cap-Chat → Cap-Cha**tien**   Haïti → haï**tien**
Égypte → égyp**tien**   Tahiti → tahi**tien**
- Dans quelques mots, on écrit aussi **-sien** et **-ssien**.
le **sien**   paroi**ssien** (paroisse)   pru**ssien** (Prusse)

- Les noms et les adjectifs féminins s'écrivent **-cière** ou **-ssière**.
-cière: poli**cière**, roman**cière**.
-ssière: pâti**ssière**, pou**ssière**.

- Les noms et adjectifs masculins terminés par **-cier** et **-ssier** forment leur féminin en **-cière** et **-ssière**.

épicier → épi**cière**   caissier → cai**ssière**

409 ▶ *Comment choisir entre* -é *ou* -ée *?*

- Tous les noms de genre féminin, terminés par [e] et non par [te] ou [tje], s'écrivent **-ée**.

ann**ée**   matin**ée**   pens**ée**   rentr**ée**

> Exception: la cl**é**

- On trouve souvent la finale **-ée** dans des mots qui désignent des contenus.

bouche	→ une bouch**ée**	gorge	→ une gorg**ée**
bras	→ une brass**ée**	pince	→ une pinc**ée**
cuiller	→ une cuiller**ée**	poing	→ une poign**ée**
four	→ une fourn**ée**	rang	→ une rang**ée**

- Il existe quelques noms masculins en **-ée.**

un apog**ée**   un mus**ée**   un pygm**ée**   un scarab**ée**

410 ▶ *Comment choisir entre* -eil *ou* -eille *?*

- On écrit **-eil** à la fin des noms masculins.
le sol**eil**

- On écrit **-eille** à la fin des noms féminins.
une ab**eille**

411 ▶ *Comment choisir entre* -euil, -euille *ou* -ueil?

● On écrit toujours **-euille** à la fin des noms féminins.
une f**euille**

● On écrit le plus souvent **-euil** à la fin des noms masculins.
un faut**euil**

Attention : Les noms masculins formés sur **feuille** s'écrivent
-euille, sauf **cerfeuil**.
du chèvre**feuille**   un mille**feuille**   un porte**feuille**

Exception : un **œil**

● Après les consonnes **c** et **g**, on doit écrire **-ueil**.
un acc**ueil**   un cerc**ueil**   l'org**ueil**   un rec**ueil**

Attention à la conjugaison de **cueillir** et de ses composés.
je c**uei**lle   tu c**uei**lles

412 ▶ *Comment choisir entre* -eur, -eure, -eurs *ou* -œur?

● On écrit le plus souvent **-eur** à la fin des noms.
le bonh**eur**   le malh**eur**   la p**eur**   la terr**eur**

Exceptions : le b**eurre**, la dem**eure**, une h**eure**.

● La finale **-eur** permet de former des noms.
blanc   → la blanch**eur**   mince   → la minc**eur**
dessiner → le dessinat**eur**   profond → la profond**eur**
explorer → l'explorat**eur**   voyager → le voyag**eur**

● Certains mots invariables se terminent par **-eurs**.
aill**eurs**   d'aill**eurs**   plusi**eurs**

● Certains noms se terminent par **-œur**.
c**œur**   ch**œur**   ranc**œur**   s**œur**

413 ▶ *Comment choisir entre -ie ou -i?*

Tous les noms féminins terminés par le son [i] s'écrivent **-ie**.

boug**ie**	librair**ie**	modest**ie**	pharmac**ie**
écur**ie**	loter**ie**	nostalg**ie**	plu**ie**
jalous**ie**	mair**ie**	ort**ie**	prair**ie**

Exceptions: la nu**it**, la fourm**i**, la breb**is**, la sour**is**, la perdr**ix**.

● À la fin des noms masculins, on écrit **-i**, **-is**, **-id** ou **-ix**.

un abr**i** un part**i** un ni**d** un pri**x** un tapi**s**

414 ▶ *Comment choisir entre -oire ou -oir?*

● On écrit **-oire** à la fin des noms féminins.

une balanç**oire**	une f**oire**	une hist**oire**
la mém**oire**	une nage**oire**	

● On écrit **-oir** à la fin de la plupart des noms masculins.

un compt**oir** un coul**oir** un esp**oir** un réserv**oir**

Exceptions: Certains noms masculins se terminent par -**oire**.

un pourb**oire**	un conservat**oire**	un interrogat**oire**
un laborat**oire**	un réfect**oire**	un territ**oire**

● On écrit **-oire** à la fin des adjectifs, au masculin comme au féminin.

un exercice obligat**oire**
la sieste obligat**oire**

Exception: noir
un pantalon **noir** une chemise **noire**

415 ▶ *Comment choisir entre* -té *ou* -tée *?*

● Presque tous les noms terminés par [te] s'écrivent **-té**.
la qualité   l'originalité   l'Antiquité   la cité   la spécialité

Exceptions:
● Les noms indiquant un contenu: une pelletée...
● Les cinq noms suivants: la dictée, la jetée, la montée,
la pâtée, la portée.

● Les noms terminés par **-té** sont presque tous féminins.

Exceptions: un été, un côté, un doigté, un traité.

● La finale **-té** permet de former des noms désignant des
qualités ou des défauts à partir d'adjectifs.

ADJECTIFS	NOMS	ADJECTIFS	NOMS
beau	beauté	méchant	méchanceté
clair	clarté	rapide	rapidité
généreux	générosité	timide	timidité

416 ▶ *Comment choisir entre* -tié *ou* -tier *?*

● Les noms de genre féminin s'écrivent **-tié**.
une moitié   l'amitié

● Les noms de genre masculin s'écrivent **-tier**.
un bijoutier   un charcutier   un potier
un boîtier   un cocotier   un quartier
un chantier   un collier   un sentier

▶ *Comment choisir entre* -tion *ou* -(s)sion*?*

● Après les consonnes **c** et **p**, on écrit toujours **-tion**.
a**ction**   se**ction**   inscri**ption**
● Après la voyelle **a**, on trouve le plus souvent **-tion**.
alimen**tation**   éduc**ation**   explic**ation**

Exceptions : **passion**, com**passion**.

● Après la consonne **l**, on écrit toujours **-sion**.
expul**sion**

▶ *Comment choisir entre* -ule *ou* -ul*?*

Presque tous les noms, masculins ou féminins, terminés par le son [yl], s'écrivent **-ule**.
NOMS MASCULINS : crépusc**ule**, glob**ule**, scrup**ule**, véhic**ule**.
NOMS FÉMININS : basc**ule**, cell**ule**, libell**ule**, pil**ule**, rot**ule**.

Exceptions :
● Les trois mots **calcul, consul** et **recul** s'écrivent **-ul**.
● Une **bulle** et le **tulle** s'écrivent **-ulle**.
● Un **pull**, d'origine anglaise, s'écrit avec deux **l**.

▶ *Comment choisir entre* -ur *ou* -ure*?*

Presque tous les noms, masculins ou féminins, terminés par le son [yr], s'écrivent **ure** (ou, rarement, **ûre**).
NOMS MASCULINS : merc**ure**, murm**ure**.
NOMS FÉMININS : avent**ure**, brûl**ure**, engel**ure**, érafl**ure**, nourrit**ure**, piq**ûre**, sculpt**ure**, tent**ure**.

Exceptions : az**ur**, fém**ur**, fut**ur** et m**ur**.

CONJUGAISON

On appelle conjugaison d'un verbe l'ensemble des formes que peut prendre ce verbe.

ANALYSER UN VERBE

420 ▶ *Qu'est-ce qu'un verbe?*

> Les verbes permettent de désigner des **actions** *(demander, courir...)* ou des **états** *(être, devenir...)*.

Pendant des années, le roi **chercha**, mais il ne **trouva** jamais ni la porte ni le jardin. Au début, il **était** plein d'enthousiasme, puis il **oublia** peu à peu la vision odorante et colorée.

▪ Le Roi gris

▌ *Le roi*   *chercha*,   mais   *il*   ne   *trouva*   jamais. ▌
   sujet   verbe d'action   sujet   verbe d'action

▌ *Il*   *était*   *plein d'enthousiasme*. ▌
sujet   verbe d'état   qualité

On attribue la qualité *plein d'enthousiasme* au sujet *il*.

▌ *Il*   *oublia*. ▌
sujet   verbe d'action

421 ▶ Comment reconnaître un verbe ?

Le verbe est le seul élément de la phrase qui porte les **marques** de la **personne** et du **temps**.

● *Les marques de la personne*

1ʳᵉ PERSONNE DU SINGULIER	je chant**e**
1ʳᵉ PERSONNE DU PLURIEL	nous chant**ons**

● *Les marques du temps*

PRÉSENT DE L'INDICATIF	je chant**e**
IMPARFAIT DE L'INDICATIF	je chant**ais**

422 ▶ De quels éléments se compose le verbe ?

Le verbe se compose de deux parties : un **radical** et une **terminaison**.

● *Infinitif*
<u>chant</u>   <u>er</u>
radical terminaison

● *Imparfait de l'indicatif*
je   <u>chant</u>   <u>ais</u>
     radical terminaison

nous <u>chant</u>   <u>ions</u>
     radical terminaison

Le radical indique le **sens** du verbe. La terminaison indique la **personne** et le **temps** auxquels un verbe est conjugué.

★ **423** ▶ *Qu'est-ce que la voix active?*

> Un verbe est à la voix active quand le sujet fait l'action exprimée par le verbe.

Anatole **suspend** son vol pour écouter les douze coups qui s'égrènent au clocher de l'église. Puis, il **repart** dans un bruissement d'ailes.

▪*Anatole le vampire*

▌*Anatole*	*suspend*	*son vol pour écouter.* ▌
le sujet fait l'action	le verbe est à la voix active	

▌*Il*	*repart*	*dans un bruissement d'ailes.* ▌
le sujet fait l'action	le verbe est à la voix active	

★ **424** ▶ *Qu'est-ce que la voix passive?*

> Un verbe est à la voix passive quand le sujet subit l'action exprimée par le verbe.

À ce moment, on entendit un fracas de tonnerre et un cavalier apparut dans le lointain. Il **était revêtu** d'une armure noire. Son cheval était noir. La lance qu'il tenait dans sa main droite était noire. Sa main gauche **était gantée** de noir.

▪*La Princesse Hoppy*

▌*Il*	*était revêtu*	*d'une armure noire.* ▌
le sujet subit l'action	le verbe est à la voix passive	

▌*Sa main gauche*	*était gantée*	*de noir.* ▌
le sujet subit l'action	le verbe est à la voix passive	

306

★ 425 ▸ Qu'est-ce que la voix pronominale?

Un verbe est à la voix pronominale quand le sujet exerce l'action sur lui-même.

Hier, on a eu un nouveau professeur de gymnastique.
– **Je m'appelle** Hector Duval, il nous a dit, et vous?
– Nous pas, a répondu Fabrice, et ça, ça nous a fait drôlement rigoler. ▪Les Vacances du petit Nicolas

▪ *Je*　　　*m'appelle*　　　*Hector Duval.* ▪
　sujet　　verbe à la voix pronominale

426 ▸ Quels sont les modes du verbe?

Les modes **qui se conjuguent** sont l'indicatif, le subjonctif, le conditionnel et l'impératif.

Il **fait** noir, le ciel **est voilé**. Pas une étoile, pas de lune. Clara n'**ose** rien faire. Le chien n'**est** pas sur la falaise. Trop noir pour s'aventurer sur une piste. Et quelle piste? La maison bleue? Elle **a** peur d'y aller si tard.
▪La Vraie Histoire du chien de Clara Vic

▪ Les verbes en gras sont employés au mode indicatif. ▪

– Moi, j'aime mieux téléphoner, j'ai dit.
Parce que c'est vrai, écrire, c'est embêtant, mais téléphoner c'est rigolo, et à la maison on ne me laisse jamais téléphoner, sauf quand c'est Mémé qui appelle et qui veut que **je vienne** lui faire des baisers.

Joachim a des ennuis

▌*que je vienne lui faire des baisers* ▌
mode subjonctif

Il est venu un jardin cette nuit
qui n'avait plus d'adresse
Un peu triste il tenait poliment
ses racines à la main
Pourriez-vous me donner
un jardin où j'**aurais**
le droit d'être jardin?

À la lisière du temps

▌*Pourriez-vous me donner un jardin où j'aurais le droit d'être jardin?* ▌
mode conditionnel   mode conditionnel

Jim est assis à l'entrée de sa tente. Lui non plus n'arrive pas à fermer l'œil. Il appelle sa sœur: «Rose! Rose!
– Cela suffit! crie Rose.
Fiche-moi la paix et **rentre** chez toi. [...]»

Le Petit Pont

▌Les verbes **soulignés** sont employés au mode impératif. ▌

Les deux modes **qui ne se conjuguent pas** sont l'infinitif et le participe (présent et passé).

Le pont est trop étroit pour **laisser passer** deux personnes à la fois. Ou bien Jim permet à Jules de **traverser** le premier pour qu'il arrive vite chez son oncle. Ou bien Jules laisse **passer** Jim afin qu'il ne manque pas son train.

Le Petit Pont

❚ Les verbes en gras sont employés au mode infinitif. ❚

Odile, **assise** au bord d'une île,
Croque en riant un crocodile
Qui flottait, **dormant** sur le Nil.

Au clair de la lune

❚ Odile, _assise_ au bord d'une île ❚
     participe passé

→ Le participe passé _assise_ est employé ici sans auxiliaire. Il prend alors une valeur d'adjectif.

❚ un crocodile _dormant_ sur le Nil ❚
     participe présent

427 ▶ *Quels sont les temps simples du verbe ?*

• Il existe des temps simples et des temps composés.

• Les temps simples du mode indicatif sont le présent, l'imparfait, le passé simple et le futur.

• Le mode subjonctif comprend deux temps simples seulement : le présent et l'imparfait.

- **Présent de l'indicatif**

– Tu **as** un timbre qui me **manque**, a dit Rufus à Clotaire, je te le **change**.
– D'accord, a dit Clotaire. Je te **change** mon timbre contre deux timbres.
– Et pourquoi je te donnerais deux timbres pour ton timbre, je vous **prie** ? a demandé Rufus. Pour un timbre, je te **donne** un timbre.

Le Petit Nicolas et les Copains

- **Imparfait de l'indicatif**

Le petit chalet ne **comportait** qu'une seule pièce. Deux lutrins, un fauteuil et une petite table **formaient** tout l'ameublement. Des partitions **traînaient** un peu partout. Une plante superbe **trônait** sur la table. Les deux fenêtres, toujours ouvertes, **donnaient** sur le bois qui **entourait** le minuscule chalet au toit pointu.

Concerto pour violon et cigales

- **Passé simple de l'indicatif**

Le Roi **pensa** que le vieux se moquait de lui et **voulut** essayer les lunettes. Oh! prodige! Lorsqu'il **eut** les verres devant les yeux, il lui **sembla** qu'il retrouvait un monde perdu. Il **vit** un moucheron sur la pointe d'un brin d'herbe; il **vit** un pou dans la barbe du vieillard et il **vit** aussi la première étoile trembler sur le ciel pâlissant.

Les Lunettes du lion

- **Futur de l'indicatif**

– Olivier St-Pierre! Tu m'**écriras** cinq pages sur l'importance d'être attentif en classe! Cela t'**apprendra** à faire le singe dans mon dos!

Matusalem

428 ▶ **Quels sont les temps composés du verbe à l'indicatif?**

Les temps composés de l'indicatif sont le passé composé, le plus-que-parfait, le futur antérieur et le passé antérieur. On les appelle ainsi parce qu'ils sont constitués de l'auxiliaire **avoir** ou **être** et du **participe passé**.

Je suis monté dans ma chambre, **j'ai fermé** les persiennes pour qu'il fasse bien noir et puis **je me suis amusé** à envoyer le rond de lumière partout: sur les murs, au plafond, sous les meubles et sous mon lit, où, tout au fond, **j'ai trouvé** une bille que je cherchais depuis longtemps et que je n'aurais jamais retrouvée si **je n'avais pas eu** ma chouette lampe de poche.

▪ Joachim a des ennuis

▌ je   *suis*   *monté* ▌
  auxiliaire *être*   participe passé
  └──── PASSÉ COMPOSÉ ────┘

▌ j'   *ai*   *fermé* ▌
  auxiliaire *avoir*   participe passé
  └──── PASSÉ COMPOSÉ ────┘

▌ je *n'avais* pas   *eu* ▌
  auxiliaire *avoir*   participe passé
  └──── PLUS-QUE-PARFAIT ────┘

Une partie de ma matinée **s'était passée** à conjuguer un nouveau temps du verbe être – car on venait d'inventer un nouveau temps du verbe être.

▪ Clair de terre

▌ *Une partie de ma matinée s'était*   *passée à conjuguer.* ▌
                          auxiliaire *être*   participe passé
  └────────────── PLUS-QUE-PARFAIT ──────────────┘

311

Le **premier groupe** rassemble les verbes dont l'**infinitif** est en **-er**. Ce groupe est le plus important. Il comporte plus de 10 000 verbes. Quand on a besoin de créer un verbe nouveau, c'est sur le modèle de ce groupe qu'on le bâtit: *téléviser, informatiser...*

chanter   jouer   laver
manger   rouler   nager

430 ▶ *Qu'est-ce que le deuxième groupe?*

Le **deuxième groupe** rassemble les verbes dont l'**infinitif** est en **-ir** et le **participe présent** en **-issant**. Ce groupe est beaucoup plus réduit que le premier (300 verbes environ).

finir (finissant)
désobéir (désobéissant)
jaillir (jaillissant)
haïr (haïssant)

431 ▶ *Qu'est-ce que le troisième groupe?*

Le **troisième groupe** rassemble tous les autres verbes (environ 300). Ces verbes sont appelés **verbes irréguliers**, car la forme de leur radical change en cours de conjugaison.

● *Verbes en* -oir

apercevoir   devoir   pleuvoir
pouvoir   recevoir   savoir
valoir   voir   vouloir

● **Verbes en** -oire
boire   croire

● **Verbes en** -re

craindre	écrire	dire
entendre	lire	mettre
prendre	sourire	suivre

● **Verbes en** -ir *(participe présent en* -ant*)*
dormir (dormant)
sortir (sortant)
tenir (tenant)
sentir (sentant)

Attention : Le verbe **aller**, malgré son infinitif en **-er**, fait partie du 3ᵉ groupe.

432 ▶ Qu'est-ce qu'un auxiliaire ?

On appelle **auxiliaires** les verbes **être** et **avoir** quand ils servent à conjuguer un verbe aux temps composés.

j'ai   aimé
auxiliaire   participe passé

j'avais   aimé
auxiliaire   participe passé

je suis   parti
auxiliaire   participe passé

j'étais   parti
auxiliaire   participe passé

ÉCRIRE LES VERBES

▷ *Tableaux 459 à 476*

433 ▶ *Comment écrire les verbes en -cer?*

Les verbes du premier groupe comme **placer** prennent une **cédille** sous le **c** devant les voyelles **a** et **o**. ▷ *paragraphe 350*

Je pla**c**e   nous pla**ç**ons   je pla**ç**ais

Verbes du type placer

annoncer	bercer	effacer	grincer
avancer	commencer	enfoncer	lancer
balancer	divorcer	glacer	prononcer ▷ *tableau 466*

434 ▶ *Comment écrire les verbes en -ger?*

Les verbes du premier groupe comme **manger** prennent un **e** après le **g** devant les voyelles **a** et **o**.   ▷ *paragraphe 366*

je mange   nous man**geo**ns   tu man**gea**is

Verbes du type manger

allonger	encourager	loger	prolonger
arranger	engager	mélanger	ranger
changer	exiger	nager	rédiger
charger	figer	neiger	ronger
corriger	interroger	partager	venger
diriger	juger	plonger	voyager ▷ *tableau 467*

435 ▶ Comment écrire les verbes en é + consonne + er ?

Le **é** des verbes comme **céder** se change en **è** (accent grave) au singulier et à la 3ᵉ personne du pluriel, au **présent** de l'**indicatif** et du **subjonctif**.

PRÉSENT DE L'INDICATIF	PRÉSENT DU SUBJONCTIF
je cède	que je cède
tu cèdes	que tu cèdes
il, elle cède	qu'il, qu'elle cède
nous cédons	que nous cédions
vous cédez	que vous cédiez
ils, elles cèdent	qu'ils, elles cèdent

Verbes du type céder

accélérer	ébrécher	opérer	protéger
célébrer	espérer	pécher	régler
compléter	lécher	pénétrer	répéter
digérer	libérer	préférer	sécher

436 ▶ Comment écrire les verbes en e + consonne + er ?

Les verbes du premier groupe comme **semer** changent le **e** du radical en **è** (accent grave) devant une syllabe muette.

PRÉSENT DE L'INDICATIF	FUTUR DE L'INDICATIF
je sème	je sèmerai
tu sèmes	tu sèmeras
il, elle sème	il, elle sèmera
nous semons	nous sèmerons
vous semez	vous sèmerez
ils, elles sèment	ils, elles sèmeront

Verbes du type semer

achever	emmener	peser
crever	enlever	lever	promener

437 ▶ *Comment écrire les verbes en* -eter *et* -eler ?

Les verbes du premier groupe comme **jeter** et **appeler** doublent leur consonne **t** ou **l** devant un **e** muet.

PRÉSENT DE L'INDICATIF	PRÉSENT DE L'INDICATIF
je jette	j'appelle
tu jettes	tu appelles
il, elle jette	il, elle appelle
nous jetons	nous appelons
vous jetez	vous appelez
ils, elles jettent	ils, elles appellent

Verbes du type jeter *et* appeler

atteler	ensorceler	grommeler
chanceler	épousseter	voleter

Les verbes du premier groupe comme **acheter** et **peler** s'écrivent avec **è** devant un **e** muet.

PRÉSENT DE L'INDICATIF	PRÉSENT DE L'INDICATIF
j'achète	je pèle
tu achètes	tu pèles
il, elle achète	il, elle pèle
nous achetons	nous pelons
vous achetez	vous pelez
ils, elles achètent	ils, elles pèlent

438 ▶ *Comment écrire les verbes en -uyer et -oyer ?*

Les verbes du premier groupe comme **nettoyer** et **essuyer** changent le **y** du radical en **i** devant un **e** muet.

▷ *paragraphe 375*

PRÉSENT DE L'INDICATIF	FUTUR DE L'INDICATIF
j'essuie	j'essuierai
tu essuies	tu essuieras
il, elle essuie	il, elle essuiera
nous essuyons	nous essuierons
vous essuyez	vous essuierez
ils, elles essuient	ils, elles essuieront

Verbes du type essuyer et nettoyer

aboyer	ennuyer
appuyer	noyer
employer	

Les verbes **envoyer** et **renvoyer** forment leur futur de l'indicatif et leur conditionnel présent en **-err-**.

FUTUR DE L'INDICATIF	CONDITIONNEL PRÉSENT
j'enverrai	j'enverrais
tu enverras	tu enverrais
il, elle enverra	il, elle enverrait
nous enverrons	nous enverrions
vous enverrez	vous enverriez
ils, elles enverront	ils, elles enverraient

Au singulier du présent de l'indicatif, les verbes du troisième groupe comme **entendre** et **répondre** se terminent par : **ds**, **ds**, **d**. Ils conservent le **d** de l'infinitif.

j'entend**s**	je répond**s**
tu entend**s**	tu répond**s**
il, elle enten**d**	il, elle répon**d**

Verbes du type **entendre** *et* **répondre**

apprendre	perdre
confondre	pondre
correspondre	prendre
descendre	tordre
mordre	

▷ *tableau 473*

Au singulier et au pluriel du présent de l'indicatif, les verbes comme **craindre** et **peindre** ne conservent pas le **d** de l'infinitif. Mais ils le gardent au futur de l'indicatif et au conditionnel présent.

PRÉSENT	FUTUR	CONDITIONNEL PRÉSENT
je crain**s**	je crain**d**rai	je crain**d**rais
tu crain**s**	tu crain**d**ras	tu crain**d**rais
il, elle crain**t**	il, elle crain**d**ra	il, elle crain**d**rait
ils, elles crai**gn**ent	ils, elles crain**d**ront	ils, elles pein**d**raient

PRÉSENT	FUTUR	CONDITIONNEL PRÉSENT
je pein**s**	je pein**d**rai	je pein**d**rais
tu pein**s**	tu pein**d**ras	tu pein**d**rais
il, elle pein**t**	il, elle pein**d**ra	il, elle pein**d**rait
ils, elles pei**gn**ent	ils, elles pein**d**ront	ils, elles pein**d**raient

Verbes du type **craindre** *et* **peindre**

contraindre	joindre	plaindre	teindre
éteindre	peindre	rejoindre	

440 ▶ *Comment écrire les verbes en* -ttre ?

Aux trois premières personnes du singulier du présent de l'indicatif, les verbes du troisième groupe comme **battre** et **mettre** s'écrivent avec **un seul t.**

je bats	je mets
tu bats	tu mets
il, elle bat	il, elle met

Aux autres personnes du présent et à tous les autres temps, ces verbes s'écrivent avec **deux t.**

PRÉSENT		IMPARFAIT	FUTUR
nous battons	nous mettons	je battais	je mettrai
vous battez	vous mettez	tu battais	tu mettras
ils, elles battent	ils, elles mettent	il, elle battait	il, elle mettra

Verbes du type battre *et* mettre

admettre	commettre	promettre	soumettre
combattre	permettre	rabattre	transmettre

441 ▶ *Comment écrire les verbes en* -aître ?

Les verbes du troisième groupe comme **connaître** prennent un accent circonflexe sur le **i** du radical s'il est suivi d'un **t.**

PRÉSENT	FUTUR
je connais	je connaîtrai
tu connais	tu connaîtras
il, elle connaît	il, elle connaîtra

Verbes du type connaître

apparaître	disparaître	paître	paraître	reconnaître

RECONNAÎTRE
LES TERMINAISONS

442 ▶ *Comment écrire les terminaisons de l'imparfait et du passé simple?*

À la première personne de l'imparfait et du passé simple, les terminaisons des verbes du premier groupe **se prononcent** à peu près de la **même** façon, mais **s'écrivent différemment**.

Passé simple	Imparfait
j'arriv**ai** = [e]	j'arriv**ais** = [ɛ]

● *Un conseil!*

Pour savoir si le verbe est à l'imparfait ou au passé simple, conjugue-le à une personne différente.

	Passé simple	Imparfait
1ʳᵉ personne	j'arrivai = [e]	j'arrivais = [ɛ]
3ᵉ personne	il arriv**a**	il arriv**ait**

443 ▶ *Comment écrire les terminaisons du futur et du conditionnel?*

Les terminaisons du futur et du conditionnel présent **se prononcent** de la **même** façon à la 1ʳᵉ personne du singulier, mais s'écrivent différemment.

	1er groupe	2e groupe	3e groupe
Futur	je saute**rai** = [e]	je fini**rai**	je dormi**rai**
Conditionnel	je saute**rais** = [ɛ]	je fini**rais**	je dormi**rais**

● *Un conseil!*

Pour savoir si le verbe est au futur ou au conditionnel, conjugue-le à une personne différente.

	Futur	Conditionnel
1re personne	je sauterai	je sauterais
2e personne	tu saute**ras**	tu saute**rais**

444 ▶ Comment écrire la terminaison de l'impératif?

Verbes	Terminaison de la 2e personne du singulier	Exemples
1er groupe	**e**	marche! chante! joue! nettoie!
2e groupe	**s**	finis! atterris! applaudis!
3e groupe	**s**	dors! tiens! cours! fuis! couds!
	Exceptions: cueillir aller savoir	cueille! va! sache!

EMPLOYER LES TEMPS

445 ▶ **À quoi servent les temps du verbe?**

● Les temps du verbe permettent d'indiquer si les événements ont lieu **avant, pendant ou après le moment où on les raconte**.

● Le verbe permet aussi de **situer dans le temps** les actions, les pensées **les unes par rapport aux autres**. Elles peuvent se dérouler au même instant (elles sont simultanées) ou avoir lieu les unes après les autres.

Le lendemain, le Grand Méchant Cochon **vint** rôder dans les parages et **découvrit** la maison en briques que les petits loups venaient de se construire.
Les trois petits loups jouaient gentiment au croquet dans le jardin. Quand ils **aperçurent** le Grand Méchant Cochon, ils **coururent** s'enfermer dans la maison.

Les Trois Petits Loups et le Grand Méchant Cochon

❚ *Le Grand Méchant Cochon* <u>vint</u> *rôder dans les parages et*
                                        verbe
<u>découvrit</u> *la maison en briques:* ces actions sont successives. ❚
  verbe

❚ *Quand ils* <u>aperçurent</u> *le Grand Méchant Cochon, ils* <u>coururent</u>
               verbe   verbe
s'enfermer dans la maison: ces actions sont simultanées. ❚

446 ▶ *Quand emploie-t-on le présent?*

Lorsqu'un événement se déroule **au moment où** l'on parle, on le situe dans le **présent**.

À l'enterrement d'une feuille morte
Deux escargots s'**en vont**   ▪ Paroles

| Deux escargots s'en vont. |

447 ▶ *Quand emploie-t-on le passé?*

Lorsqu'un événement s'est déroulé **avant** le moment où l'on parle, on le situe dans le **passé**.

Et d'ailleurs il m'est arrivé si rarement de tuer un ours, que le lecteur m'excusera de m'étendre longuement peut-être sur cet exploit. Notre rencontre **fut** inattendue de part et d'autre. Je ne **chassais** pas l'ours, et je n'ai aucune raison de supposer que l'ours me **cherchait**. La vérité est que nous **cueillions** des mûres, chacun de notre côté, et que nous nous **rencontrâmes** par hasard, ce qui arrive souvent.   ▪ Comment j'ai tué un ours

| Notre rencontre fut inattendue. |

| Je ne chassais pas l'ours. |

| Nous cueillions des mûres. |

323

> Lorsque l'on pense qu'un événement se déroulera **après** le moment où l'on parle, on le situe dans le **futur**.

Quand je **serai** grande, il **faudra** que tout soit éclairé. Et je **mangerai** de la confiture et du pâté de foie sur des tartines de pain que j'aurai auparavant recouvertes de beurre. Et je me **tiendrai** sur le toit de la maison d'où je **lancerai** des navets dans toutes les directions quand on m'en **apportera** et que je n'**aurai** pas envie de les préparer.

Quand je serai grande

I *Quand je serai grande.* **I**

I *Je mangerai de la confiture.* **I**

I *Je lancerai des navets.* **I**

TEMPS

passé	présent	futur

> Non, les compléments circonstanciels de temps et les adverbes comme *hier, aujourd'hui, demain...* indiquent aussi à quel moment a lieu un événement.

Deux heures plus tard. Huit cent vingt-quatre coups d'épée bien comptés dans les flancs, la gorge, les jambes et au cœur, le dragon est **toujours** debout et plus en forme que **jamais**.

Le Chevalier de Chambly

Enfin, **au repas du soir**, le canard fut admis à manger à table entre les deux petites et s'y comporta aussi bien qu'une personne.

Les Contes rouges du chat perché

450 ▶ Qu'exprime le présent de l'indicatif?

Le présent peut exprimer un état qui existe ou une action qui se déroule **au moment où l'on parle** (sous les yeux de celui ou celle qui parle).

Sur un miroir sans tain,
Un gros matou **patine**.
Il **patine, patine,**
Patine sans patins.

La patinoire
Du gros matou
Est un miroir
De savon mou.

■ «Gros matou» *dans* Chats qui riment et rimes à chats

Le présent peut aussi évoquer une action ne se déroulant pas sous les yeux de celui ou celle qui parle, mais qui est **habituelle**, se répétant de façon régulière.

Le chat Parasol,
Il **est** si gentil
Qu'il **joue** au guignol
Avec les souris.

Le soir, il s'**enroule**
Comme un hérisson
Puis il **dort**, en boule,
Dans un panier rond.

Le chat Parasol,
Il est si gentil
Que la nuit, il **vole**
Le piège à souris.

■ «Parasol» *dans* Chats qui riment et rimes à chats

On peut enfin utiliser le présent pour parler de **faits considérés comme vrais** quel que soit le moment où l'on se situe dans le temps.

Les têtards, ce sont des petites bêtes qui **grandissent** et qui **deviennent** des grenouilles; c'est à l'école qu'on nous a appris ça.

■Les Récrés du petit Nicolas

● *Les maximes et les proverbes*

– Boris, soupire Magda, sais-tu en quoi s'est changé notre fils?
– En chauve-souris, je suppose. Comme tous les vampires sérieux.
– Eh! bien, non... Il s'est transformé en... en... Oh! C'est terrible!
Indifférent aux lamentations de son épouse, Boris déplie son journal:
– Voyons, Magda, **il faut bien que jeunesse se passe.** Je suis sûr que ce n'est pas si grave. Tu te fais du souci pour rien.

■Anatole le vampire

Et les petites se crurent obligées de mentir et de prendre un air étonné, **ce qui ne manque jamais d'arriver quand on reçoit le loup en cachette de ses parents.**

■Les Contes bleus du chat perché

451 ▶ *Qu'exprime le passé composé?*

> Lorsque l'on constate les résultats d'un événement qui s'est déroulé **juste avant** que l'on prenne la parole, on utilise toujours le passé composé, jamais le passé simple.

L'escargot de Sophie prit le départ. Il était petit, mais il avait de la suite dans les idées. Allongée dans l'herbe au bord de l'allée, Sophie le regarda avancer, bon pied bon œil. Au bout d'une demi-heure, le petit escargot atteignit le poteau d'arrivée. Sophie sauta de joie.
– C'est mon escargot qui **a gagné**!

■L'Escargot de Sophie

❚ Sophie constate que son escargot vient de gagner la course. ❚

Je **suis devenue** porteuse de bacilles, parce que mon petit frère a la scarlatine.

Quand je serai grande

I Je constate que je suis porteuse de bacilles depuis que mon petit frère a la scarlatine. **I**

> Lorsqu'on **raconte une histoire**, si l'on évoque un événement passé, on peut utiliser le passé composé.

– Berthold, qu'est-ce que j'**ai fait** dans la cave?
– Tu **as découvert** des cavernes.
– Avec des monstres dedans?
– Avec un grand serpent de mer, une tortue de trois cents ans et trois calmars géants.
– Ils m'**ont fait** mal? demande Lucrèce.
– Jamais de la vie! Tu les **as ensorcelés** et ils **ont** gentiment **nagé** autour de toi.
– C'était joli? dit Lucrèce.
– Tellement joli, répond Berthold.

Berthold et Lucrèce

452 ▶ Qu'exprime le passé simple?

> On emploie le passé simple lorsqu'on écrit un **conte**, ou lorsqu'on raconte des **événements historiques**.

La poule brune **tendit** le cou et **becqueta** la potion. Une pleine becquée de potion.
L'effet **fut** électrique.
– *Ouiche!* **caqueta** la poule, en bondissant droit dans le ciel comme une fusée.

La Potion magique de Georges Bouillon

453 ▶ *Comment employer le passé simple et l'imparfait ?*

L'imparfait et le passé simple servent tous les deux à exprimer des événements situés dans le passé. L'imparfait présente des actions qui donnent l'impression de **se prolonger**. Il peut aussi **dresser un décor** qui sert de fond aux actions exprimées par le passé simple.

Le bruit des sabots **décrut** dans le lointain. Ils **laissaient** derrière eux, ces sabots, une scène de désolation : les devoirs **étaient** éparpillés sur le sol ; les canards **pleuraient** de grosses larmes ; la princesse **restait** muette de saisissement ; le chien **aboyait** courageusement sous la table.   La Princesse Hoppy

❙ Le verbe *décrut* est au passé simple. Les verbes *laissaient, étaient, pleuraient, restait, aboyait* sont à l'imparfait et permettent de décrire la scène. ❙

454 ▶ *Comment employer le plus-que-parfait avec les autres temps du passé ?*

Le **plus-que-parfait** sert à exprimer des faits qui se sont produits dans le passé **avant** ceux qui sont évoqués par l'imparfait, le passé simple ou le passé composé.

Dimanche dernier, l'oncle Halmdach m'a offert un lièvre en chocolat, il était si mignon, une vraie petite bête avec de joyeuses oreilles. Je ne voulais pas lui manger la tête, ni les pieds ni la queue, parce que c'était une bonne petite bête. Et alors, je l'ai porté partout avec moi et il **a ressemblé** tout d'un coup à un cochon, parce que le chocolat **avait coulé**.

Quand je serai grande

▌ *Le chocolat avait coulé.* ▌   ▌ *Il a ressemblé à un cochon.* ▌

TEMPS ┬──────────────┬──────────────────────────→

plus-que-parfait	passé composé
(l'action est terminée)	(conséquence de l'action)

455 ▶ *Comment exprimer le futur?*

> On emploie la tournure : **aller + infinitif** lorsqu'on veut dire qu'un événement est **sur le point de** se produire, ou que l'on va immédiatement se mettre à faire quelque chose.

– Petits loups poltrons, tremblotants du menton, laissez-moi entrer, voyons !
– Non, non et non, répondirent les petits loups. Par les poils de notre barbiche-barbichette-et-barbichou, tu n'entreras pas chez nous, pas pour toutes les feuilles de thé de notre plus belle théière de Chine !
– Puisque c'est ça, je **vais souffler**, **pouffer**, **pousser** mille bouffées, et je démolirai votre maison ! dit le cochon.

▌Les Trois Petits Loups et le Grand Méchant Cochon

> Lorsqu'on veut parler de ses projets ou faire des prévisions, on utilise soit la tournure **aller + infinitif**, soit le **futur**.

C'était un cadeau de Mémé. Un cadeau terrible et vous ne **devinerez** jamais ce que c'était : une montre-bracelet ! Ma mémé et ma montre sont drôlement chouettes, et les copains **vont faire** une drôle de tête.   ▌Les Récrés du petit Nicolas

Les princes sont maintenant revenus, et le roi leur dit : « Écoutez-moi bien et faites ce que je vous demande. Je vais lancer ces perles dans l'herbe. Cherchez-les, et celui de vous trois qui **retrouvera** la plus belle **deviendra** roi. »

▌Trois princes et une limace

329

★EMPLOYER LES MODES

456▶ *Quand utilise-t-on le subjonctif?*

On est obligé d'utiliser le subjonctif **après** les **verbes** qui expriment ce que quelqu'un **ressent**, **veut** ou **pense** à propos d'une action: *il faut que, il est possible que, aimer que, exiger que, défendre que, détester que, souhaiter que, vouloir que…*

– Supposons que tu **veuilles** élever des vaches. As-tu pensé à ce que coûte un grand troupeau?
– Je ne tiens pas à avoir un grand troupeau de vaches, déclara Sophie.
– Combien en auras-tu? demanda Marc.
– Une seule. Je l'appellerai Fleur. L'Escargot de Sophie

❙ *Supposons que tu <u>veuilles</u> élever des vaches.* ❙
subjonctif présent

On est obligé d'employer le subjonctif **après** les **conjonctions** de subordination de **temps** *(avant que, jusqu'à ce que, en attendant que)*, de **concession** *(bien que, quoique)*, de **but** *(afin que, pour que)*, de **condition** *(à condition que)*.

● *La concession*

Bien qu'il s'y **appliquât** de tout son cœur, le pauvre bœuf n'arrivait pas à pleurer. Les Contes rouges du chat perché

❙ *bien qu'il s'y <u>appliquât</u> de tout son cœur* ❙
subjonctif imparfait

330

● **Le but**

Je connais un truc que j'ai vu dans un film, où des bandits envoyaient des messages, et pour qu'on ne **reconnaisse** pas leur écriture, ils écrivaient les messages avec des lettres découpées dans des journaux et collées sur des feuilles de papier, et personne ne les découvrait jusqu'à la fin du film!

▪ Joachim a des ennuis

❙ *pour qu'on ne <u>reconnaisse</u> pas leur écriture* ❙
subjonctif présent

● **La condition**

Blanche-Neige nous sourit avec gentillesse:
«Votre ballon a cassé quelques-uns de mes jouets; je veux bien vous le rendre quand même, mais à condition que vous **appreniez** la géographie à mes nains.»

▪ L'Académie de M. Tachedencre

❙ *à condition que vous <u>appreniez</u> la géographie à mes nains* ❙
subjonctif présent

● **Le temps**

– Ce matin pourtant, le toast de mon petit déjeuner était grignoté sur les bords! continua Grand-mère, impitoyable. Et pire, il avait un sale goût de rat! Si vous ne faites pas attention, les fonctionnaires de la santé publique ordonneront la fermeture de votre hôtel avant que quelqu'un **n'attrape** la fièvre typhoïde!

▪ Sacrées sorcières

❙ *avant que quelqu'un <u>n'attrape</u> la fièvre typhoïde* ❙
subjonctif présent

Attention : Avec **après que** on doit employer l'**indicatif**.

– Tu sais bien que les sirènes, cela n'existe pas.
– Je te demande pardon, dit le prince, mais moi, j'en connais une. Tous les matins, je me baigne avec elle.
Le roi ne répondit pas, mais après qu'il **eut pris** le café il s'en alla trouver l'aumônier de la Cour :
– Dites-moi, Père, est-ce vrai que ça existe, les sirènes ?

Le Gentil Petit Diable

❙ *après qu'il eut pris le café* **❙**
passé antérieur de l'indicatif

On peut rencontrer le subjonctif dans des propositions **indépendantes** exprimant le **souhait**, l'**ordre**, la **prière**.

● *Le souhait*

LA SENTINELLE. – Qui vive ?
LA VOIX. – **Vive** la vie !

Fatras

● *L'ordre*

Tant pis pour ceux qui n'aiment pas la boue
Qui ne comprennent pas
Qui ne savent pas le chien
Qui ne savent pas la boue
Faites entrer le chien
Et **qu'il se secoue**

Fatras

Le subjonctif est aussi utilisé dans des propositions indépendantes pour exprimer une **supposition**.

Soient* trois rois parmi nous quatre : le premier roi, le deuxième roi, le troisième roi.

La Princesse Hoppy

---

*Cet usage, considéré comme vieilli, constitue aujourd'hui un effet de style. On le voit surtout dans des contes ou dans des énoncés de mathématique.

457 ▶ Comment utiliser le conditionnel dans une proposition subordonnée?

Le conditionnel marque une action qui ne se réalisera que si une **condition** est **d'abord remplie**. Cette condition est introduite par la conjonction **si** et exprimée par un verbe à l'**imparfait** de l'indicatif.

Si j'étais millionnaire, je **pourrais** acheter tous les châtaigniers et donner à manger aux chevreuils du jardin zoologique. Je **pourrais** aussi acheter le jardin zoologique et entrer dans toutes les cages avec le gardien. Je **pourrais** aussi acheter tous les adultes qui me mettent en colère, les mettre dans un bateau et les faire naviguer sur des mers déchaînées pour qu'ils ne puissent jamais débarquer nulle part.

Quand je serai grande

458 ▶ Qu'exprime le conditionnel quand il ne dépend pas d'une condition?

Le conditionnel présent permet d'exprimer des actions que l'on **imagine**, que l'on **souhaite** ou auxquelles on rêve.

Elle pensa que [le brontosaure] **serait** très facile à domestiquer et **ferait** un délicieux animal familier. J'eus beau lui dire qu'un animal familier haut de sept mètres et long de trente **serait** un peu encombrant, si on voulait le prendre sur les genoux pour le caresser, et que, d'ailleurs, avec les meilleures intentions du monde, il **risquerait** à chaque instant d'écraser notre maison sous son pied, car il avait l'air plutôt distrait...

La Célèbre Grenouille sauteuse

❙ Les verbes *serait*, *ferait* et *risquerait* permettent d'exprimer ce qu'«elle» souhaite et ce que moi, j'imagine. ❙

Le conditionnel présent présente aussi des **informations que l'on n'a pas pu vérifier, dont on n'est pas sûr**.

– Quelle est votre date de naissance?
– Le lundi 31 octobre 1693.
– Mais c'est impossible! Cela vous **ferait** cent quatre-vingts ans d'âge. Comment expliquez-vous cela?
– Je ne l'explique pas du tout.

La Célèbre Grenouille sauteuse

Enfin, le conditionnel présent permet de formuler **avec politesse** une demande, un conseil ou un reproche.

● *Une demande*

– Je ne crains rien des tigres, mais j'ai horreur des courants d'air. Vous n'**auriez** pas un paravent?
«Horreur des courants d'air... ce n'est pas de chance, pour une plante, avait remarqué le petit prince. Cette fleur est bien compliquée...»

Le Petit Prince

● *Un conseil*

Ils **devraient** construire des livres en matière d'assiette, ce serait mieux, vraiment mieux. J'aurais des piles de livres en porcelaine, des livres qui seraient tellement ébréchés que maman finirait bien par les jeter.

Halte aux livres

LIRE
LES TABLEAUX DE CONJUGAISON

Verbe sentir

je sens,
tu ne sens pas?
il ne sent pas bon,
nous savons,
vous vous savonnez,
ils sentent bon.

Pef, *L'Ivre de français*, Éditions Gallimard.

INDICATIF

■————————— Temps simples —————————■

Présent

j'	ai
tu	as
il, elle	a
nous	avons
vous	avez
ils, elles	ont

Futur simple

j'	aurai
tu	auras
il, elle	aura
nous	aurons
vous	aurez
ils, elles	auront

Imparfait

j'	avais
tu	avais
il, elle	avait
nous	avions
vous	aviez
ils, elles	avaient

Passé simple

j'	eus
tu	eus
il, elle	eut
nous	eûmes
vous	eûtes
ils, elles	eurent

■————————— Temps composés —————————■

Passé composé

j'	ai	eu
tu	as	eu
il, elle	a	eu
nous	avons	eu
vous	avez	eu
ils, elles	ont	eu

Plus-que-parfait

j'	avais	eu
tu	avais	eu
il, elle	avait	eu
nous	avions	eu
vous	aviez	eu
ils, elles	avaient	eu

SUBJONCTIF

Présent

que j'	aie
que tu	aies
qu'il, qu'elle	ait
que nous	ayons
que vous	ayez
qu'ils, qu'elles	aient

CONDITIONNEL

Présent

j'	aurais
tu	aurais
il, elle	aurait
nous	aurions
vous	auriez
ils, elles	auraient

IMPÉRATIF

Présent

aie
ayons
ayez

INFINITIF

Présent

avoir

Passé

avoir eu

PARTICIPE

Présent

ayant

Passé

eu, eue, eus, eues

460 ▶ Être

INDICATIF

—— Temps simples ——

Présent

je	suis
tu	es
il, elle	est
nous	sommes
vous	êtes
ils, elles	sont

Futur simple

je	serai
tu	seras
il, elle	sera
nous	serons
vous	serez
ils, elles	seront

Imparfait

j'	étais
tu	étais
il, elle	était
nous	étions
vous	étiez
ils, elles	étaient

Passé simple

je	fus
tu	fus
il, elle	fut
nous	fûmes
vous	fûtes
ils, elles	furent

—— Temps composés ——

Passé composé

j'	ai	été
tu	as	été
il, elle	a	été
nous	avons	été
vous	avez	été
ils, elles	ont	été

Plus-que-parfait

j'	avais	été
tu	avais	été
il, elle	avait	été
nous	avions	été
vous	aviez	été
ils, elles	avaient	été

INFINITIF

Présent

être

Passé

avoir été

SUBJONCTIF

Présent

que je	sois
que tu	sois
qu'il, qu'elle	soit
que nous	soyons
que vous	soyez
qu'ils, qu'elles	soient

CONDITIONNEL

Présent

je	serais
tu	serais
il, elle	serait
nous	serions
vous	seriez
ils, elles	seraient

IMPÉRATIF

Présent

sois
soyons
soyez

PARTICIPE

Présent **Passé**

étant été

■──────── VOIX ACTIVE – FORME AFFIRMATIVE ────────■

INDICATIF

SUBJONCTIF

■──────── Temps simples ────────■

Présent

que j'	aime
que tu	aimes
qu'il, qu'elle	aime
que nous	aimions
que vous	aimiez
qu'ils, qu'elles	aiment

Présent

j'	aime
tu	aimes
il, elle	aime
nous	aimons
vous	aimez
ils, elles	aiment

Futur simple

j'	aimerai
tu	aimeras
il, elle	aimera
nous	aimerons
vous	aimerez
ils, elles	aimeront

Imparfait

j'	aimais
tu	aimais
il, elle	aimait
nous	aimions
vous	aimiez
ils, elles	aimaient

Passé simple

j'	aimai
tu	aimas
il, elle	aima
nous	aimâmes
vous	aimâtes
ils, elles	aimèrent

CONDITIONNEL

Présent

j'	aimerais
tu	aimerais
il, elle	aimerait
nous	aimerions
vous	aimeriez
ils, elles	aimeraient

■──────── Temps composés ────────■

Passé composé

j'	ai	aimé
tu	as	aimé
il, elle	a	aimé
nous	avons	aimé
vous	avez	aimé
ils, elles	ont	aimé

Plus-que-parfait

j'	avais	aimé
tu	avais	aimé
il, elle	avait	aimé
nous	avions	aimé
vous	aviez	aimé
ils, elles	avaient	aimé

IMPÉRATIF

Présent

aime
aimons
aimez

PARTICIPE

Présent   Passé

| aimant | aimé, aimée, |
| | aimés, aimées |

INFINITIF

Présent

aimer

Passé

avoir aimé

462 ▶ Aimer

1er GROUPE

— VOIX ACTIVE – FORME NÉGATIVE —

INDICATIF

— Temps simples —

Présent

je	n'aime pas
tu	n'aimes pas
il, elle	n'aime pas
nous	n'aimons pas
vous	n'aimez pas
ils, elles	n'aiment pas

Futur simple

je	n'aimerai pas
tu	n'aimeras pas
il, elle	n'aimera pas
nous	n'aimerons pas
vous	n'aimerez pas
ils, elles	n'aimeront pas

Imparfait

je	n'aimais pas
tu	n'aimais pas
il, elle	n'aimait pas
nous	n'aimions pas
vous	n'aimiez pas
ils, elles	n'aimaient pas

Passé simple

je	n'aimai pas
tu	n'aimas pas
il, elle	n'aima pas
nous	n'aimâmes pas
vous	n'aimâtes pas
ils, elles	n'aimèrent pas

— Temps composés —

Passé composé

je	n'ai pas	aimé
tu	n'as pas	aimé
il, elle	n'a pas	aimé
nous	n'avons pas	aimé
vous	n'avez pas	aimé
ils, elles	n'ont pas	aimé

Plus-que-parfait

je	n'avais pas	aimé
tu	n'avais pas	aimé
il, elle	n'avait pas	aimé
nous	n'avions pas	aimé
vous	n'aviez pas	aimé
ils, elles	n'avaient pas	aimé

SUBJONCTIF

Présent

que je	n'aime pas
que tu	n'aimes pas
qu'il, qu'elle	n'aime pas
que nous	n'aimions pas
que vous	n'aimiez pas
qu'ils, qu'elles	n'aiment pas

CONDITIONNEL

Présent

je	n'aimerais pas
tu	n'aimerais pas
il, elle	n'aimerait pas
nous	n'aimerions pas
vous	n'aimeriez pas
ils, elles	n'aimeraient pas

IMPÉRATIF

Présent

n'aime pas
n'aimons pas
n'aimez pas

INFINITIF

Présent

ne pas aimer

Passé

n'avoir pas aimé

PARTICIPE

Présent

n'aimant pas

339

■─────────── VOIX ACTIVE – FORME INTERROGATIVE ───────────■

INDICATIF		CONDITIONNEL

■────────── Temps simples ──────────■

Présent

Présent	**Futur simple**
aimé-je ?	aimerai-je ?
aimes-tu ?	aimeras-tu ?
aime-t-il ?	aimera-t-il ?
aime-t-elle ?	aimera-t-elle ?
aimons-nous ?	aimerons-nous ?
aimez-vous ?	aimerez-vous ?
aiment-ils ?	aimeront-ils ?
aiment-elles ?	aimeront-elles ?

Présent

aimerais-je ?
aimerais-tu ?
aimerait-il ?
aimerait-elle ?
aimerions-nous ?
aimeriez-vous ?
aimeraient-ils ?
aimeraient-elles ?

Imparfait	**Passé simple**
aimais-je ?	aimai-je ?
aimais-tu ?	aimas-tu ?
aimait-il ?	aima-t-il ?
aimait-elle ?	aima-t-elle ?
aimions-nous ?	aimâmes-nous ?
aimiez-vous ?	aimâtes-vous ?
aimaient-ils ?	aimèrent-ils ?
aimaient-elles ?	aimèrent-elles ?

■────────── Temps composés ──────────■

Passé composé		**Plus-que-parfait**	
ai-je	aimé ?	avais-je	aimé ?
as-tu	aimé ?	avais-tu	aimé ?
a-t-il	aimé ?	avait-il	aimé ?
a-t-elle	aimé ?	avait-elle	aimé ?
avons-nous	aimé ?	avions-nous	aimé ?
avez-vous	aimé ?	aviez-vous	aimé ?
ont-ils	aimé ?	avaient-ils	aimé ?
ont-elles	aimé ?	avaient-elles	aimé ?

464 ▶ Aimer

— VOIX PASSIVE —

INDICATIF

■ —— Temps simples ——— ■

Présent

je	suis	aimé(e)
tu	es	aimé(e)
il, elle	est	aimé(e)
nous	sommes	aimé(e)s
vous	êtes	aimé(e)s
ils, elles	sont	aimé(e)s

Futur simple

je	serai	aimé(e)
tu	seras	aimé(e)
il, elle	sera	aimé(e)
nous	serons	aimé(e)s
vous	serez	aimé(e)s
ils, elles	seront	aimé(e)s

Imparfait

j'	étais	aimé(e)
tu	étais	aimé(e)
il, elle	était	aimé(e)
nous	étions	aimé(e)s
vous	étiez	aimé(e)s
ils, elles	étaient	aimé(e)s

Passé simple

je	fus	aimé(e)
tu	fus	aimé(e)
il, elle	fut	aimé(e)
nous	fûmes	aimé(e)s
vous	fûtes	aimé(e)s
ils, elles	furent	aimé(e)s

■ —— Temps composés ——— ■

Passé composé

j'	ai	été aimé(e)
tu	as	été aimé(e)
il, elle	a	été aimé(e)
nous	avons	été aimé(e)s
vous	avez	été aimé(e)s
ils, elles	ont	été aimé(e)s

Plus-que-parfait

j'	avais	été aimé(e)
tu	avais	été aimé(e)
il, elle	avait	été aimé(e)
nous	avions	été aimé(e)s
vous	aviez	été aimé(e)s
ils, elles	avaient	été aimé(e)s

INFINITIF

Présent

être aimé (e) (s)

Passé

avoir été aimé (e) (s)

SUBJONCTIF

Présent

que je	sois	aimé(e)
que tu	sois	aimé(e)
qu'il, qu'elle	soit	aimé(e)
que nous	soyons	aimé(e)s
que vous	soyez	aimé(e)s
qu'ils, qu'elles	soient	aimé(e)s

CONDITIONNEL

Présent

je	serais	aimé(e)
tu	serais	aimé(e)
il, elle	serait	aimé(e)
nous	serions	aimé(e)s
vous	seriez	aimé(e)s
ils, elles	seraient	aimé(e)s

IMPÉRATIF

Présent

sois aimé(e)
soyons aimé(e)s
soyez aimé(e)s

PARTICIPE

Présent

étant aimé (e) (s)

Passé

aimé, aimée,
aimés, aimées

■──────── **VOIX PRONOMINALE** ────────■

| INDICATIF | | SUBJONCTIF |

INDICATIF

■──────── Temps simples ────────■

Présent

je m'	amuse
tu t'	amuses
il, elle s'	amuse
nous nous	amusons
vous vous	amusez
ils, elles s'	amusent

Futur simple

je m'	amuserai
tu t'	amuseras
il, elle s'	amusera
nous nous	amuserons
vous vous	amuserez
ils, elles s'	amuseront

Imparfait

je m'	amusais
tu t'	amusais
il, elle s'	amusait
nous nous	amusions
vous vous	amusiez
ils, elles s'	amusaient

Passé simple

je m'	amusai
tu t'	amusas
il, elle s'	amusa
nous nous	amusâmes
vous vous	amusâtes
ils, elles s'	amusèrent

■──────── Temps composés ────────■

Passé composé

je me	suis	amusé(e)
tu t'	es	amusé(e)
il, elle s'	est	amusé(e)
nous nous	sommes	amusé(e)s
vous vous	êtes	amusé(e)s
ils, elles se sont		amusé(e)s

Plus-que-parfait

je m'	étais	amusé(e)
tu t'	étais	amusé(e)
il, elle s'	était	amusé(e)
nous nous	étions	amusé(e)s
vous vous	étiez	amusé(e)s
ils, elles s'	étaient	amusé(e)s

SUBJONCTIF

Présent

que je m'	amuse
que tu t'	amuses
qu'il, qu'elle s'	amuse
que nous nous	amusions
que vous vous	amusiez
qu'ils, qu'elles	s'amusent

CONDITIONNEL

Présent

je m'	amuserais
tu t'	amuserais
il, elle s'	amuserait
nous nous	amuserions
vous vous	amuseriez
ils, elles s'	amuseraient

IMPÉRATIF

Présent

amuse-toi
amusons-nous
amusez-vous

INFINITIF

Présent
s'amuser

Passé
s'être amusé (e) (s)

PARTICIPE

Présent
s'amusant

466 ▶ **Placer**

INDICATIF

— Temps simples —

Présent

je	place
tu	places
il, elle	place
nous	plaçons
vous	placez
ils, elles	placent

Futur simple

je	placerai
tu	placeras
il, elle	placera
nous	placerons
vous	placerez
ils, elles	placeront

Imparfait

je	plaçais
tu	plaçais
il, elle	plaçait
nous	placions
vous	placiez
ils, elles	plaçaient

Passé simple

je	plaçai
tu	plaças
il, elle	plaça
nous	plaçâmes
vous	plaçâtes
ils, elles	placèrent

— Temps composés —

Passé composé

j'	ai	placé
tu	as	placé
il, elle	a	placé
nous	avons	placé
vous	avez	placé
ils, elles	ont	placé

Plus-que-parfait

j'	avais	placé
tu	avais	placé
il, elle	avait	placé
nous	avions	placé
vous	aviez	placé
ils, elles	avaient	placé

INFINITIF

Présent
placer

Passé
avoir placé

SUBJONCTIF

Présent

que je	place
que tu	places
qu'il, qu'elle	place
que nous	placions
que vous	placiez
qu'ils, qu'elles	placent

CONDITIONNEL

Présent

je	placerais
tu	placerais
il, elle	placerait
nous	placerions
vous	placeriez
ils, elles	placeraient

IMPÉRATIF

Présent
place
plaçons
placez

PARTICIPE

Présent
plaçant

Passé
placé, placée,
placés, placées

INDICATIF

Temps simples

Présent

je	mange
tu	manges
il, elle	mange
nous	mangeons
vous	mangez
ils, elles	mangent

Futur simple

je	mangerai
tu	mangeras
il, elle	mangera
nous	mangerons
vous	mangerez
ils, elles	mangeront

Imparfait

je	mangeais
tu	mangeais
il, elle	mangeait
nous	mangions
vous	mangiez
ils, elles	mangeaient

Passé simple

je	mangeai
tu	mangeas.
il, elle	mangea
nous	mangeâmes
vous	mangeâtes
ils, elles	mangèrent

Temps composés

Passé composé

j'	ai	mangé
tu	as	mangé
il, elle	a	mangé
nous	avons	mangé
vous	avez	mangé
ils, elles	ont	mangé

Plus-que-parfait

j'	avais	mangé
tu	avais	mangé
il, elle	avait	mangé
nous	avions	mangé
vous	aviez	mangé
ils, elles	avaient	mangé

INFINITIF

Présent

manger

Passé

avoir mangé

SUBJONCTIF

Présent

que je	mange
que tu	manges
qu'il, qu'elle	mange
que nous	mangions
que vous	mangiez
qu'ils, qu'elles	mangent

CONDITIONNEL

Présent

je	mangerais
tu	mangerais
il, elle	mangerait
nous	mangerions
vous	mangeriez
ils, elles	mangeraient

IMPÉRATIF

Présent

mange
mangeons
mangez

PARTICIPE

Présent

mangeant

Passé

mangé, mangée,
mangés, mangées

468 ▶ Finir

2ᵉ GROUPE

INDICATIF

— Temps simples —

Présent

je	finis
tu	finis
il, elle	finit
nous	finissons
vous	finissez
ils, elles	finissent

Futur simple

je	finirai
tu	finiras
il, elle	finira
nous	finirons
vous	finirez
ils, elles	finiront

Imparfait

je	finissais
tu	finissais
il, elle	finissait
nous	finissions
vous	finissiez
ils, elles	finissaient

Passé simple

je	finis
tu	finis
il, elle	finit
nous	finîmes
vous	finîtes
ils, elles	finirent

— Temps composés —

Passé composé

j'	ai	fini
tu	as	fini
il, elle	a	fini
nous	avons	fini
vous	avez	fini
ils, elles	ont	fini

Plus-que-parfait

j'	avais	fini
tu	avais	fini
il, elle	avait	fini
nous	avions	fini
vous	aviez	fini
ils, elles	avaient	fini

INFINITIF

Présent

finir

Passé

avoir fini

SUBJONCTIF

Présent

que je	finisse
que tu	finisses
qu'il, qu'elle	finisse
que nous	finissions
que vous	finissiez
qu'ils, qu'elles	finissent

CONDITIONNEL

Présent

je	finirais
tu	finirais
il, elle	finirait
nous	finirions
vous	finiriez
ils, elles	finiraient

IMPÉRATIF

Présent

finis
finissons
finissez

PARTICIPE

Présent	**Passé**
finissant	fini, finie, finis, finies

345

INDICATIF

■———— **Temps simples** ————■

Présent

je	veux
tu	veux
il, elle	veut
nous	voulons
vous	voulez
ils, elles	veulent

Futur simple

je	voudrai
tu	voudras
il, elle	voudra
nous	voudrons
vous	voudrez
ils, elles	voudront

Imparfait

je	voulais
tu	voulais
il, elle	voulait
nous	voulions
vous	vouliez
ils, elles	voulaient

Passé simple

je	voulus
tu	voulus
il, elle	voulut
nous	voulûmes
vous	voulûtes
ils, elles	voulurent

■———— **Temps composés** ————■

Passé composé

j'	ai	voulu
tu	as	voulu
il, elle	a	voulu
nous	avons	voulu
vous	avez	voulu
ils, elles	ont	voulu

Plus-que-parfait

j'	avais	voulu
tu	avais	voulu
il, elle	avait	voulu
nous	avions	voulu
vous	aviez	voulu
ils, elles	avaient	voulu

INFINITIF

Présent
vouloir

Passé
avoir voulu

SUBJONCTIF

Présent

que je	veuille
que tu	veuilles
qu'il, qu'elle	veuille
que nous	voulions
que vous	vouliez
qu'ils, qu'elles	veuillent

CONDITIONNEL

Présent

je	voudrais
tu	voudrais
il, elle	voudrait
nous	voudrions
vous	voudriez
ils, elles	voudraient

IMPÉRATIF

Présent
veux (veuille)
voulons
voulez (veuillez)

PARTICIPE

Présent
voulant

Passé
voulu, voulue,
voulus, voulues

470 ▸ Pouvoir

3ᵉ GROUPE

INDICATIF

──── Temps simples ────

Présent

je	peux
tu	peux
il, elle	peut
nous	pouvons
vous	pouvez
ils, elles	peuvent

Futur simple

je	pourrai
tu	pourras
il, elle	pourra
nous	pourrons
vous	pourrez
ils, elles	pourront

Imparfait

je	pouvais
tu	pouvais
il, elle	pouvait
nous	pouvions
vous	pouviez
ils, elles	pouvaient

Passé simple

je	pus
tu	pus
il, elle	put
nous	pûmes
vous	pûtes
ils, elles	purent

──── Temps composés ────

Passé composé

j'	ai	pu
tu	as	pu
il, elle	a	pu
nous	avons	pu
vous	avez	pu
ils, elles	ont	pu

Plus-que-parfait

j'	avais	pu
tu	avais	pu
il, elle	avait	pu
nous	avions	pu
vous	aviez	pu
ils, elles	avaient	pu

SUBJONCTIF

Présent

que je	puisse
que tu	puisses
qu'il, qu'elle	puisse
que nous	puissions
que vous	puissiez
qu'ils, qu'elles	puissent

CONDITIONNEL

Présent

je	pourrais
tu	pourrais
il, elle	pourrait
nous	pourrions
vous	pourriez
ils, elles	pourraient

IMPÉRATIF

pas d'impératif

INFINITIF

Présent

pouvoir

Passé

avoir pu

PARTICIPE

Présent	**Passé**
pouvant	pu

INDICATIF

— Temps simples —

Présent

je	vois
tu	vois
il, elle	voit
nous	voyons
vous	voyez
ils, elles	voient

Futur simple

je	verrai
tu	verras
il, elle	verra
nous	verrons
vous	verrez
ils, elles	verront

Imparfait

je	voyais
tu	voyais
il, elle	voyait
nous	voyions
vous	voyiez
ils, elles	voyaient

Passé simple

je	vis
tu	vis
il, elle	vit
nous	vîmes
vous	vîtes
ils, elles	virent

— Temps composés —

Passé composé

j'	ai	vu
tu	as	vu
il, elle	a	vu
nous	avons	vu
vous	avez	vu
ils, elles	ont	vu

Plus-que-parfait

j'	avais	vu
tu	avais	vu
il, elle	avait	vu
nous	avions	vu
vous	aviez	vu
ils, elles	avaient	vu

INFINITIF

Présent

voir

Passé

avoir vu

SUBJONCTIF

Présent

que je	voie
que tu	voies
qu'il, qu'elle	voie
que nous	voyions
que vous	voyiez
qu'ils, qu'elles	voient

CONDITIONNEL

Présent

je	verrais
tu	verrais
il, elle	verrait
nous	verrions
vous	verriez
ils, elles	verraient

IMPÉRATIF

Présent

vois
voyons
voyez

PARTICIPE

Présent

voyant

Passé

vu, vue,
vus, vues

472 ▶ Faire

INDICATIF

—— Temps simples ——

Présent

je	fais
tu	fais
il, elle	fait
nous	faisons
vous	faites
ils, elles	font

Futur simple

je	ferai
tu	feras
il, elle	fera
nous	ferons
vous	ferez
ils, elles	feront

Imparfait

je	faisais
tu	faisais
il, elle	faisait
nous	faisions
vous	faisiez
ils, elles	faisaient

Passé simple

je	fis
tu	fis
il, elle	fit
nous	fîmes
vous	fîtes
ils, elles	firent

—— Temps composés ——

Passé composé

j'	ai	fait
tu	as	fait
il, elle	a	fait
nous	avons	fait
vous	avez	fait
ils, elles	ont	fait

Plus-que-parfait

j'	avais	fait
tu	avais	fait
il, elle	avait	fait
nous	avions	fait
vous	aviez	fait
ils, elles	avaient	fait

INFINITIF

Présent

faire

Passé

avoir fait

SUBJONCTIF

Présent

que je	fasse
que tu	fasses
qu'il, qu'elle	fasse
que nous	fassions
que vous	fassiez
qu'ils, qu'elles	fassent

CONDITIONNEL

Présent

je	ferais
tu	ferais
il, elle	ferait
nous	ferions
vous	feriez
ils, elles	feraient

IMPÉRATIF

Présent

fais
faisons
faites

PARTICIPE

Présent

faisant

Passé

fait, faite,
faits, faites

■―――――――――――――――――――――■

INDICATIF

■―――――― Temps simples ――――――■

Présent

je	prends
tu	prends
il, elle	prend
nous	prenons
vous	prenez
ils, elles	prennent

Futur simple

je	prendrai
tu	prendras
il, elle	prendra
nous	prendrons
vous	prendrez
ils, elles	prendront

Imparfait

je	prenais
tu	prenais
il, elle	prenait
nous	prenions
vous	preniez
ils, elles	prenaient

Passé simple

je	pris
tu	pris
il, elle	prit
nous	prîmes
vous	prîtes
ils, elles	prirent

■―――――― Temps composés ――――――■

Passé composé

j'	ai	pris
tu	as	pris
il, elle	a	pris
nous	avons	pris
vous	avez	pris
ils, elles	ont	pris

Plus-que-parfait

j'	avais	pris
tu	avais	pris
il, elle	avait	pris
nous	avions	pris
vous	aviez	pris
ils, elles	avaient	pris

INFINITIF

Présent

prendre

Passé

avoir pris

SUBJONCTIF

Présent

que je	prenne
que tu	prennes
qu'il, qu'elle	prenne
que nous	prenions
que vous	preniez
qu'ils, qu'elles	prennent

CONDITIONNEL

Présent

je	prendrais
tu	prendrais
il, elle	prendrait
nous	prendrions
vous	prendriez
ils, elles	prendraient

IMPÉRATIF

Présent

prends
prenons
prenez

PARTICIPE

Présent

prenant

Passé

pris, prise,
pris, prises

474 ▶ **Dormir**

3ᵉ GROUPE

INDICATIF

■————— Temps simples —————■

Présent

je	dors
tu	dors
il, elle	dort
nous	dormons
vous	dormez
ils, elles	dorment

Futur simple

je	dormirai
tu	dormiras
il, elle	dormira
nous	dormirons
vous	dormirez
ils, elles	dormiront

Imparfait

je	dormais
tu	dormais
il, elle	dormait
nous	dormions
vous	dormiez
ils, elles	dormaient

Passé simple

je	dormis
tu	dormis
il, elle	dormit
nous	dormîmes
vous	dormîtes
ils, elles	dormirent

■————— Temps composés —————■

Passé composé

j'	ai	dormi
tu	as	dormi
il, elle	a	dormi
nous	avons	dormi
vous	avez	dormi
ils, elles	ont	dormi

Plus-que-parfait

j'	avais	dormi
tu	avais	dormi
il, elle	avait	dormi
nous	avions	dormi
vous	aviez	dormi
ils, elles	avaient	dormi

INFINITIF

Présent
dormir

Passé
avoir dormi

SUBJONCTIF

Présent

que je	dorme
que tu	dormes
qu'il, qu'elle	dorme
que nous	dormions
que vous	dormiez
qu'ils, qu'elles	dorment

CONDITIONNEL

Présent

je	dormirais
tu	dormirais
il, elle	dormirait
nous	dormirions
vous	dormiriez
ils, elles	dormiraient

IMPÉRATIF

Présent
dors
dormons
dormez

PARTICIPE

Présent
dormant

Passé
dormi

351

3° GROUPE

INDICATIF

——— Temps simples ———

Présent

je	viens
tu	viens
il, elle	vient
nous	venons
vous	venez
ils, elles	viennent

Futur simple

je	viendrai
tu	viendras
il, elle	viendra
nous	viendrons
vous	viendrez
ils, elles	viendront

Imparfait

je	venais
tu	venais
il, elle	venait
nous	venions
vous	veniez
ils, elles	venaient

Passé simple

je	vins
tu	vins
il, elle	vint
nous	vînmes
vous	vîntes
ils, elles	vinrent

——— Temps composés ———

Passé composé

je	suis	venu(e)
tu	es	venu(e)
il, elle	est	venu(e)
nous	sommes	venu(e)s
vous	êtes	venu(e)s
ils, elles	sont	venu(e)s

Plus-que-parfait

j'	étais	venu(e)
tu	étais	venu(e)
il, elle	était	venu(e)
nous	étions	venu(e)s
vous	étiez	venu(e)s
ils, elles	étaient	venu(e)s

INFINITIF

Présent
venir

Passé
être venu (e) (s)

SUBJONCTIF

Présent

que je	vienne
que tu	viennes
qu'il, qu'elle	vienne
que nous	venions
que vous	veniez
qu'ils, qu'elles	viennent

CONDITIONNEL

Présent

je	viendrais
tu	viendrais
il, elle	viendrait
nous	viendrions
vous	viendriez
ils, elles	viendraient

IMPÉRATIF

Présent
viens
venons
venez

PARTICIPE

Présent
venant

Passé
venu, venue,
venus, venues

476 ▶ Aller

INDICATIF

— Temps simples —

Présent

je	vais
tu	vas
il, elle	va
nous	allons
vous	allez
ils, elles	vont

Futur simple

j'	irai
tu	iras
il, elle	ira
nous	irons
vous	irez
ils, elles	iront

Imparfait

j'	allais
tu	allais
il, elle	allait
nous	allions
vous	alliez
ils, elles	allaient

Passé simple

j'	allai
tu	allas
il, elle	alla
nous	allâmes
vous	allâtes
ils, elles	allèrent

— Temps composés —

Passé composé

je	suis	allé(e)
tu	es	allé(e)
il, elle	est	allé(e)
nous	sommes	allé(e)s
vous	êtes	allé(e)s
ils, elles	sont	allé(e)s

Plus-que-parfait

j'	étais	allé(e)
tu	étais	allé(e)
il, elle	était	allé(e)
nous	étions	allé(e)s
vous	étiez	allé(e)s
ils, elles	étaient	allé(e)s

INFINITIF

Présent

aller

Passé

être allé (e) (s)

SUBJONCTIF

Présent

que j'	aille
que tu	ailles
qu'il, qu'elle	aille
que nous	allions
que vous	alliez
qu'ils, qu'elles	aillent

CONDITIONNEL

Présent

j'	irais
tu	irais
il, elle	irait
nous	irions
vous	iriez
ils, elles	iraient

IMPÉRATIF

Présent

va
allons
allez

PARTICIPE

Présent	**Passé**
allant	allé, allée, allés, allées

VOCABULAIRE

La langue française comprend un grand nombre de mots (noms, adjectifs, verbes...) : leur ensemble forme le vocabulaire français.

UTILISER UN DICTIONNAIRE

Le dictionnaire permet de connaître
les définitions précises des mots.

---

477 ▶ Qu'est-ce que l'alphabet ?

C'est l'ensemble des **lettres** utilisées dans la langue écrite.
Parmi les **26** lettres de l'alphabet, on distingue :
• 6 **voyelles** : a, e, i, o, u, y.
• 20 **consonnes** : b, c, d, f, g, h, j, k, l, m, n, p, q, r, s, t,
v, w, x, z.

---

478 ▶ À quoi sert l'alphabet ?

Connaître l'alphabet permet de trouver un mot dans
un dictionnaire. En effet, les mots y sont classés par
ordre alphabétique.

un alligator

un baobab

une citrouille

un dauphin

une épée

une fleur de lys

un goéland

un hautbois

un igloo

une jument

un kimono

un livre

une momie

une niche

une orchidée

un perroquet

une quiche

un robinet

un squelette

une tirelire

une urne

une vache

un wapiti

un xylophone

un yo-yo

un zèbre

Quelles formes peut avoir une lettre?

> On peut écrire les lettres en **minuscules**.

a, b, c, d, e, f, g, h, i, j, k, l, m, n, o, p, q, r, s, t, u, v, w, x, y, z.

> On peut aussi les écrire en **majuscules**.

A, B, C, D, E, F, G, H, I, J, K, L, M, N, O, P, Q, R, S, T, U, V, W, X, Y, Z.

> On peut aussi employer d'autres écritures.

a, b, c, d, e, f, g, h, i, j, k, l, m, n, o, p, q, r, s, t, u, v, w, x, y, z.

a, b, c, d, e, f, g, h, i, j, k, l, m, n, o, p, q, r, s, t, u, v, w, x, y, z.

A, B, C, D, E, F, G, H, I, J, K, L, M, N, O, P, Q, R, S, T, U, V, W, X, Y, Z.

---

480 ▶ **Qu'est-ce qu'un dictionnaire?**

> C'est un recueil de mots classés par ordre alphabétique. Chaque mot est suivi d'une définition ou de sa traduction dans une autre langue.

● *Dans un dictionnaire de langue*

orang-outan [ɔʀɑ̃utɑ̃] **n. m.** Grand singe d'Asie, à longs poils d'un brun roux et aux bras très longs. *Les orangs-outans vivent dans les arbres.*
— On écrit aussi *orang-outang*.

Le Robert Junior, 1993

● *Dans un dictionnaire encyclopédique*

AYMÉ (Marcel), écrivain français (Joigny 1902 - Paris 1967), auteur de nouvelles (*Le Passe-Muraille*) et romans où la fantaisie et la satire se mêlent au fantastique (*La Jument verte*), de pièces de théâtre (*Clérambard*) et de contes (*Les Contes du chat perché*).

Le Petit Larousse illustré, 1989

● *Dans un dictionnaire bilingue*

calepin [kalpɛ̃], *s.m.* note-book, memorandum-book; *F:* **mettez ça sur votre c.!** let this be a lesson to you!

Harrap's New Standard, dictionnaire français-anglais

481 ▶ *Comment chercher les mots dans le dictionnaire?*

Pour trouver un mot dans un dictionnaire, il faut chercher d'abord la **première lettre du mot.**

● *Antenne*

Le son [ã] peut s'écrire **an** ou **en**. On commence par chercher : à la lettre **a**... puis **an**... enfin **ant**.

Si tu ne trouves pas le mot que tu cherches, c'est que tu lui attribues une mauvaise orthographe.

● *Horaire*

Pense aux mots de la même famille : une **h**eure, une **h**orloge. Le mot commence par **ho**.

Il est important de connaître l'alphabet dans les deux sens.

● *Un petit jeu*

Choisis une lettre et indique le plus vite possible:
– la lettre qui la **précède** (celle qui vient **avant**),
– la lettre qui lui **succède** (celle qui vient **après**).
Exemple: ... **T**... S... U... ou encore: ... **G**... F... H...

● La plupart des dictionnaires peuvent être divisés en quatre parties:
– le **1ᵉʳ quart** contient A, B, C, D;
– le **2ᵉ quart** contient E, F, G, H, I, J, K;
– le **3ᵉ quart** contient L, M, N, O, P, Q;
– le **4ᵉ quart** contient R, S, T, U, V, W, X, Y, Z.

● Si tu cherches un mot commençant par **M**, il est inutile d'ouvrir ton dictionnaire au début et de le feuilleter de **A** à **M**. Ouvre-le plutôt vers le milieu.

483 ▶ *Que nous apprend un dictionnaire?*

Une entrée de dictionnaire nous donne trois éléments d'information: la **nature**, le **genre** et le **sens** du mot.

continent n. m. Grande étendue de terre comprise entre deux océans. *L'Europe, l'Asie, l'Afrique, l'Amérique, l'Océanie et l'Antarctique sont les six continents.*

Le Robert Junior, 1993

I La lettre **n.** indique que le mot *continent* est un nom. La lettre **m.** indique qu'il s'agit d'un nom **masculin**. Le dictionnaire donne ensuite le **sens** du mot, puis des **exemples**. **I**

484 ▶ *Quelles sont les différentes abréviations utilisées dans un dictionnaire?*

Certaines abréviations (n., v. ...) nous renseignent sur la nature du mot.

n. : nom	adv. : adverbe	conj. : conjonction
v. : verbe	art. : article	
adj. : adjectif	prép. : préposition	

Les abréviations **m.** et **f.** donnent le genre du mot.

m. : masculin   f. : féminin

Des numéros indiquent les différents sens du mot.

pomme n. f. **1.** Fruit du pommier, rond et contenant des pépins. *Elle croque une pomme.* **2.** *La pomme de pin*, c'est le fruit du pin. **3.** *Une pomme d'arrosoir*, c'est le bout percé de trous qui s'adapte au bec d'un arrosoir. **4.** *La pomme d'Adam*, c'est la petite bosse que les hommes ont à l'avant du cou.

Le Robert Junior, 1993

I Le sens **1** est le **sens propre** du mot. Les autres sens (2, 3, 4) sont souvent des **sens figurés**. ▷ *paragraphes 489 et 490* **I**

drôle adj. **1.** Qui fait rire. *Mon cousin nous raconte souvent des histoires drôles. C'est un garçon très drôle.* (syn. amusant, comique). **2.** Qui étonne, surprend. *C'est drôle, je ne retrouve pas le livre que je viens de poser sur la table* (syn. bizarre, étrange, curieux).

Dictionnaire Larousse
Super Major

gratuit adj. **1.** Que l'on a sans payer. *La parfumeuse m'a donné des échantillons de parfum gratuits.* ‖contr. **payant**‖ **2.** Qui est fait sans preuves. *Cette accusation est purement gratuite.* ‖contr. **fondé**‖.

Le Robert Junior, 1993

seau n. m. (pl. seaux) Récipient. *Des seaux d'eau. Des seaux à champagne.* Locution – ***Pleuvoir à seaux.*** Pleuvoir abondamment. L'expression *à **siaux*** est vieillie. Homonymes: **saut**, bond; **sceau**, cachet; **sot**, stupide.

Multidictionnaire de la langue française, 1997

485 ► *Qu'est-ce que l'étymologie?*

C'est l'origine des mots. Les mots français viennent le plus souvent du latin et du grec.

❙ Le mot *pomme* vient du mot latin *poma*. ❙

486 ► *Pourquoi l'étymologie est-elle importante?*

L'étymologie renseigne sur l'**orthographe** des mots. Ainsi, les mots qui viennent du grec contiennent souvent les groupes de consonnes **ph**, **th**, **ch** et la lettre **y**.

pharmacie   **th**éâtre   **ch**ronomètre   **l**ynx

Elle permet aussi de trouver le **sens** d'un mot.

❙ *Chronomètre* vient du grec *chronos* (le temps) et *metron* (mesure). C'est donc un instrument qui sert à mesurer le temps. ❙

résumé

Le dictionnaire

■ Un dictionnaire donne de nombreux renseignements sur les mots (nature, genre, sens, synonymes, contraires, homonymes) et sur leur histoire.

■ Pour se servir d'un dictionnaire, il faut connaître l'alphabet et les abréviations les plus courantes.

RECONNAÎTRE LES DIFFÉRENTS SENS D'UN MOT

Le dictionnaire donne très souvent
plusieurs significations pour un mot.

487 ▶ Un mot peut-il avoir plusieurs sens ?

> Oui! Le plus souvent, un même mot a plusieurs sens diffé-
> rents. On dit qu'il est **polysémique**.

un chemin droit = une route rectiligne
le côté droit = par opposition au côté gauche

488 ▶ Comment déterminer le sens d'un mot ?

> Le contexte, c'est-à-dire les mots ou les phrases qui se trou-
> vent autour d'un mot, peut t'aider à comprendre le sens de
> celui-ci.

Le surveillant, on l'appelle le Bouillon, quand il n'est pas là,
bien sûr. On l'appelle comme ça, parce qu'il dit tout le temps:
«Regardez-moi dans les **yeux**», et dans le bouillon il y a des
yeux. Moi non plus je n'avais pas compris tout de suite, c'est
des grands qui me l'ont expliqué.   ▪ Le Petit Nicolas

▮ *Regardez-moi dans les yeux:* le verbe *regarder* indique que le mot
yeux désigne l'organe de la vue. ▮

I *Dans le bouillon il y a des yeux :* le complément circonstanciel *dans le bouillon* indique que le mot *yeux* désigne les petits ronds de graisse qui se forment sur la soupe. **I**

489 ▶ Qu'est-ce que le sens propre d'un mot ?

Les différents sens d'un mot polysémique ont toujours un point commun : c'est le sens **propre**, le **premier** sens du mot.

montagne (sens propre) : importante élévation de terrain

Les Appalaches sont des montagnes.

490 ▶ Qu'est-ce que le sens figuré d'un mot ?

Le sens **figuré** d'un mot est dérivé de son sens propre.

montagne (sens figuré) : importante quantité d'objets

Il y a une montagne de jouets par terre.

I Ce sens figuré est obtenu par comparaison avec le sens propre : il y a tellement de jouets par terre qu'ils ressemblent à une montagne, qu'ils ont la hauteur d'une montagne. **I**

résumé

La polysémie

■ La plupart des mots sont polysémiques.

■ Le sens propre d'un mot est son sens le plus habituel. Le sens figuré est un sens imagé du sens propre.

EMPLOYER DES SYNONYMES

Certains mots ont presque le même sens:
ce sont des synonymes.

491 ▶ *Qu'est-ce qu'un synonyme?*

On appelle synonymes des mots de même nature qui ont le même sens ou des sens très voisins.

● **Noms**
une maison = une demeure = un chez-soi = une résidence

● **Adjectifs**
beau = joli = mignon

● **Verbes**
trouver = découvrir = rencontrer

● **Adverbes**
aussi = également

492 ▶ *Des synonymes ont-ils toujours le même sens?*

Non! On **ne peut pas** toujours remplacer un mot par son synonyme.

Un chat *saute* ou *bondit* sur sa balle.
Un enfant *saute* à la corde (il ne *bondit* pas).

493 ▶ Un mot a-t-il toujours le même synonyme?

Non! Un mot peut avoir plusieurs synonymes. Selon le contexte, il ne pourra être remplacé que par l'un de ses synonymes.

donner un cadeau = offrir un cadeau
donner une punition = infliger une punition

une fourrure douce = une fourrure agréable au toucher
une personne douce = une personne gentille
de l'eau douce = de l'eau non salée

494 ▶ Quels sont les niveaux de langue?

• Certains mots ont exactement le même sens, mais ils appartiennent à des niveaux de langue **différents** (soutenu, courant, familier).

• On emploie les différents niveaux de langue selon la situation où l'on se trouve (à l'écrit ou à l'oral, avec quelqu'un que l'on connaît bien, peu, pas du tout).

• *Niveau soutenu*
se quereller

• *Niveau courant*
se disputer

• *Niveau familier*
se chamailler

Le verbe **faire** est très souvent employé. Connaître quelques-uns de ses synonymes permet de s'exprimer avec plus de précision.

faire un mètre de haut	**mesurer** un mètre de haut
faire cinquante kilos	**peser** cinquante kilos
faire trente litres	**contenir** trente litres
faire cent dollars	**coûter** cent dollars
faire des photos	**prendre** des photos
faire un sport	**pratiquer** un sport
faire un château	**construire** un château
faire un gâteau	**préparer** un gâteau
faire un tableau	**peindre** un tableau
faire un dessin	**dessiner**
faire un livre	**écrire** un livre
faire un travail	**effectuer, exécuter** un travail
faire son devoir	**accomplir** son devoir
faire un métier	**exercer** un métier
faire des études	**étudier**
faire une erreur	**commettre** une erreur
faire des dégâts	**occasionner** des dégâts
faire de la peine	**peiner, affliger**
faire le bonheur de quelqu'un	**rendre quelqu'un heureux**

496 ▶ **Quels sont les synonymes du verbe** mettre **?**

Le verbe **mettre** a lui aussi de très nombreux sens. Voici quelques-uns de ses synonymes.

mettre un vase sur la table	**placer** un vase sur la table
mettre le vase ailleurs	**déplacer** le vase
mettre ses jouets dans un placard	**ranger** ses jouets dans un placard
mettre de l'eau dans une bouteille	**verser** de l'eau dans une bouteille
mettre une chaise près de la table	**approcher** une chaise de la table
mettre un chandail	**enfiler** un chandail
se mettre en colère	**se fâcher**
se mettre à	**commencer à**
se mettre à rire	**éclater** de rire

résumé

Les synonymes

■ Les synonymes ont plus ou moins le même sens, mais on ne peut pas les utiliser dans toutes les situations : il faut tenir compte des nuances de sens et des registres de langue.

Complainte de l'homme exigeant

Au milieu de la nuit
*il **demandait** le soleil*
*il **voulait** le soleil*
*il **réclamait** le soleil.*
Au milieu au plein milieu
de la nuit (voyez-vous ça?)
le soleil! (il criait)
*le soleil! (il **exigeait**)*
le soleil! le soleil!

Jean Tardieu,
Le Fleuve caché,
Éditions Gallimard.

EMPLOYER DES ANTONYMES

Les antonymes ont des sens qui
s'opposent.

497 ▶ *Qu'est-ce qu'un antonyme ?*

Lorsque deux mots de même nature ont des **sens
contraires**, on dit qu'ils sont antonymes.

● *Noms*
un ami ≠ un ennemi

● *Adjectifs*

ancien ≠ moderne   gentille ≠ méchante
beau ≠ laid   propre ≠ sale
courageux ≠ lâche   vrai ≠ faux

● *Verbes*
accepter ≠ refuser   monter ≠ descendre

● *Adverbes*
lentement ≠ rapidement

498 ▶ *Comment trouver des antonymes ?*

Les **dictionnaires** donnent un ou plusieurs antonymes à la
fin de chaque entrée. Presque tous les adjectifs ont des
antonymes.

Un mot peut-il avoir plusieurs antonymes?

Oui! Un mot peut avoir plusieurs sens : il peut donc y avoir un antonyme différent pour chacun de ces sens.

doux = sucré ≠ **amer**   doux = gentil ≠ **méchant**
doux = satiné ≠ **rugueux**   doux = faible ≠ **fort**

doucement = lentement ≠ **rapidement**
doucement = légèrement ≠ **violemment**

500 ▸ *Comment se forment les antonymes?*

Les antonymes peuvent avoir des formes complètement différentes *(grand ≠ petit)*, mais ils peuvent aussi être formés à partir d'un **mot commun** et des préfixes **in-** et **dé-**.

▷ *paragraphes 507 et 508*

soumis ≠ **in**soumis   monter ≠ **dé**monter

résumé

Les antonymes

■ Les antonymes sont des mots (adjectifs, noms, verbes et adverbes) qui s'opposent par le sens.

■ Un mot peut avoir plusieurs antonymes.

★EMPLOYER DES HOMONYMES

Certains mots se prononcent ou s'écrivent
de la même manière, mais n'ont pas le
même sens: ce sont les homonymes.

501 ▶ *Qu'est-ce qu'un homonyme?*

Lorsque des mots ont la **même forme**, écrite ou orale, mais
des **sens différents**, on dit qu'ils sont homonymes.

un **comte** et une comtesse
le **conte** du «Petit Poucet»
un **compte** d'épargne

❙ Les mots *comte*, *conte* et *compte* se prononcent de la même
manière, mais ont des sens différents. ❙

un **compte** d'épargne
Elle **compte** son argent.

❙ Le mot *compte* se prononce et s'écrit de la même manière, mais
a des sens différents. ❙

502 ▶ *Qu'est-ce qu'un homophone?*

Les homophones sont des homonymes qui se prononcent
de la même façon, mais ont une **orthographe différente**.

une **chaîne** de vélo   les feuilles du **chêne**

503 ▶ *Comment trouver l'orthographe d'un homonyme?*

C'est le **contexte** qui permet de comprendre le sens d'un homonyme, et donc de l'écrire correctement. On peut aussi s'aider de **synonymes**.

J'écoute un **chant** mélodieux.

❙ Contexte : Peut-on écouter un *champ*? Non.
Synonyme : J'écoute une *chanson* mélodieuse. ❙

Elle traversa un **champ**.

❙ Contexte : Peut-on traverser un *chant*? Non.
Synonyme : Elle traversa un *pré*. ❙

résumé

Les homonymes

■ Les homonymes se prononcent ou s'écrivent de la même manière, mais ils ont des sens différents, qu'il faut connaître.

Quelques homonymes

a

air	au grand air
aire	l'aire du carré (= sa surface)
ère	l'ère tertiaire
amande	manger une amande
amende	payer une amende
ancre	l'ancre du bateau
encre	une tache d'encre
aussi tôt	Je ne t'attendais pas aussi tôt.
aussitôt	Aussitôt après, l'orage éclata.
autel	l'autel de la cathédrale
hôtel	l'hôtel de la plage
auteur	l'auteur de cette poésie
hauteur	le saut en hauteur

b

bal	le bal du village
balle	une balle de golf
balade	une balade en montagne
ballade	chanter une ballade

375

balai	donner un coup de balai
ballet	danser un ballet
bar	le comptoir du bar
barre	une barre de fer
bien tôt	L'école a fermé bien tôt aujourd'hui. (= très tôt)
bientôt	Le match va bientôt commencer.
boue	la boue du chemin
bout	un bout de pain
bu	J'ai bu du jus d'orange.
but	marquer un but

C

camp	le camp militaire
quand	quand il fera jour
quant	quant à toi
cane	la cane et ses canetons
canne	la canne du marcheur
canot	un canot de sauvetage
canaux	les canaux hollandais
cap	franchir un nouveau cap
cape	la cape de Zorro

376

car	Je me couvre, car il fait froid.
quart	un quart d'heure

censé	Il était censé venir.
sensé	un geste sensé

cent	cent dollars
sang	une goutte de sang
sans	sans peur

cep	le cep (= pied de la vigne)
cèpe	cueillir des cèpes (= champignons)

cerf	chasser le cerf
serf	Le serf obéissait au seigneur.

chaîne	une chaîne stéréo
chêne	les grands chênes de la forêt

chair	la chair de poule
cher	cher oncle
chère	chère cousine

cœur	les battements du cœur
chœur	les chœurs de l'opéra

coin	rester dans son coin
coing	de la confiture de coings (= fruits)

col	un col de montagne
	un col de chemise
colle	un tube de colle
comte	le comte et la comtesse
compte	un compte d'épargne
	Il compte sur ses doigts.
conte	un conte de fées
coq	la poule et le coq
coque	La coque du navire ne prend pas l'eau.
cor	sonner du cor
corps	un corps musclé
cou	un foulard autour du cou
coud	Le couturier coud.
coup	éviter un coup
coût	le coût de la vie
cour	la cour de récréation
cours	le cours de musique
court	le chemin le plus court
crin	un crin de cheval
crains	Je crains la chaleur.

d

danse	la danse de la pluie
dense	un brouillard très dense
dent	perdre une dent
dans	dans le brouillard
do	la note *do* en musique
dos	un mal de dos

e

elle	elle et lui
aile	l'aile de l'oiseau
encre	de l'encre dans le stylo
ancre	l'ancre du navire
étain	un plat en étain
éteint	un feu éteint
être	un être humain
	le verbe *être*
hêtre	une forêt de hêtres
eux	à eux et à elles
œufs	une douzaine d'œufs

f

faim	avoir très faim
fin	la fin du film
	un tissu fin

fausse	une fausse note
fosse	la fosse aux lions

fête	la fête de la musique
faite	une rédaction bien faite

fil	un fil de laine
file	une file d'attente

flan	un flan aux œufs (= dessert)
flanc	le flanc de la colline

foi	la foi des croyants
foie	un foie de veau
fois	une fois de plus

g

gaule	la gaule du pêcheur (= longue perche)
Gaule	la Gaule

gaz	le gaz de la cuisinière
gaze	de la gaze pour un pansement

golf	jouer au golf
golfe	le golfe Saint-Laurent

grasse		30 % de matière grasse
grâce		la grâce d'une danseuse
guère		Il n'a guère de succès.
guerre		la guerre et la paix

h

hockey		le hockey sur glace
O.K.		C'est O.K. !
hutte		une hutte de branches
ut		*ut* en musique (= *do*)

i

il		il joue au hockey
île		l'île d'Orléans

j

jais		noir comme du jais
geai		le chant du geai
jet		un jet d'eau

l

lac		les bords du lac
laque		la laque des meubles
laid		un dessin très laid
lait		le lait de vache

m

ma	ma tante
m'a	il m'a plu
mat	un teint mat
maître	le maître d'escrime
mètre	un mètre de tissu
mal	mal au ventre
malle	une vieille malle
mère	la mère et l'enfant
maire	le maire du village
mer	le bord de mer
mes	J'adore mes parents.
mais	Mais que fais-tu?
mets	un mets délicieux
mi	*do, ré, mi*
mie	de la mie de pain
mis	Où l'as-tu mis?
mire	des points de mire
mirent	Elles mirent le moteur en marche.
mon	mon frère
mont	un mont dans les Laurentides

mot	apprendre de nouveaux mots
maux	des maux de tête

mur	un mur élevé
mûr	un fruit mûr
mûre	cueillir des mûres

n

ni	ni queue, ni tête
nid	un nid d'aigle
n'y	Je n'y peux rien.

o

or	un bracelet en or
hors	Le joueur est hors jeu.

os	les os du crâne
au	aller au bal
eau	une eau pure
haut	là-haut

ou	la mer ou la montagne
août	au mois d'août
houx	une branche de houx
où	Où allez-vous ?

oui	Il a dit « Oui ».
ouïe	avoir l'ouïe fine

P

pain	une tranche de pain
peint	des murs peints
	Il peint un tableau.
pin	une pomme de pin
pan	un pan de chemise
paon	les belles plumes de paon
par	Passe par ici.
part	une part de gâteau
	Elle part demain.
parti	un parti politique
partie	une partie de cartes
pause	faire une pause
pose	prendre la pose
peau	une peau de renard
pot	un pot de fleurs
père	un bon père de famille
pair	Deux est un nombre pair.
paire	une paire de chaussures
pie	La pie jacasse.
pis	le pis de la vache
π [pi]	Le nombre π est proche de 3,14.
piton	un piton rocheux
python	le serpent python

plaine	une plaine fertile
pleine	une journée pleine de surprises
plutôt	plutôt froid que chaud
plus tôt	Le Soleil se couche plus tôt en hiver.
poids	un poids lourd
pois	manger des petits pois
poil	le poil du chien
poêle	une poêle à frire
	un poêle à bois
poing	un coup de poing
point	le point, le point-virgule, les deux-points
porc	une grillade de porc
port	un petit port de pêche
pou	excité comme un pou
pouls	prendre le pouls d'une malade
poux	une lotion contre les poux
puits	tirer l'eau du puits
puis	ajouter l'eau, puis la farine

quel que	Quel que soit le jour de son arrivée, nous irons la chercher.
quelle que	Quelle que soit votre décision, je la respecterai.
quelque	Cette ville fut construite il y a quelque deux cents ans. (= environ)
quelques	Prête-moi quelques livres.

ras	un animal à poils ras
rat	un rat et une souris
raz	un raz-de-marée
reine	la reine et le roi
rêne	tenir les rênes de la diligence
renne	les rennes du Père Noël
roc	solide comme un roc
rock	danser le rock
roue	les roues d'une voiture
roux	des enfants roux, blonds, bruns

sain	sain et sauf
saint	un saint homme
sein	le sein de la mère

386

sale	une chemise sale
salle	une salle à manger
saut	le saut en hauteur
seau	un seau d'eau
sot	Tu n'es qu'un sot!
selle	la selle du cheval
celle	Cette maison est celle que je préfère.
sel	le sel et le poivre
serre	des plantes de serre
	Serre-moi la main!
serres	les serres de l'aigle
si	Si tu veux!
ci	celui-ci
scie	une scie à bois
six	six dollars
s'y	s'y baigner
signe	un signe de reconnaissance
cygne	les cygnes et les canards
si tôt	Il est si tôt que le Soleil n'est pas encore levé.
sitôt	Sitôt le travail terminé, nous allions jouer sur la plage.
soi	ne penser qu'à soi
soie	un foulard de soie
soit	quoi qu'il en soit

sol	le carrelage du sol
	do, ré, mi, fa, sol
sole	une sole au beurre blanc (= poisson)
sou	sans le sou
saoul, soûl	être saoul (= être ivre)
sous	sous la table
sur	sur la table
sûr	sûr de lui
	un bonbon sûr

t

ta	ta sœur
t'a	Il t'a écrit.
tas	un tas de feuilles
taie	une taie d'oreiller
tes	tes devoirs
tant	tant pis
taon	la piqûre du taon (= grosse mouche)
temps	le beau temps
tante	l'oncle et la tante
tente	une tente de camping
	Cela me tente.
teint	un tissu teint en jaune
thym	du thym et du laurier

toi	toi et moi
toit	un toit de tôle
tribu	une tribu ancienne
tribut	payer un lourd tribut
trop	un vêtement trop petit
trot	le trot du cheval

V

vain	attendre en vain
vin	du vin rouge
vingt	vingt siècles
vaine	une tentative vaine (= sans résultat)
veine	le sang des veines
ver	un ver de terre
verre	un verre d'orangeade
vers	les vers d'un poème
	vers la gare
vert	un maillot vert
voie	une route à trois voies
vois	Tu vois très bien.
voix	la voix du chanteur
vos	vos yeux
veau	une vache et son veau

★EMPLOYER DES PARONYMES

Certains mots ont une prononciation presque semblable mais un sens bien différent : ce sont les paronymes.

504 ▶ Qu'est-ce qu'un paronyme ?

Lorsque deux mots se prononcent **presque** de la même façon mais possèdent des sens différents, on dit qu'ils sont paronymes. Ces mots se confondent facilement et il faut les connaître pour les employer correctement.

Quelques paronymes

affluence	l'affluence des touristes en été
influence	avoir de l'influence sur quelqu'un
altitude	L'avion prend de l'altitude.
attitude	Juliette a une attitude rêveuse.
apporter	Nos invités apporteront le dessert.
emporter	Tu peux emporter ce livre chez toi.
bise	Une bise glaciale souffle en hiver.
brise	La brise marine est douce et agréable.

désinfecter	Il faut désinfecter cette plaie.
désaffecter	Ce hangar ne sert plus ; il a été désaffecté.
effraction	Le voleur est entré dans une maison par effraction : on a retrouvé deux vitres brisées.
infraction	une infraction au code de la route
émigrer	En hiver, les hirondelles émigrent vers le Sud.
immigrer	Il a quitté l'Australie pour le Québec : il a immigré au Québec.
éruption	l'éruption des volcans
irruption	l'irruption des élèves dans la cour
évasion	L'évasion de ce prisonnier a échoué.
invasion	l'invasion de la plage par les touristes
excès	L'automobiliste a commis un excès de vitesse.
accès	L'accès du parc est interdit aux animaux.
gourmand	Le gourmand aime la bonne cuisine, et en mange souvent.
gourmet	Le gourmet apprécie et savoure les mets particulièrement raffinés.
infecter	Cette blessure est infectée : elle doit être nettoyée.
infester	Cette région est infestée de mouches.

391

| justice | La justice veut que les coupables soient punis. |
| justesse | Ils ont pris leur train de justesse : les portes se fermaient quand ils sont arrivés. |

| location | une voiture de location |
| locution | *Parce que* est une locution conjonctive. |

| passager | Un orage est passager, il ne dure pas. |
| passant | une rue passante, très fréquentée |

| portion | un morceau de nourriture ou de territoire |
| potion | un remède, un médicament qui se boit |

| préposition | *À, de, pour, sans* sont des prépositions. |
| proposition | Il y a des propositions indépendantes, des propositions principales et des propositions subordonnées. |

| vénéneux | un champignon vénéneux |
| venimeux | un serpent venimeux |

résumé

Les paronymes

■ Les paronymes sont des mots qui se ressemblent sans être identiques : il ne faut pas les confondre avec les homonymes.

Le sire de Mont-Tordu

Charlemagne inventa les colles pour obliger les enfants à rester tranquilles, le temps qu'ils apprennent à lire et à écrire.

Pef, *Les Belles Lisses Poires de France*,
Éditions Gallimard.

IDENTIFIER LES FAMILLES DE MOTS

Les mots peuvent se regrouper en familles de mots.

505 ▶ Qu'est-ce qu'une famille de mots ?

Tous les mots formés à partir d'un même mot constituent la **famille** de ce mot.

● *La famille du mot* terre

en**terr**er, **terr**ain, **terr**itoire, **terr**estre, **terr**asse, a**tterr**ir...

506 ▶ Qu'est-ce qu'un radical ?

Le **radical** est le mot ou la partie du mot qui se trouve dans tous les mots de la même famille.

❙ Le radical du mot *terre* est **terr-** : en**terr**er, **terr**ain... ❙

Les familles de mots

■ Une famille de mots comprend tous les mots formés à partir d'un même radical.

La famille des pompiers

Car, bien entendu, nos pompiers
n'avaient pas de sous pour acheter
l'essence.

Et même s'ils en avaient eu,
ils n'auraient pas pu mettre en route
leur camion de pompiers. Il était en
panne et la réparation aurait coûté
les yeux de la tête.

Alors, les pauvres pompiers
poussaient leur fourgon.

Ou plutôt, ils le faisaient pousser par
leurs femmes, les pompières, et leurs
enfants, les pompioux.

Pef, *Aux fous les pompiers!*,
Éditions Gallimard.

★RECONNAÎTRE LES PRÉFIXES ET LES SUFFIXES

Les préfixes et les suffixes, ajoutés au radical, servent à former des mots.

507▶ Qu'est-ce qu'un préfixe et qu'un suffixe?

Ce sont des éléments de deux ou trois lettres que l'on ajoute au radical d'un mot.
Les **préfixes** sont placés **avant le radical**, les **suffixes après** le radical.
Ils permettent de former de nouveaux mots et de constituer des familles de mots.

parasol = préfixe **para-** + radical **sol**
fleur**iste** = radical **fleur-** + suffixe **-iste**
défavor**able** = préfixe **dé-** + radical **fav-** + suffixe **-able**

508▶ Quel est le sens des préfixes?

Tous les préfixes n'ont pas un sens précis. Mais certains permettent de **modifier le sens du radical**. Connaître le sens de ces préfixes peut t'aider à comprendre le sens d'un mot.

PRÉFIXE	SENS	EXEMPLES
ad-	indiquent que l'action est en train de se réaliser	**ad**joindre
ac-		**ac**courir
af-		**af**faiblir
ag-		**ag**randir, **ag**graver
al-		**al**longer
archi-	indique le superlatif	**archi**plein
dé-	indiquent le contraire	**dé**faire
dés-		**dés**ordre, **dés**obéissant
extra-	indique le superlatif	**extra**ordinaire
il-	indiquent le contraire	**il**lisible, **il**légal
im-		**im**battable, **im**paire, **im**patient, **im**possible
in-		**in**attendue, **in**correct, **in**oubliable
ir-		**ir**responsable, **ir**réelle
mal-	indique le contraire	**mal**heureux, **mal**chance
para-	indique l'action de protéger (contre)	**para**pluie, **para**sol
pré-	indique que l'action s'est passée avant	**pré**histoire, **pré**venir
re-	indique que l'action se produit à nouveau	**re**commencer, **re**lire

509 ▶ *Quel est le rôle des suffixes ?*

Un suffixe modifie la nature et le sens d'un mot : il sert à créer de nouveaux mots, ayant un sens différent et appartenant à une autre catégorie grammaticale.

mang**er** : verbe qui signifie *se nourrir*
mange**able** : adjectif qui signifie *qui peut être mangé*

Les suffixes peuvent former des adjectifs, des noms ou des verbes.

● *Des adjectifs*
vérit**able**   illis**ible**   poss**ible**

● *Des noms*
gliss**ade**   orange**ade**   feuill**age**   Gaspés**ien**

● *Des verbes*
mang**er**   noirc**ir**   chat**ouiller**   vol**eter**

510 ▶ *Quel est le sens des suffixes ?*

Certains suffixes ont un sens précis. Le connaître peut t'aider à deviner le sens d'un mot.

LES SUFFIXES DES ADJECTIFS	SENS	EXEMPLES
-able	marquent la possibilité	lav**able**
-ible		lis**ible**
-ard	indique un aspect désagréable	vant**ard**, chauff**ard**
-âtre	indique la ressemblance, tout en marquant un aspect désagréable	verd**âtre**, roug**eâtre**
-elet	servent à former des diminutifs	aigr**elet**
-elette		maigr**elette**
-eux	indiquent une qualité ou un défaut	courag**eux**
-euse		orgueill**euse**
-if	indiquent un défaut	craint**if**, plaint**if**
-ive		tard**ive**
-ot	servent à former des diminutifs	pâl**ot**
-otte		vieill**otte**
-u	indique une qualité ou un défaut	feuill**u**, poil**u**

LES SUFFIXES DES NOMS	SENS	EXEMPLES
-ade	indique un ensemble d'objets ou une action	colonn**ade** fusill**ade**
-age	indique un ensemble, une action ou son résultat	feuill**age** dérap**age**
-aie	indique une plantation	chên**aie**, châtaigner**aie**, fut**aie**
-ail	indique des noms d'instruments	épouvant**ail**, évent**ail**
-ais	servent à former les noms d'habitants	Montréal**ais**
-ois		Lévis**ois**
-aison	indiquent une action ou son résultat	inclin**aison**
-ison		trah**ison**, guér**ison**
-ance	indique une action ou son résultat	insist**ance**, puiss**ance**
-ée	indique le contenu, la durée	poign**ée**, pinc**ée**, journ**ée**
-et	servent à former des diminutifs	garçonn**et**, jou**et**
-ette		suc**ette**
-eur	désignent celui ou celle qui agit	imprim**eur**
-euse		vend**euse**
-ie	indique une qualité ou une région	modest**ie**
		Estr**ie**
-ure	indique une action ou un résultat	brûl**ure**, mors**ure**

Les préfixes et les suffixes

■ Les préfixes et les suffixes permettent de former des mots nouveaux à partir d'un radical commun.

■ Les préfixes modifient le sens du radical qu'ils précèdent. Les suffixes modifient le sens et très souvent la nature du radical qu'ils suivent.

La femme de l'empereur

- J'ai compris, fit un élève, un empereur au féminin devient une empereuse!
- Pas du tout, s'écria le prince, il devient une impératrice.

Pef, *L'Ivre de français,*
Éditions Gallimard.

401

Bibliographie

Les numéros apparaissant à la fin des références renvoient aux numéros de paragraphes où figurent les extraits.

A

• *À dos d'oiseau*, M. Fombeure, coll.
«Poésie», Éd. Gallimard, 1945 : 198
• *À la lisière du temps*, C. Roy, coll.
«Poésie», Éd. Gallimard, 1984 : 426
• *Alcali*, Jo Bannatyne-Cugnet, traduit de l'anglais par Sophie Boivin, coll. «Atout», Éd. Hurtubise HMH, 1995 : 15, 44, 52, 68
• *Alfred et la lune cassée*, Yves Beauchemin, coll. «Bilbo», Éd. Québec/Amérique jeunesse, 1997 : 193
• *Alice au pays des merveilles*, Lewis Carroll, coll. «Folio Junior», Éd. Gallimard, © Société Nouvelle des Éditions J.-J. Pauvert, 1961 : 4, 5, 23, 26, 29, 96, 122, 130, 136, 139, 163, 213
• *Anatole le vampire*, Marie-Andrée Boucher et Daniel Mativat, coll. «Plus», Éd. Hurtubise HMH,1996 : 1, 24, 76, 97, 122, 163, 423, 450
• *Atterrissage forcé*, Joceline Sanschagrin, Éd. La courte échelle, 1987 : 84
• *Au clair de la lune*, M. Carême, coll. «Le Livre de Poche Jeunesse», Éd. Hachette, 1993, © Fondation M. Carême, 1993 : 111, 134, 426
• *Aux fous les pompiers*, Pef, coll. «Folio Benjamin», Éd. Gallimard, 1995 : 12

B

• *Benoît le diplodocus et autres histoires*, H. Bichonnier, Éd. G.P., 1982 : 106
• *Berthold et Lucrèce*, Christiane Duchesne, coll. «Bilbo», Éd. Québec/Amérique jeunesse, 1994 : 22, 117, 120, 164, 192, 212, 451
• *Bulle ou la voix de l'océan*, R. Fallet, coll. «Folio Junior», Éd. Gallimard, 1987, © Éd. Denoël, 1970 : 28, 33, 77, 85

C

• *Cent comptines*, Éd. Mémo, 1994 : 53
• *Cent sonnets*, B. Vian, © Héritiers Vian et Christian Bourgois Éditeur,1984, Éd. G.P., 1973 : 211
• *Cet endroit-là dans la taïga*, Contes du Grand Nord, Luda, coll. «Fées et Gestes», Éd. Hatier, 1986 : 208
• *Chansons*, B. Vian, © Héritiers Vian et Christian Bourgois Éditeur, 1984 : 41
• *Chantefables et Chantefleurs*, R. Desnos, Éd. Gründ, 1970 : 8, 92, 140, 155
• *Charlie et le grand ascenseur en verre*, R. Dahl, coll. «Folio Junior», Éd. Gallimard, 1978 : 66
• *Chats qui riment et rimes à chats*, Pierre Coran, coll. «Plus», Éd. Hurtubise HMH, 1994 : 65, 70, 71, 205, 211, 450
• *Chichois et la rigolade*, N. Ciravégna, Éd. Pocket, 1996 : 38
• *Chichois et les histoires de France*, N. Ciravégna, coll. «Aux Quatre Coins du Temps», Éd. Bordas, 1993 : 133, 142
• *Cinq contes*, Hans Christian Andersen, Éd. Hatier, 1988 : 213
• *Clair de terre*, A. Breton, coll. «Poésie», Éd. Gallimard, 1966 : 428
• *Comment j'ai tué un ours*, M. Twain, coll. «Enfantimages», Éd. Gallimard, © Le Mercure de France, 1979 : 447
• *Concerto pour violon et cigales*, Francine Mathieu, Éd. Héritage, 1988 : 20, 427
• *Contes d'Afrique noire*, A. Bryan, coll. «Castor Poche Junior», Éd. Flammarion, 1987 : 77, 80
• *Contes d'ailleurs et d'autre part*, P. Gripari, Éd. Grasset et Fasquelle, 1990 : 69

• *Contes de la Folie-Méricourt*, P. Gripari,
Éd. Grasset Jeunesse, 1983: 66
• *Contes de la rue de Bretagne*, Y. Rivais,
Éd. de la Table Ronde, 1990: 110
• *Contes pour enfants pas sages*, J. Prévert,
coll. « Folio Cadet », Éd. Gallimard,
1990: 34, 74, 84, 127, 128

D

• *De l'autre côté du miroir*, Lewis Carroll,
coll. « Folio Junior », Éd. Gallimard,
© Société Nouvelle des Éditions
J.-J. Pauvert, 1961: 22, 41, 104, 138,
142
• *Desnos, un poète*, R. Desnos, coll.
« Folio Junior », Éd. Gallimard, 1980: 7
• *Deux Plumes et la solitude disparue*, C.J.
Taylor, version française de Michèle
Boileau, Livres Toundra, © 1990: 13, 46
• *Dragon l'ordinaire*, X. Armange, coll.
« Castor Poche Junior », Éd. Flammarion,
1985: 36, 143, 194

E

• *Edgar n'aime pas les épinards*, F. David,
coll. « Cascade Contes », Rageot Éditeur,
1995: 143
• *Encyclopédie des histoires drôles*,
Éd. Marabout, 1992: 161
• *Enfantasques*, C. Roy, coll. « Folio
Junior », Éd. Gallimard, 1993: 7, 24, 43,
47, 56, 57, 68, 101, 126, 130, 153,
211
• *Exercices de style*, R. Queneau, coll.
« Folio », Éd. Gallimard, 1947: 201, 205

F

• *Fables*, J. Anouilh, coll. « Folio », © Éd. de
la Table Ronde, 1962: 118,
134
• *Fabliettes*, E. Guillevic, coll. « Folio
Benjamin », Éd. Gallimard, 1981: 41
• *Fantastique Maître Renard*, R. Dahl,
Éd. Gallimard, 1979: 68

• *Fatras*, J. Prévert, coll. « Folio »,
Éd. Gallimard, 1977: 174, 456
• *Fiancés en herbe*, G. Feydeau, dans
Théâtre complet, coll. « Classiques
Garnier », Éd. Garnier, 1988: 124

H

• *Halte aux livres*, B. Smadja, © L'école
des loisirs, 1993: 458
• *Histoire du prince Pipo*, P. Gripari,
coll. « Le Livre de Poche Jeunesse »,
Éd. Hachette © Éd. Grasset, 1976: 32,
87, 96
• *Histoires au téléphone*, G. Rodari,
Éd. La Farandole: 111, 163
• *Histoires de fantômes et de revenants*,
Éd. G.P., 1988: 39

I

• *Innocentines*, R. de Obaldia, coll. « Les
Cahiers Rouges », Éd. Grasset, 1969:
4, 57, 61, 205

J

• *Jacob Deux-Deux et le dinosaure*,
Mordecaï Richler, coll. « Bilbo »,
Éd. Québec/Amérique, 1987: 114
• *Jacob Deux-Deux et le vampire masqué*,
Mordecaï Richler, Éd. Pierre Tisseyre,
© 1977: 92
• *Jaffabules*, P. Coran, coll. « Le Livre de
Poche Jeunesse », Éd. Hachette, 1990:
129, 147, 152
• *James et la grosse pêche*, R. Dahl, coll.
« Folio Junior », Éd. Gallimard, 1988: 22,
136
• *Janus, le chat des bois*, A.-M. Chapouton,
Flammarion-Père Castor, 1988: 58
• *Jean-Yves à qui rien n'arrive*, P. Gripari,
Éd. Grasset Jeunesse, 1985: 69
• *Joachim a des ennuis*, Sempé/Goscinny,
coll. « Folio Junior », Éd. Gallimard, 1987
© Éd. Denoël, 1964: 82, 97, 141, 142,
195, 206, 426, 428, 456

L

404

• *Le Chat chinois et autres contes,*
M. Waltari, coll. «Bibliothèque
internationale», Éd. Nathan, 1991 : 22
• *Le chat qui parlait malgré lui,* C. Roy,
coll. «Folio Junior», Éd. Gallimard,
1994 : 16, 22, 38, 89, 212
• *Le Chevalier de Chambly,* Robert
Soulières, Éd. Pierre Tisseyre, 1992 : 1, 5,
37, 62, 110, 202, 208, 214, 449
• *Le Chevalier désastreux,* D. King-Smith,
«Bibliothèque internationale»,
Éd. Nathan, 1990 : 104, 137, 142, 149,
175
• *Le Cornet à dés,* Max Jacob, coll.
«Poésie», Éd. Gallimard, 1967 : 109
• *Le Dragon de poche,* C. Byrne,
Éd. Rouge et Or, 1990 : 142
• *Le Fantôme de Canterville,* O. Wilde,
coll. «Le Livre de Poche Jeunesse», Éd.
Hachette, 1988 : 157, 160, 203
• *Le Gentil Petit Diable,* P. Gripari, coll.
«Folio Junior», Éd. Gallimard, 1988,
© Éd. de la Table Ronde pour le texte,
© Éd. Gallimard pour les illustrations : 13,
23, 119, 456
• *Le Grand Amour du petit vampire,*
A. Sommer-Bodenburg, «Bibliothèque
Rose», Éd. Hachette, 1986 : 163
• *Le Livre de nattes,* Pef, coll. «Folio Junior»,
Éd. Gallimard, 1986 : 139
• *Le Miroir aux alouettes,* M. Carême,
Éd. Saint-Germain-des-Prés, 1982 : 5, 22
• *Le Monstre poilu,* H. Bichonnier, coll.
«Folio Benjamin», Éd. Gallimard, 1982 :
23, 55, 123
• *Le Mouton noir et le Loup blanc,*
B. Clavel, coll. «Castor Poche Junior»,
Éd. Flammarion, 1993 : 13, 81
• *Le Parc aux sortilèges,* Denis Côté, Éd.
La courte échelle, 1994 : 138, 171
• *Le Parti pris des choses,* F. Ponge,
coll. «Poésie», Éd. Gallimard, 1994 : 210,
211
• *Le Petit Homme de fromage et autres
contes trop faits,* J. Scieszka , Éd. Seuil
Jeunesse, 1995 : 138, 139, 144

• *Le Petit Nicolas,* Sempé/Goscinny, coll.
«Folio Junior», Éd. Gallimard, 1988
© Éd. Denoël : 52, 54, 58, 61, 62, 90,
93, 161, 488
• *Le Petit Nicolas et les Copains,* Sempé/
Goscinny, coll. «Folio Junior»,
Éd. Gallimard, 1988 © Éd. Denoël,
1963 : 1, 21, 80, 86, 93, 199, 209,
427
• *Le Petit Pont,* Rindert Kroumhout, coll.
«Étoile», Éd. Éditeurop/Hurtubise HMH,
1998 : 27, 112, 136, 426
• *Le Petit Prince,* A. de Saint-Exupéry, coll.
«Folio Junior», Éd. Gallimard, 1946 : 7,
32, 43, 115, 133, 148, 458
• *Le Quart Livre,* F. Rabelais, coll. «Le
Livre de Poche», L.G.F., 1994 : 61
• *Le Rire en poésie,* coll. «Folio Junior - En
poésie», Éd. Gallimard, 1981 : 106
• *Le Roi des piranhas,* Y.-M. Clément,
coll. «Cascade Contes», Rageot Éditeur,
1993 : 81, 144
• *Le Roi gris,* Mireille Brémond, coll. «Plus»,
Éd. Hurtubise HMH, 1997 : 52, 420
• *Le Ver, cet inconnu,* J. et A. Ahlberg,
coll. «Folio Benjamin», Éd. Gallimard,
1980 : 71, 120, 153
• *Les 80 Palmiers d'Abbar Ben Badis,*
Jean Coué, coll. «Plus», Éd. Hurtubise
HMH, 1992 : 82, 92, 159, 169, 174,
194, 197
• *Les Animaux de tout le monde,* J. Roubaud,
coll. «Liseron», Éd. Seghers, 1990 : 47, 105
• *Les Animaux très sagaces,* C. Roy,
Éd. Gallimard, 1983 : 103
• *Les Cachotteries de ma sœur,* Jacques
Savoie, Éd. La courte échelle, 1997 : 38
• *Les Catastrophes de Rosalie,* Ginette
Anfousse, Éd. La courte échelle, 1987 :
22, 72
• *Les Contes bleus du chat perché,*
M. Aymé, coll. «Folio Junior»,
Éd. Gallimard, 1987, © 1963 pour le
texte, © 1979 pour les illustrations : 13,
14, 17, 88, 114, 134, 166, 175, 211,
450

405

• *Pourquoi les plantes ne se déplacent pas*, Assamala Amoi, coll. «Plus», Éd. Hurtubise HMH, 1994 : 3, 34, 193

Q

• *Quand je serai grande*, I. Keun, coll. «Folio Cadet», Éd. Gallimard, © Éd. Balland, 1985 : 448, 451, 454, 457
• *Que le diable l'emporte!*, Charlotte Guérette (contes du Canada francophone, réunis par) coll. «Atout», Éd. Hurtubise HMH : 131, 163
• *Queneau, un poète*, R. Queneau, coll. «Folio Junior», Éd. Gallimard, 1982 : 57, 59, 60, 61
• *Qui a volé les tartes?*, J. et A. Ahlberg, coll. «Folio Cadet», Éd. Gallimard, 1990 : 121

R

• *Réponses bêtes à des questions idiotes*, Pef, coll. «Folio Cadet», Éd. Gallimard, 1983 : 38, 95, 134, 145, 211

S

• *Sacrées sorcières*, R. Dahl, coll. «Folio Junior», Éd. Gallimard, 1990 : 4, 9, 39, 149, 161, 456
• *Simon-les-nuages*, Roger Cantin, Éd. du Boréal, 1990 : 81, 90

T

• *Tardieu, un poète*, J. Tardieu, coll. «Folio Junior», Éd. Gallimard, 1986 : 39, 133
• *Topaze*, M. Pagnol, Éd. Presses Pocket © M. Pagnol, 1976 : 210
• *Toufdepoil*, C. Gutman, coll. «Aux Quatre Coins du Temps», Éd. Bordas, 1983 : 39
• *Tout est bien qui finit mieux*, J. Queval, coll. «Aux Quatre Coins du Temps», Éd. Bordas, 1984 : 136

• *Trois princes et une limace*, Hans Hagen, coll. «Étoile», Éd. Éditeurop/Hurtubise HMH, 1998 : 63, 174, 455

U

• *Ulysse qui voulait voir Paris*, Monique Ponty, coll. «Plus», Éd. Hurtubise HMH, 1993 : 88
• *Un métier de fantôme*, H. Monteilhet, Éd. Nathan, 1990 : 196
• *Un vilain petit loup*, Rageot Éditeur, 1992 : 119, 202
• *Une araignée sur le nez*, Philippe Chauveau, Éd. du Boréal, 1990 : 138
• *Une poule à l'école*, Hans Tellin, coll. «Étoile», Éd. Éditeurop/Hurtubise HMH, 1998 : 4, 162

V

• *Viva Diabolo!*, Monique Ponty, coll. «Plus», Éd. Hurtubise HMH, 1991 : 87

Index

Les numéros renvoient aux numéros des paragraphes.

Adaptation : Gilles McMillan **Révision linguistique :** Suzanne Teasdale
Correction d'épreuves : Anne-Marie Théorêt

Pages	ILLUSTRATIONS
79, 129	*Le Ver, cet inconnu*, textes et illustrations de Janet et Allan Ahlberg, « Folio Benjamin » 1980 © Éditions Gallimard
159	*Le Petit Prince*, Antoine de Saint-Exupéry, © Éditions Gallimard
213	*Le Petit Nicolas et les Copains* - Sempé/Goscinny, Ill. de N. Sempé © Denoël
335, 401	*L'Ivre de français* - PEF, « Folio Cadet » 1986 © Éditions Gallimard
393	*Les Belles Lisses Poires de France* - PEF, « Folio Cadet Bleu » 1990 © Éditions Gallimard

San Millan : 196, 282, 370
André Pijet : 22, 62, 91, 195, 200, 203, 263, 267, 276, 279, 356, 357, 395

Conception graphique : Graphismes
Couverture : Marc Roberge

Imprimé en France par I.M.E. - 25110 Baume-les-Dames
Dépôt légal n° 19012 - Janvier 2002 - N° imprimeur : 15569